**일 잘하는 사람은
단순하게 말합니다**

"The limits of my language means the limits of my world."
나의 언어의 한계는 나의 세계의 한계이다.

- 루트비히 비트겐슈타인, 20세기 대표 철학자

일 잘하는 사람은
단순하게 말합니다

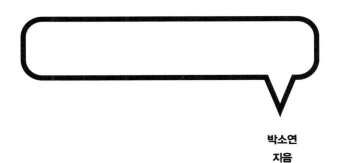

박소연

지음

더퀘스트

언어는
삶의 강력한
도구가 됩니다.

특히
일하는 사람에게

일의 언어는 외국어처럼
새로 배워야 하는 언어입니다

일의 언어는 일상의 언어와 다릅니다. 그래서 외국어를 배우듯이 새로 배워야 제대로 구사할 수 있습니다. 이 차이를 받아들이지 못하는 사람들, 특히 자신이 말을 못한다고 생각조차 해본 적이 없는 사람들이 일터에서 혼돈에 빠집니다.

대한민국 의무교육을 성실히 마쳤다면 쓰기는 누구나 할 수 있겠지만, 기획서나 소설을 쓰는 건 아예 다른 영역입니다. 일의 언어도 마찬가지입니다. 한국어를 능숙하게 한다고 해서 일의 언어도 능숙하게 하는 건 아닙니다. 우리가 코딩을 배웠듯이, 마케팅을 배웠듯이, 홍보 자료 작성법을 배웠듯이, 배워야 할 수 있고 배울수록 더 잘하게 되는 분야입니다.

일하는 사람이라면 언어를 늘 사용합니다. 평소에는 A4 용지나 인스턴트커피 등의 흔한 사무실 비품처럼 무심하게 사용하죠. 하지만 상대방에게 생각을 정확히 전달하고, 원하는 방향으로 설득하려는 순간 갑자기 언어가 낯설게 느껴집니다. 흔한 사무실 비품 같았던 언어가 세상 예민하고 복잡한 초정밀 기기로 변하는 겁니다. 공을 분명히 눈앞으로 던졌는데 사방으로 튑니다. 나는 파란색 공을 던졌는데, 상대가 빨간색 공을 들고 나타납니다. 심지어 어떤 사람은 내가 공을 던진 적이 없다고 우기기도 합니다.

- "강 대리, 도대체 무슨 소리를 하는 거야. 횡설수설하지 말고 알아듣게 좀 얘기해봐."
- "죄송합니다. 다른 곳의 제안을 채택하기로 했습니다. 박 매니저님의 제안은 뭔가… 저희와는 좀 안 맞는 것 같아서요."
- "팀장님, 분명히 이렇게 하라고 하셨잖아요. 시킨 대로 했는데 갑자기 왜 이러세요?"

분명히 코리안 네이티브 스피커로서 완벽한 문장을 구사하고 있는데, 어느 순간 제대로 말할 줄 모르는 사람이 되어 버립니다. 당황스럽죠. 제대로 사용하지 못한 언어는 프로젝트 지연으로, 상사의 질타로, 부서원의 항의로, 클라이언트의 오해로 걷잡을 수 없는 상황을 만듭니다.

일하는 사람이라면 누구나 '그때 회의실에서 이렇게 말했어야 했는데', '말하려고 했던 진짜 내용은 그게 아니었는데', '나도 저 사람처럼 말하고 싶은데'라는 분하거나 억울한 마음을 가진 적이 있을 겁니다. 일을 잘하는데도 '언어' 때문에 손해를 보는 일은 우리 주변에서 꽤 자주 볼 수 있습니다.

일의 언어는 일상의 언어와
다른 규칙으로 움직입니다

일의 언어가 일상의 언어와 두드러지게 다른 점은 세 가지입니다.

첫째, '단순하고 정확한 소통'이 핵심입니다

최근에 언택트^{untact}(비대면) 형태로 일하는 기업이 늘어나고, 오프라인보다 온라인을 선호하는 밀레니얼 세대가 부상하면서 '단순하고 정확하게 소통'하는 능력은 더 중요해졌습니다.

일상의 언어에서는 '단순함'과 '정확성'이 느슨하게 적용됩니다. 오랜만에 지인에게 전화를 걸어서 20분 정도 안부 대화를 한 후 "지난번 우리가 갔던 식당 이름이 뭐였지?"라고 물어봐도 괜찮습니다. 하지만 단순함이 미덕인 일의 언어에서 이런 언어 습관은 상대방을 혼란스럽게 합니다. 지인과의 대화에서는 거두절미하고 결론부터 말하는 것이 무례하게 여겨지지만, 일의 언어에서는 서두를 길게 이야기하는 것이 오히려 상대방의 시간과 에너지를 빼앗는 무례한 일입니다.

일상의 언어에서는 사과를 사 오라고 했는데 좋아하는 풋사과 대신 잘 익은 부사를 사 온다고 해도 별문제가 되지 않습니다. '다음부터는 풋사과라고 정확하게 말해야겠다. 어, 그런데 부사도 맛있네' 정도의 반응일 테니까요. 하지만 일의 언어는 다릅니다. '싱그러운 여름 축제' 행사를 장식할 사과를 사 오라고 했더니 농익은 부사(가을을 상징하는!)를 사 오면 전량 반품입니다. 모호하게 시킨 사람도, 정확히 확인하지 않고 일을 진행한 사람도 순식간에 죄인이 되어버리죠.

둘째, '상대방의 선택'을 끌어내는 능력이 중요해집니다

일상의 언어에서는 남을 간곡하게 설득해야 할 일이(프러포즈할 때를 제외하고는) 별로 없습니다. 힙합을 좋아하는 친구에게 R&B 취향으로 바꾸라고 설득하지 않습니다. 지인에게 제주도 여행을 제안했는데, 바쁘다고 거절한다면 그러려니 합니다. 내심 짜장면을 먹고 싶어도 부모님이 굴국밥이 먹고 싶다고 하시면 굴국밥 맛집으로 갑니다.

하지만 일의 언어는 다릅니다. 우리 제품보다 B사의 제품이 더 좋은 것 같다는 클라이언트의 말에 '취향 존중'이라며 물러설 순 없는 일입니다. 경영진이 우리 부서의 인원과 예산을 절반으로 줄이겠다고 할 때 그러려니 하고 수긍할 수도 없습니다. 어떻게 해서든 상대방이 내가 원하는 '선택'을 하도록 설득해야 합니다. 이처럼 일하는 시간은 '설득'의 연속이기 때문에 상대방을 설득하는 언어에 능숙한 사람이 일을 잘하게 됩니다.

셋째, '중간 온도의 관계 언어'가 기본 언어가 됩니다

일의 언어에서는 중간 온도의 언어가 가장 이상적인 표준어가 됩니다. 경제에서 가장 좋은 상태가 골디락스^{goldilocks}(뜨겁지도 차갑지도 않은 상태)이고 정상 체온이 미지근한 36.5℃인 것처럼 말이죠.

일터를 제외하고는 중간 온도의 언어가 표준어인 경우가 드뭅니다. 일상에서는 좋아하는 사람과는 뜨겁게, 싫어하는 사람과는 차갑게 지내니까요. 하지만 일터에서는 관계와 상관없이 업무에 따라 봐야 하는 시간과 횟수가 정해집니다. 그리고 아무리 마음이 잘 맞는 사람이라도 '정말 친구처럼' 굴거나, 싫은 사람이라고 해서 '노골적으로 싫은 티'를 내면 곤란합니다.

'같이 일하고 싶은 좋은 동료'이지만, '선은 넘지 않는 사람'이 되기 위해서는 중간 온도의 언어를 현명하게 사용할 줄 알아야 합니다. 그래야 좋은 관계를 오랫동안 이어갈 수 있습니다.

일의 언어는 누구나 잘할 수 있습니다,
조금 배우기만 한다면

"저는 말주변이 별로 없어요. 말을 잘하는 사람이 부러워요. 저 같은 사람은 일할 때도 말을 잘하기가 어렵겠죠?"

그렇지 않습니다. 말솜씨가 뛰어난 것과 일의 언어가 능숙한 건 엄연히 다른 영역이거든요. 제가 그렇습니다. 사석에서의 저는 다른 사람보다 더 재치 있거나 재미있는 사람이 아닙니다(남의 유머는 굉장히 좋아합니다). 제 유머에 깔깔 웃어주는 사람은 배우자와 부모님, 고모들뿐입니다. 이 광활하고 영원해 보이는 우주에서 고작 다섯 명이 전부인 셈입니다.

'살쪘다', '요즘 확 늙은 것 같다'라며 푸념하는 지인에게 자연스레 반박하는 타이밍도 번번이 놓치곤 합니다. 물론 듣자마자 '그렇지 않다'라고 힘주어 말해야 한다는 건 알고 있습니다. 하지만 상대방은 대체로 '절대 아니다. 오히려 말랐다'라고 하기엔 곤란한 체형이거나 지난번 만났을 때보다 나이 든 게 사실이거든요(보편적 상황에서 시간은 흐르니까요). 그러니 머뭇거리게 되고, 그 몇 초의 망설임 탓에 분위기는 모호해집니다.

하지만 일의 언어는 꽤, 매우 뛰어난 편입니다. 비즈니스 회의, 직장 조직, 특히 강연장에서 저를 만난 사람들은 말을 잘하는 사람으로 기억할 겁니다. 이건 배우면 되는 영역이거든요, 다행히도.

일의 언어를 배우지 않아도 되는 사람은 없습니다. 독보적인 디자인 감각을 지닌 사람도 클라이언트와 제대로 커뮤니케이션하지 못하면 역량의 반도 발휘하지 못합니다. 묵묵하고 우직하게 일해서 인정받던 실무자가 리더가 된 후 서투른 커뮤니케이션으로 자신과 부서 전체를 고생시키는 것도 흔합니다. 많은 사람이 일의 전문성에 비해 일의 언어가 서툴러서 비용을 비싸게 치릅니다. 그리고 그 비용과 손해는 중요한 프로젝트를 맡을수록, 더 높은 위치로 갈수록 커지게 됩니다.

일의 언어에 완벽한 정답이 있는 건 아니지만, 대부분이 동의하는 메이저 취향은 분명히 있습니다. 다 큰 성인에게 차마 지적할 수 없어서 말해주지 않거나, 에둘러 넌지시 말해주는 규칙 말입니다. 저는 경영진에게 질타 또는 코칭을 받는 리더와 직원들을 보며(그리고 직접 혼나면서) 배웠습니다. 이 책을 읽으시는 분들은 저를 비롯하여 많은 사람들이 거쳐간 시행착오를 조금 덜 겪으시기 바랍니다.

일하는 사람을 위한, 일하는 사람에 의한, 일하는 사람의 언어

이 책은 '일하는 사람을 위한, 일하는 사람에 의한, 일하는 사람의 언어'를 다룹니다. 일의 언어는 참고할 만한 템플릿이 별로 없습니다. 일의 언어가 능숙한 사람도 평소에는 설렁설렁 이야기하는 경우가 많기 때문입니다. 그들의 남다름이 드러나는 순간은 경영진이나 상사와 이야기할 때, 그리고 이해가 첨예하게 엇갈리는 비즈니스 미팅에서입니다. 직접 보지 않고서는 배우기가 쉽지 않은데, 그 현장을 직접 볼 기회가 드물다는 게 문제죠.

저는 오랫동안 상위 0.1% 사람들이 어떻게 상사에게 보고하고, 설득하고, 다른 조직과 협업하고, 직원들을 이끄는지 지켜봤습니다. 팽팽한 긴장 속에서 어떻게 분위기를 반전시키는지도 봤습니다. 똑같은 상황과 주제를 갖고도 화기애애한 분위기에서 돌아가는 사람과 질타와 비난으로 마음이 다쳐 돌아가는 사람이 있음을 배웠습니다. 귀중한 경험이었다고 생각합니다.

그 경험을 바탕으로 일하는 사람에게 가장 큰 고민이자 중요한 규칙들을 골랐습니다. 중간중간의 'Special Tips'까지 포함하면 45개입니다. 이 규칙들을 쓰면서 제가 중요하게 생각한 건 다음의 세 가지입니다.

구체적으로 어떻게(HOW)?

영역별로 '왜WHY', '무엇을WHAT'만이 아니라 '그렇다면 구체적으로 어떻게HOW'를 가능한 한 넣었습니다. 이 책을 손에 든 사람이라면 '상대방 중심으로 얘기하세요'라는 조언을 몰라서 못 하는 게 아닙니다. '상대방은 무시하고 내 맘대로 말할 테다!'라고 생각하는 사람은 없으니까요. 우리가 어려워하는 건 '어떻게 말해야 상대방 중심으로 말하는 것인가'라는 방법^{HOW}의 영역입니다.

현실에 바로 적용할 수 있는 도구

일하는 사람이라면 현실적으로 적용할 수 있는 도구를 골랐습니다. 일의 언어는 토론의 언어와 다릅니다. 상사나 클라이언트, 동료에게 "지금 말씀하시는 것은 확증편향에 따른 오류입니다", "니체가 말한 르상티망^{ressentiment}의 전형적인 모습이군요" 같은 말을 내뱉었다가는 기묘한 생명체를 대하는 듯한 눈초리를 감수해야 할 겁니다. 게다가 일터에서는 상대방의 주장이 얼마나 취약한지 증명하면서 잘근잘근 밟아도 안 됩니다. 웬만하면 말이죠(피치 못할 사정은 있는 법이니까요).

이 책에서는 일하는 사람이 어떻게 상대방의 WHY(열망)를 찾아내고, 지적인 좌뇌의 논리와 감성적인 우뇌의 논리로 설득할 수 있는지를 현실적인 사례로 설명합니다. 어떤 직급과 업종에 있든지 단단한 무기로 쓰실 수 있으리라 기대합니다.

말투를 고치거나 단어 하나 바꿨을 뿐인데 마법처럼 풀 수 있는 문제는 다루지 않았습니다. 복잡계의 세상에서 사는 우리는 진상 고객에게 "아, 그러셨군요. 충분히 이해합니다"라고 긍정적으로 호응하거나, 프로젝트 망쳤다고 펄펄 뛰는 상사에게 '왜냐하면'을 붙여 얘기한다고 해도 해결할 수 있는 일이 그다지 많지 않음을 알고 있습니다. 상위 0.1%의 사람들은 문제 상황이 생겼을 때, 성과를 이야기할 때, 까다로운 상대와 협상할 때 실제로 언어를 어떻게 현명하게 사용하는지의 원칙과 노하우를 담았습니다.

'일의 언어'에서 가장 중요한 네 가지 분야

일의 언어는 한 가지가 아닙니다. 프로젝트를 진행하며 빠르게 의사 전달을 할 때, 중요한 클라이언트와 협상할 때, 소비자에게 제품과 서비스를 홍보할 때, 상사에게 성과나 문제를 어필할 때, 리더가 되어서 부서원을 이끌 때 쓰는 언어가 조금씩 다릅니다. 그래서 광고 카피는 기가 막히게 뽑는 사람이 내부 커뮤니케이션이 잘 안 되어 인정받지 못하고, 실무자 때 커뮤니케이션 잘하기로 소문난 사람이 리더가 되어 쩔쩔매는 일이 생기는 겁니다.

그래서 '일의 언어'라는 세계에서 가장 많이 쓰일 뿐 아니라 중요한 네 가지 분야를 담았습니다. '어떻게 정확하게 소통할 것인가', '어떻게 상대방을 설득할 것인가', '어떻게 일의 관계를 매끄럽게 이어나갈 것인가', 그리고 '어떻게 밀레니얼 세대를 이끌 것인가'입니다. 도구함에 넣어놓고 필요할 때마다 꺼내 사용하시면 좋겠습니다.

정확성과 단순함, 그리고 우아함을 가지고 말하는
일의 언어

일의 언어를 잘 다루는 건 평범한 듯하면서도 희귀하고 빛나는 재능입니다. 처음 배울 때는 어렵지만, 일단 능숙해지면 어느 조직 어떤 위치에서든 꺼내어 쓸 수 있기 때문입니다.

그래서 일하는 사람에게 언어는 강력한 도구가 됩니다. 이 도구를 능숙하게 쓰는 사람은 원하는 것을 조금 더 쉽게 얻습니다. 서툴게 다루는 사람은 잔뜩 힘을 들이고도 초라한 결과물을 얻거나, 잘못 휘둘러서 자신과 남을 다치게 하기도 합니다.

Write with precision, economy, and grace.
정확성과 경제성, 그리고 우아함을 가지고 글을 쓴다.

이대 석좌교수인 최재천 교수가 미국 유학 시절 들은 잊지 못할 칭찬이라는데, 보는 순간 마음에 들어서 바꿔봤습니다. 일의 언어를 배우려는 독자들에게 이 문장을 응원의 마음으로 전합니다.

You speak with precision, simpleness, and grace.
정말 정확하고, 단순하면서, 우아하게 이야기하시는군요.

언젠가 이런 감탄의 말을 듣고 환하게 웃으시기를.
언어가 장벽이 아니라 가장 멋진 도구가 되기를.
원하는 걸 얻으시기를.

| 차례 |

Prologue 언어는 삶의 강력한 도구가 됩니다. 특히 일하는 사람에게 / 004

Part I: 단순하게, 소통하다
"머릿속 생각을 혼선 없이 어떻게 명쾌하게 전달하지?"

INTRO   상대방 중심, 단순한 형태, 그리고 약간의 말 센스 / 024

1장   보고의 언어:
상대방의 머릿속에 그림을 그려주다

Rule 1   단순하고 명확하게 이야기하세요 / 030
Rule 2   상대방의 WHY를 이야기하세요, 언제나 / 037
Rule 3   안심 첫 문장으로, 30초 만에 핵심을 얘기하세요 / 045
Rule 4   성과를 자랑할 때는 해석을 덧붙입니다 / 054
Rule 5   문제는 해결책과 함께 얘기하는 겁니다 / 063
Rule 6   모호한 내용은 자세하게 얘기해도 모호합니다 / 072
Rule 7   복잡할수록 단순하게 쪼개주면 쉬워집니다 / 080
Rule 8   어깨를 펴고 당당한 태도로 보고하세요 / 088

Special Tips 상사에게 잘 질문하는 법 / 096

2장   지시의 언어:
원하는 목적지를 정확하게 보여주다

Rule 9   간접적이고 비언어적인 표현은 해석하기 어렵습니다   / 100
Rule 10   모든 사람에게 똑같은 단어는 존재하지 않습니다   / 109
Rule 11   디즈니처럼 매뉴얼을 사용하면 명쾌해집니다   / 117
Rule 12   업무 요청은 디테일하게, 이게 매너입니다   / 126
Rule 13   비대면 커뮤니케이션은 더 단순하고 정확해야 합니다   / 135

3장   마케팅의 언어:
단순한 메시지로 소비자 마음을 움직이다

Rule 14   아마존처럼 단순하게 이야기합니다   / 150
Rule 15   소비자가 알고 싶어 하는 목적지를 정확히 보여주세요   / 158
Rule 16   은유를 사용하면 메시지가 명쾌해집니다   / 166
Rule 17   소비자는 낯선 익숙함을 선호합니다   / 173

Part Ⅱ: 단순하게, 설득하다
"논리와 감성으로 상대방의 마음을 어떻게 사로잡지?"

| INTRO | 설득(說得), 말로써 원하는 걸 얻는 능력 | / 182 |

4장 파토스의 언어:
언제나 상대방이 이야기의 주인공이 되게 하다

Rule 18	설득의 주인공은 첫째도 둘째도 상대방입니다	/ 188
Rule 19	상대방을 바꾸려고 하지 말고 같은 편에 섭시다	/ 197
Rule 20	상대방이 승자처럼 보이도록 이야기합니다	/ 206

5장 로고스의 언어:
좌뇌와 우뇌를 움직일 근거를 찾다

Rule 21	모든 주장에는 근거가 있어야 합니다	/ 218
Rule 22	객관적인 근거는 상대의 이성을 자극합니다	/ 227
Rule 23	감성적인 근거는 상대방의 마음을 자극합니다	/ 233
Rule 24	근거는 찾는 것이 아니라 만드는 것입니다	/ 240

6장 에토스의 언어:
말하는 사람의 매력을 보여주다

| Rule 25 | 모르는 걸 솔직히 말하면 더 매력적입니다 | / 250 |
| Rule 26 | 현장과 자신의 얘기는 진정성을 더합니다 | / 259 |

| Special Tips | 회의에서 명쾌하게 대화하는 기술 | / 266 |

Part Ⅲ: 단순하게, 마음을 얻다

"일의 관계 온도를 지키려면 어떻게 말해야 할까?"

INTRO   36.5℃의 미묘한 관계 맺기   / 272

7장   협력의 언어:
친절하지만, 선을 단호하게 지키다

Rule 27   협상을 겁내지 마세요, 대부분 가능합니다   / 278
Rule 28   경직된 태도와 프로페셔널함은 다릅니다   / 286
Rule 29   혼자 끙끙거리지 말고 지원을 요청하세요   / 296
Rule 30   직장인 괴롭힘을 불허합시다   / 302

Special Tips   신뢰를 떨어뜨리는 언어 습관   / 308

8장   친밀의 언어:
다정한 언어로 마음을 얻다

Rule 31   평범한 감사로 마음을 얻을 수 있습니다   / 312
Rule 32   상대방의 중요한 사람에게 칭찬 소문을 냅니다   / 320
Rule 33   스몰토크는 스몰하게 하면 됩니다   / 328

9장   해결의 언어:
문제 상황을 매끄럽게 해결하다

Rule 34   죄송한 것과 유감인 것은 다릅니다   / 336
Rule 35   사과는 조건부가 아니라 100%로 하는 겁니다   / 343
Rule 36   상대방의 자백을 받으려고 실랑이하지 마세요   / 354

Part Ⅳ: 단순하게, 이끌다

"사람이 달라진 시대에 리더는 어떻게 말해야 할까?"

INTRO 밀레니얼 세대의 중요한 키워드 / 362

10장 리더의 언어
부서원을 존중하고 합리적으로 대화하다

Rule 37 넷플릭스처럼 직원을 어른으로 대해주세요 / 370
Rule 38 '돌아가면서 한마디씩 해봐'는 안 됩니다 / 379
Rule 39 리더의 몸짓과 말이 다르면 곤란합니다 / 391
Rule 40 마음은 궁금하지 않으니 겉으로 잘해주세요 / 398
Rule 41 마음(태도)이 아니라 행동(일)을 지적합니다 / 405

Special Tips 소통 노이로제에 걸린 리더들에게 / 414

Epilogue 언어가 장벽이 아니라 가장 멋진 도구가 되기를 / 418

Part I

단순하게, 소통하다

"머릿속 생각을 혼선 없이 어떻게 명쾌하게 전달하지?"

"인간에게 가장 중요한 능력은
자기 표현력이다."

– 피터 드러커Peter Drucker, 경영학의 거장

상대방 중심,
단순한 형태,
그리고

약간의 말 센스

소통의 정확도는
일의 완성도와 직결됩니다

일의 언어는 일상의 언어와 다릅니다. 둘을 구분하는 중요한 기준 중 하나는 '정확성이 중요한가?'입니다.

> "엄마, 이번 명절에 뭐 사 갈까?"
> "글쎄? 물건보다는 먹을 수 있는 게 좋겠어."

딸은 고민 끝에 갈비를 사 갑니다. 설사 어머니는 고기보다는 굴비 같은 수산물을 더 선호하더라도, 딸의 선물을 보면서 함박웃음을 지을 겁니다. 부모를 생각하는 마음이 고맙고 기특하니까요. 갈등 없는 훈훈한 시간이 이어집니다.

하지만 일의 언어는 다릅니다. 정확성이 떨어지면 비극이 벌어집니다. 명절을 맞아 특판 행사를 기획하고 있는 대형마트를 생각해볼까요. 직원이 상사에게 제대로 된 보고도 없이 갈비를 지난 명절의 3배로 주문한다거나(이번에는 농산물 특집으로 하려고 했는데!), 무슨 특판을 할지 물어보는 직원에게 상사가 "먹는 게 좋겠어"라며 모호하게 지시해놓고 갈비를 준비한 직원에게 반품하라고 펄펄 뛰면(이미 매대에 모두 깔았는데!) 안 됩니다. 최근의 전염병 이슈로 고기를 꺼리는 소비자 마음은 아랑곳없이 "뭐니 뭐니 해도 고기가 최고"라며 갈비 세트만 권유해도 곤란합니다.

일은 누군가와의 소통을 통해서 진행됩니다. 그 누군가는 상사나 클라이언트일 때도 있고, 부서원이나 동료일 때도 있고, 소비자일 때도 있습니다. 상대가 누구든, 소통의 가장 강력한 도구는 '언어'입니다. 그래서 소통의 정확도는 일의 완성도와 직결됩니다.

일하는 사람이라면 머릿속의 생각과 의도를
상대방에게 정확히 표현하는 방법을 배워야 합니다.

정확한 소통의 세 가지 요소:
상대방 중심, 단순한 형태, 말 센스

'나는 모호하게 소통해서 상대방을 혼돈에 빠트리겠다'라고 생각하는 사람은 아무도 없습니다. 그런데도 우리는 정신을 바짝 차리지 않으면 혼란스럽고 장황하게 말하려는 경향이 있습니다. 무질서로 향해 가는 우주의 엔트로피^{entropy} 법칙처럼 말입니다. 엔트로피를 줄이려면 별도의 일^{work}이 필요하듯이, 혼돈을 넘어 정확한 소통을 하려면 별도의 에너지가 필요합니다. 저는 이 에너지를 '상대방 중심, 단순한 형태, 말 센스'라고 이름 붙였습니다.

1. 상대방 중심: 상대방에 맞춰 이야기하는가?

2. 단순한 형태: 상대방이 이해하기 쉬운 모습인가?

3. 약간의 말 센스: 적절한 어휘와 타이밍으로 얘기하는가?

첫 번째, '상대방' 중심으로 이야기해야 합니다. 그러기 위해서는 상대방의 기본적인 성향을 이해하고 가장 궁금해하는 부분이 무엇인지 알아야 합니다.

"세상에, 사람마다 다 다르잖아요!"

괜찮습니다. 다행히도 메이저 취향 또는 경향이라는 게 있으니까요. 우리가 이성을 볼 때 어떤 사람은 지적인 타입을, 어떤 사람은 순하고 착한 타입을, 어떤 사람은 카리스마 있는 타입을 좋아하지만 '좋은 사람'을 선호하는 것은 비슷한 것처럼 말입니다. 마찬가지로 상사, 부서원, 소비자 등이 선호하는 공통적인 취향은 분명히 존재합니다.

두 번째, '단순한 형태'로 전달해야 합니다. 우리가 상대하는 대상은 소개팅에서 온몸으로 호감을 표시하며 무슨 이야기든 들을 준비가 된 사람들이 아닙니다. 말하면 척척 알아듣는 사람들도 아니죠. 번호표를 가지고 다가간 우리를 향해 눈썹을 살짝 치켜들며 '어디 얘기해봐'라는 표정을 짓는 공무원에 가깝습니다. 또는 간장을 사 오라고 했더니 종류와 브랜드, 용량의 다양성에 압도되어 '아내가 화내지 않고 몇 번째까지 대답해줄까', '마음대로 결정할 수 있는 건 어디까지일까'를 고민하는 남편에 가깝습니다.

세 번째, '약간의 말 센스'는 도움이 됩니다. '약간'이라고 표현한 이유는 은근히 스트레스받는 분이 많아서입니다. 위트, 센스, 재치로 무장한 말 잘하는 사람들이 떠오르거든요. 시의적절한 어휘나 표현 등을 잘 사용하면 좋겠지만, 일의 언어에서는 다소 부족하더라도 괜찮습니다. 다시 말해, 잘하면 분명히 플러스가 되지만 부족해도 딱히 마이너스가 되진 않는 영역입니다.

Part I 에서는 일하는 사람들의 소통 규칙을 이야기합니다. 내부의 소통(보고, 지시)과 외부의 소통(마케팅)으로 나누었습니다. 내부 소통 중 '보고의 언어'는 위로 전달하는 언어입니다. 상사 또는 클라이언트 회사의 담당자 등과 대화하는 상황을 생각하시면 됩니다. '지시의 언어'는 아래로 전달하는 언어입니다. 부서원, 협력사 파트너, 실무 부서 등과 하는 대화가 여기 해당합니다. 외부의 소통인 '마케팅의 언어'는 소비자나 투자자를 대상으로 하는 언어를 말합니다. 소통 난도의 끝판왕이라고 할 수 있습니다.

"동료와의 소통은요?"라고 묻고 싶어 하는 분이 계실 겁니다. 동료와의 소통은 보통 보고의 언어와 지시의 언어를 섞어서 쓰게 마련입니다. 하지만 이것만으로 해결할 수 없는 미묘한 부분이 있어서, 그 내용은 'Part III' 관계 편에서 더 다룰 예정입니다.

1장 보고의 언어

상대방의 머릿속에 그림을 그려주다

"내가 무슨 말을 했느냐가 아니라
상대방이 무슨 말을 들었느냐가 중요하다."

– 피터 드러커

단순하고 명확하게
이야기하세요

서로 다른 필터, 인지적 구두쇠, 모호함 선호

정확하지 못한 소통은
비싼 비용을 치릅니다

'송배전 손실률'이라는 전력 용어가 있습니다. 전기가 A에서 B로 이동할 때 중간에 얼마나 사라지는지를 비율로 나타내는 용어입니다. 예를 들어 발전소에서 100만큼 전기를 보냈는데, 우리 집에 30만 도착했다면 손실률이 70%라고 평가합니다. 손실률이 높으면, 발전소에서 전력을 아무리 풍부하게 보내도 대부분 길바닥에 버려지기 때문에 기업들은 이 손실률을 낮추려고 애를 씁니다.

그런데 직장에서도 이런 송배전 손실은 자주 볼 수 있습니다. 일하는 사람은 매일 머릿속 생각을 상사에게, 부서원에게, 또는 고객에게 쉴새 없이 말합니다. 문제는 이 송배전 과정에서 자꾸만 오류가 생긴다는 겁니다. 오류 때문에 열심히 노력한 결과가 허무하게 버려집니다. 손실률이 50%라면 고생의 자그마치 절반이 날아가는 셈입니다.

"에이, 설마 소통 오류 때문에 50%나 손해 보겠어요?"

프로젝트를 진행하다가 중간쯤에 "아니, 제가 얘기한 건 그게 아니고"라는 식의 핀잔과 함께 전면 재수정하는 일은 흔한 일입니다. 그러면 그 전까지의 노력은 0이 되는 셈입니다. 외국인 대상의 치킨 페스티벌을 준비하는 담당자가 막내 직원에게 치킨 구매를 시켰더니, 요즘 유행인 극강의 매운맛 치킨을 사오는 웃픈 상황도 종종 벌어집니다. 외국인이란 단어를 주의 깊게 듣지 않았거나 외국인이 매운 음식을 못 먹는다는 생각을 아예 해보지 않았기 때문입니다. 작은 소통 오류 하나로 담당자의 몇 주 노력이 한순간에 날아가는 것입니다.

소통 오류는 무척이나 비쌉니다. 고생해서 쌓아온 성과를 한순간에 날려버리는 파괴력을 가지고 있습니다. 그래서 우리는 이 질문을 늘 기억하고 있어야 합니다.

'어떻게 머릿속 생각을 단순하고 정확하게 전달하지?'

아시다시피 쉽지가 않습니다. 왜냐하면, 정확한 소통에 혼란을 일으키는 악당들이 온갖 곳에 교묘히 숨어 있기 때문입니다.

소통을 막는 악당 3총사:
서로 다른 필터, 인지적 구두쇠, 모호함 선호

첫 번째 악당: 서로 다른 필터

첫 번째 악당은 '사람마다 다른 필터'입니다. 인지과학에 따르면 우리는 정보를 처리할 때 원석 그대로 받아들이지 않습니다. 자신의 경험과 지식에 비추어 해석하고, 기억하고, 판단합니다. 그래서 같은 말을 들어도 사람마다 다른 해석을 하게 되는데, 이 특성 때문에 소통의 결정적인 오류가 생겨납니다.

이런 경향을 보여주는 재미있는 실험이 있어서 소개합니다. 오른쪽 그림은 우주선 모양의 아이콘 세 개가 길 위에 나란히 있는 그림입니다.

"어느 우주선이 앞에 있나요?"

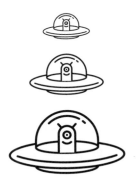

출처: 〈EBS 다큐프라임-동과 서〉

〈EBS 다큐프라임-동과 서〉에 따르면 동양인은 가장 크게 보이는 우주선이, 서양인은 가장 작게 보이는 우주선이 앞에 있다고 생각하는 경향이 있다고 합니다. 똑같은 정보를 주더라도 자라온 문화에 따라 정반대로 해석하는 겁니다.

그러니 만약 세일즈맨이 "가장 앞에 있는 우주선이 A 고객사의 제품입니다"라는 식으로 얘기한다면 어떻게 되겠습니까? 누구는 가장 큰 우주선을, 누구는 가장 작은 우주선을 보며 고개를 끄덕일 겁니다. 심각한 오류가 생겨나는 거죠. 나중에 제품을 받아본 고객이 약속과 다르다며 컴플레인을 할 수도 있습니다. 세일즈맨은 '정확'하게 말했다고 확신하겠지만 말입니다.

두 번째 악당: 인지적 구두쇠

두 번째 악당은 '인지적 구두쇠cognitive miser'입니다. 이 개념은 미국의 수잔 피스크Susan Fiske 교수와 셸리 테일러Shelley Taylor 교수가 1984년에 발표한 후 유명해졌습니다. 구두쇠가 '돈'을 아끼듯이 사람들은 '생각하기'를 아끼는 경향이 있다고 합니다. 바른 판단을 하기 위해서는 주의 깊게 관찰하고, 정보를 꼼꼼하게 수집하고, 우선순위를 매기는 등의 일을 해야 하는데 이런 과정은 뇌에 부담을 줍니다. 그래서 사람들은 골치 아프게 생각하는 일을 웬만하면 피하려는 습성이 있습니다.

우리는 이런 인지적 구두쇠를 매일 일터에서 목격합니다. 많은 사람, 특히 상사와 클라이언트는 우리의 얘기를 웬만해서는 집중해서 듣지 않습니다. 일터는 종이컵의 식어버린 커피처럼 흥미 없는 언어가 넘쳐나는 곳입니다. 온갖 평범한 아이디어 제안, 푸념 같은 설명, 장황한 배경 얘기, 회의를 위한 회의 등이 가득하니까요. 피곤한 그들은 '을'인 우리와의 대화를 기본적으로 '중요하지 않은 것'으로 분류합니다. 대충 흘려듣다가 중요한 얘기가 나오면 그때 집중하면 된다고 생각하죠. 그러니 귀로는 듣고 있어도 뇌는 듣고 있지 않습니다.

심지어 소비자는 더 구두쇠입니다. 소비자와 소통하는 사람은 상사나 클라이언트가 '그나마 듣는 척'이라도 하던 것과는 달리, '아예 안 듣고 있는' 끝판왕을 경험하게 됩니다.

세 번째 악당: 모호함과 복잡성 선호

세 번째 악당은 바로 '우리 자신'입니다. 우리는 사실 모호하고 복잡하게 말하는 걸 굉장히 좋아합니다. 아니라며 펄쩍 뛰지만, 진실이 그렇습니다. 단순하고 명확하게 얘기하는 것보다 흐릿하고 모호하게 말하는 게 훨씬 쉽고 마음이 편하기 때문입니다.

Q: 예산이 얼마 듭니까?

A: 3억 원 정도 듭니다.(단순/명확)

B: 꽤 들 것 같습니다.(복잡/모호)

Q: 이번에 어떤 콘셉트로 할 건가요?

A: 최근 P사의 광고 보셨죠? 그것처럼 유머 코드로 할 생각입니다. 20대의 호응이 눈에 띄더라고요.(단순/명확)

B: 젊은 소비자들이 좋아하는 취향으로 하려고요.(복잡/모호)

A처럼 단순하고 명확하게 말하는 것보다 B처럼 모호하게 말하는 게 훨씬 쉽습니다. B는 제대로 몰라도 할 수 있는 대답이며, 결국 아무 말도 안 한 셈이기 때문에 나중에 트집잡힐 일도 없으니까요. 그러니 우리가 이 악당과 의도적으로 싸우지 않는다면, 자꾸만 모호하게 말하고 있는 자신을 발견할 겁니다.

"정확한 언어로 소통하는 것은
무척 어려운 일입니다.

세 가지 악당이
기세등등하게 가로막고 있거든요.

악당들의 이름은
**'서로 다른 필터, 인지적 구두쇠,
모호함 선호'**입니다.

일의 언어를 배울 때는
이 악당들과 싸울 각오를
단단히 하셔야 합니다."

상대방의 WHY를
이야기하세요,
언제나

선택적 인지를 끌어내는 마법의 주문

상대방이 늘 들을 준비가 된 이야기는
'자신의 WHY'입니다

"사람들은 그들이 볼 준비가 돼 있는 것만 본다."

19세기 미국의 시인이자 사상가인 랠프 월도 에머슨^{Ralph Waldo} Emerson이 말했듯이, 사람들은 어지간해서는 제대로 보려고 하지 않습니다. 눈으로, 귀로, 촉감 등으로 입력되는 수많은 정보 중에서 중요한 것에만 주의를 기울이고, 기억하고, 회상합니다. 부츠를 사야겠다고 마음먹은 후에는 온통 사람들의 신발만 보게 되고, 미용실에 갈 때쯤이 되면 사람들의 머리 모양만 유심히 관찰하게 되는 것처럼 말입니다. 만약 이때 누군가 부츠 세일 정보를 알려주거나 유행하는 헤어 스타일 이야기를 한다면, 어느 때보다 관심 있고 주의 깊게 들을 겁니다.

사람들이 가장 듣고 싶어 할 뿐 아니라 언제나 들을 준비가 된 이야기는 '자신의 WHY(관심과 열망)'에 관한 것입니다. 순식간에 상대방의 관심을 끌 수 있습니다. '칵테일 파티 효과Cocktail party effect'라는 용어에서 알 수 있듯이, 우리는 아무리 소음 속에 있더라도 자기 이름이 불리면 바로 알아챌 수 있는 사람들입니다. 그래서 일 잘하는 사람은 원하는 것을 얻기 위해서 다음 문장을 즐겨 사용합니다.

"이 이야기는 사실 당신의 WHY입니다."

평범한 사람들은 자신의 WHY를 전하는 데 얼마 안 되는 시간을 모두 써버립니다. 내가 얼마나 고생한 업무인지, 얼마나 객관적으로 좋은 제품인지 말이에요. 하지만 열정적인 설명을 들으며 상대방은 생각합니다. '내가 이걸 왜 들어야 하지?' '이게 나에게 왜 중요하지?' 이 질문에 대답할 수 없다면 조용히 '쓸모없는 정보' 서랍에 집어넣습니다. 설사 고개를 끄덕이면서 듣고 있다 해도 말입니다. 고요한 회의실에서 두 시간 동안 프레젠테이션을 듣더라도 머릿속에 아무것도 남지 않습니다.

그러니 연결 고리를 보여주세요. 그러면 순식간에 상대방의 관심을 끌 수 있습니다.

이 이야기는 사실 '당신의 WHY'입니다:
판결의 진짜 수혜자는 '당신'

"저는 나사의 엔지니어가 되려고 합니다. 하지만 백인 고등학교에서 수업을 듣지 않으면 엔지니어가 될 수 없어요. 그리고 저는 제 피부색을 바꿀 수 없지요. 그래서 저는 '최초'가 될 수밖에 없습니다. 판사님, 오늘 보게 될 모든 재판 중에서 어느 판결이 지금으로부터 100년 후에 중요한 판결이 될까요? 어느 판결이 당신을 '최초'로 만들어줄까요?"

영화 〈히든 피겨스〉는 1960년대 미국 NASA에서 근무하던 흑인 여성들을 다룬 영화입니다. 주인공 중 한 명인 메리 잭슨은 정식 엔지니어가 되고 싶어 하는데 이 꿈을 이루려면 백인들만 갈 수 있는 학교를 졸업해야 합니다. 흑인인 메리 잭슨에게는 불가능한 일이기 때문에 법에 호소하기로 합니다. 그녀의 말을 들어보면, 판결을 앞둔 판사의 고민과 부담감을 정확하게 이해하고 있음을 알 수 있습니다.

- 첫째, 해당 교육기관에 '최초'로 유색인종을 허용하는 것이 기존 시스템을 혼란스럽게 할 수 있다는 부담감
- 둘째, 허용할 경우 인종차별이 상식이라고 여기는 기득권 계층의 동료집단으로부터 받을 압박^{peer pressure}

'최초'로 유색인종을 허용해야 하는 부담감

메리 잭슨은 영리하게도 문제를 크게 만들지 않습니다. 그녀는 과격한 인권주의자가 아니라 그저 꿈을 이루고 싶어 하는 평범한 직장인이니까요. 메리 잭슨은 그저 담담하게 자신의 꿈을 얘기합니다. NASA 엔지니어가 되려면 어쩔 수 없이 백인만 입학할 수 있는 학교에 가야 한다고요. 그런데 본인은 피부색을 바꿀 수 없으니 학교의 룰이 바뀌어야 한다고요. 그래서 불가피하게 '최초'가 될 수밖에 없는 상황을 설명하며 양해를 구합니다.

동료집단으로부터 받을 압박

기득권 계층인 판사는 백인 학교에 유색인종 입학을 허용하는 순간 반발이 일어날 것을 잘 알고 있습니다. 사교 모임이나 언론

으로부터 거센 공격을 받을 수도 있겠죠. 판사로서는 알지도 못하는 메리를 위해 그런 불편함을 감수할 이유가 없습니다. 그 마음을 아는 메리 잭슨은 결정타를 날립니다.

> "판사님, 오늘 보게 될 모든 재판 중에서 어느 판결이 지금으로부터 100년 후에 중요한 판결이 될까요? **어느 판결이 당신을 '최초'로 만들어줄까요?**"

메리는 자신의 WHY(학교 입학)를 이야기하는 대신 판사의 WHY(명예)를 이야기합니다. 이 재판의 주인공을 흑인 여성인 메리 잭슨이 아니라 판사로 내세웁니다. '최초'의 영예로운 판결을 내릴 사람은 바로 판사니까요. '최초'의 기록을 경신하며 성공적인 인생을 산 판사에게 또 다른 '최초' 타이틀이 생기는 일입니다. 그러자 기존에 피곤하게 느껴졌던 재판이 '최초라는 명성을 얻기 위한 기회'로 바뀌었습니다.

이 이야기는 사실 '당신의 WHY'입니다:
추가 채용이 필요한 건 '당신'

일터에서 건의할 때도 마찬가지입니다. 많은 사람이 '나의 WHY'

만 끈질기게 얘기하는 실수를 합니다. 하지만 상대방은 나의 WHY에 그다지 관심이 없습니다. 관심 있는 건 오직 자신의 일뿐입니다. 그러니 원하는 것을 얻으려면 나의 WHY가 아니라 상대방의 WHY를 찾아서 전면에 내세워야 합니다.

사례: 플랫폼 기업의 개발자와 팀장의 대화

"팀장님, A 프로젝트 코딩 작업을 혼자 하려니 **일이 너무 많아 힘들어요.** 임시로라도 사람 좀 뽑아주세요."
"그래. 경영본부에 얘기해볼게. 그런데 해줄지는…."

개발자는 자신의 WHY(피로)를 이야기하고 있습니다. 과연 충원이 될까요? 글쎄요, 쉽지 않을 겁니다. 팀장은 자기 문제가 아니니 적극적으로 움직일 이유가 없습니다. 일 많다고 호소하는 직원을 보는 건 물론 괴롭지만, 본부장에게 채용 이야기를 꺼내는 순간 회사 사정 뻔히 알지 않냐며 면박을 당할 게 뻔하기 때문입니다. 그러니 개발자는 원하는 것(채용)을 얻으려면 팀장의 WHY를 전면에 내세워야 합니다.

"팀장님, A 프로젝트 코딩 작업을 임시로 도와줄 사람을 얼른 채용해주세요. 작업량을 보니 지금 상태로는 **예정된 데드라인에 맞**

추기가 어렵겠네요. 클라이언트가 분명 펄펄 뛸 텐데 대책을 마련해야겠어요. 저도 너무 피곤해서 제대로 일하기 힘들고요."

개발자가 힘들고 지치는 건 팀장의 문제가 아니지만, 데드라인을 맞추지 못해서 클라이언트와 문제가 생기는 건 팀장의 문제(WHY)입니다. 얼른 해결해야겠다는 초조함이 몰려오기 때문에 아까와는 달리 적극적인 태도가 될 겁니다.

자신의 WHY를 이야기한 것과 상대방의 WHY를 내세우는 것 중에 어느 쪽이 원하는 걸 얻을 수 있는지는 분명합니다. 그러니 비장한 마음으로 상사나 클라이언트에게 제안하려고 들어가기 전에, 잠시 이 질문을 생각해보시기 바랍니다.

'이게 왜 상대방에게 의미가 있지?'

대답을 찾으셨다면 그게 대화의 중심입니다. 나의 WHY는 뒤에 덧붙여도 충분합니다.

"상대방에게 가장 관심 있는 건
'자기 자신'입니다.

무질서한 소음 속에서도
자기 이름은 들을 수 있고,
수백 명이 찍힌 사진 속에서도
자기 얼굴은
쉽게 찾아낼 수 있습니다.

그러니 '나의 WHY'가 아니라
'상대방의 WHY'를 이야기하세요.
그래야 원하는 것을 얻을 수 있습니다."

안심 첫 문장으로, 30초 만에 핵심을 얘기하세요

두괄식, 두괄식, 두괄식

내 말이 길어질수록
상대방은 최악을 상상합니다

최 상무의 방에 조심스럽게 들어온 김 과장은 진지한 표정으로 이렇게 말하기 시작했습니다.

"상무님, 이번 A 프로젝트와 관련해서 제가 얼마나 열심히 달려왔는지 아시지요? 100억 원 규모의 A 프로젝트에 우리 회사의 운명이 달렸지 않습니까.

저와 저희 팀 모두 3개월이 넘게 주말도 없이 일했습니다. 관계자 미팅 횟수만 서른다섯 차례였고, 비행거리를 따지면 지구를 네 바퀴나 돈 셈입니다. 우리의 제안서는 회장님도 다른 팀이 참고 하라고 지시할 정도로 훌륭했지요."

자, 다음에 나올 얘기가 무엇일지 맞혀보시기 바랍니다.

1. 그래서 마침내 저희가 그 계약을 따냈습니다!
2. 그런데 아직 협의 중이라 이번 달까지 답변 주기 어렵답니다.
3. 그런데 다른 회사와 계약하기로 했답니다. 우린 망했어요.
4. 그런데 우리가 큰 실수를 했습니다. 그래서 계약 취소는 물론 이고, 대규모 소송을 통보해 왔습니다. 완전히 망했어요.

저는 강의에서 이 질문을 자주 하는데 반응이 무척 흥미롭습니다. 대부분 1번부터 4번이 모두 웅성거리며 나옵니다. 무엇이 나오더라도 이상하지 않으니까요. 자랑(1번)을 돋보이게 하려고 분위기를 조성하는 건지, 최악의 고백(4번)을 하기 전에 변명을 늘어놓는 중인지 알 수가 없습니다.

그러니 최 상무는 김 과장의 얘기가 길어질수록 스트레스 지수가 올라갑니다. 과연 저 입에서 좋은 소식이 나올까, 아니면 최악의 소식이 나올까 싶어서 말이죠. 중요한 프로젝트일수록 심장은 뛰고 스트레스는 더 심해집니다. 김 과장의 굳은 표정을 보면서 '아, 프로젝트가 망했나 보다' 하는 공포감이 밀려듭니다.

우리는 너무 무섭게 이야기합니다,
공포영화처럼

　　"저…, 보고드릴 게 있습니다."

상사들은 수상쩍어 보이는 문서를 들고 다가오는 직원 얼굴을 보는 순간 기분이 가라앉았습니다. 직원이 가져오는 것 중에 좋은 일은 별로 없는 법이니까요. 재밌고 웃긴 얘기, 예를 들면 소개팅 에피소드나 웃긴 짤방은 자기들끼리만 깔깔대며 공유할 뿐 상사는 끼워주지 않습니다. 상사에게 가져오는 건 주로 '문제' 덩어리죠.

　그러니 보고하는 사람의 말이 길어지면, 상사의 스트레스는 점점 더 심해집니다. '도대체 얼마나 나쁜 문제길래? 얼마나 큰 사고를 쳤길래 저렇게 뜸을 들이지?'라는 방어적인 마음이 되기 때문에 별것 아닌 조그만 흠에도 화를 내게 됩니다.

　우리가 상사 또는 클라이언트에게 보고하는 목적은 크게 세 가지입니다. '자랑, 현황 중계, 도움 요청'이죠. 자랑은 상대방이 시킨 일을 잘 진행하고 있다는 좋은 소식입니다. 현황 중계도 기본적으로는 괜찮은 소식입니다. 일이 잘 진행되고 있으며, 상대방이 참고로 알아야 할 사항들을 말해주는 거니까요. 마지막으로 도움 요청은 흔히 나쁜 소식이라고 생각하시는데, 꼭 그렇지도 않습니다. 그저 상사의 판단과 도움이 필요한 영역일 뿐입니다.

──────── 보고의 3대 목적 ────────

자랑	현황 중계	도움 요청
당신이 시킨 일이 이렇게 잘 진행되고 있다. 당신도 더 위의 상사에게 자랑하라.	일이 잘 진행되고 있다. 참고로 알아야 할 것들을 말해주겠다.	잘 안 되는 부분이 있다. 해결을 위한 핵심 과제는 이렇다. 도와달라.

보고가 서툰 분들은 자랑을 해도 욕을 먹고, 현황 보고를 해도 욕을 먹으며, 도움 요청을 하면 더더욱 욕을 먹습니다. 저는 경영진에게 보고하는 많은 임원과 팀장들이 이 문제로 쩔쩔매는 걸 너무나도 많이 보았습니다. 상사 보고에서 어려움을 겪고 계신 분들의 손을 꼭 잡고 간곡히 드리고 싶은 말씀이 있습니다. 이제부터는 상사의 얼굴을 보는 순간 말해주세요. **'왜 왔는지'** 말입니다.

안심 첫 문장으로
상대방을 안심시키세요

드릴 말씀이 있습니다. vs. 간단한 현황 보고입니다.

반드시 첫 문장에서 왜 왔는지를 말해주세요. 가능한 한 안심시키는 방향으로 말입니다. 보고자가 "드릴 말씀이 있습니다", "A 프로젝트에 좀 문제가 생겼습니다"라는 식으로 대화를 시작하면 상사의 심장은 쿵쾅쿵쾅 뜁니다. 물론 안 좋은 쪽으로요. 이 상황에서 직원이 내뱉는 말은 모두 거슬립니다.

그러면 보고의 3대 목적인 '자랑, 현황 중계, 도움 요청'별로 어떻게 안심 첫 문장을 사용하는지 보여드리겠습니다.

- 자랑: "대표님, **좋은 소식 있어서 보고드립니다.**"
- 현황 중계: "이사님, **소소한 현황 보고입니다.** B 프로젝트 관련해서 **잘 진행되고 있는데요,** 진행 상황 몇 가지 보고드리려고 왔습니다."
- 도움 요청: "팀장님, **C 프로젝트가 다 잘 진행되고 있는데요,** 200만 원 예산 추가 이슈가 있어 상의드리러 왔어요."(잘 진행되고 있으며, 고작 200만 원짜리 문제를 상의하려 한다.)

30초 안에 주요 내용(결론)을
얘기하세요

에…, 먼저 드릴 말씀은 vs. 보고 안건은 세 가지입니다.

30초 안에 '왜 왔는지', '무슨 얘기를 나눌 것인지', '상사는 무엇을 해주면 되는지'를 요약해주시면 됩니다. 예측 가능한 보고만큼 상대방을 안심시키는 게 없습니다.

- 자랑: "대표님, 좋은 소식 있어서 보고드립니다.**(안심 첫 문장)** 이번 C사의 A 프로젝트 계약을 따냈습니다. 조금 전 최 이사가 메일로 알려줬는데, 내일까지 계약서 보낸다고 합니다.**(주요 내용)** 저희 팀이 맞춤형 디자인 패키지 위주로 설득한 게 효과가 있었습니다.**(자랑)**"

- 현황 중계: "이사님, 소소한 현황 보고입니다. B 프로젝트는 잘 진행되고 있고요,**(안심 첫 문장)** 진행 상황을 몇 가지 보고드리려고 왔습니다. 보고 안건은 총 세 개인데요, 첫 번째는 제품 개발의 간략한 진행 보고이고, 두 번째는 잠재 소비자 조사 결과 요약입니다. 세 번째가 상의드릴 내용인데요. 디자인 시안 세 개가 나왔는데, 무엇을 선택할지 고민이라 의견을 여쭙고

싶습니다.**(주요 내용)** 그럼 첫 번째로….'"

- 도움 요청: "**팀장님, C 프로젝트가 다 잘 진행되고 있는데요.(안심 첫 문장)** 200만 원 예산 추가 이슈가 있어 상의드리러 왔어요. 이번 콘퍼런스에 대표님이 추천한 연사를 어렵게 섭외했는데, 강사료가 500만 원이다 보니 기존 예산보다 200만 원 부족합니다. 재무팀 최 과장한테 얘기했더니, 규정에 어긋나는 것도 아닌데 괜히 짜증 내면서 승인을 안 해주려고 해요. 팀장님이 재무팀에 얘기 좀 해주세요.**(주요 내용)**"

이런 대화법은 어떤 대상이나 상황에도 유용합니다. 유치원 선생님이 "어머님, 아이 관련해서 드릴 말씀이 있어요"라거나, 노트북을 맡긴 A/S 센터에서 "죄송한 말씀 드립니다"라고 대화를 시작하면 얼마나 가슴이 덜컹한가요.

"어머님, 우리 ○○가 유치원에서 아주 잘하고 있어요.**(안심 첫 문장)** 구청에서 식습관 가정 조사를 하라는 공문이 내려와서 5분 정도 통화하고 싶은데 지금 괜찮으신가요?**(주요 내용)**"

"고객님, 고객님이 요청하신 A/S는 잘 접수되어 처리 중입니다.**(안심 첫 문장)** 그런데 공교롭게도 신청자가 집중되어서, A/S가

다음 주 목요일에 진행될 것 같습니다.**(주요 내용)** 불편하실 텐데 죄송합니다. 최대한 빨리 처리하겠습니다.**(사과)**"

긴장됐던 상대방의 미간이 순식간에 펴질 거예요. 이런 대화 습관이 상대방을 얼마나 편안하게 하는지 모릅니다.

"내 말이 길어질수록
상대방은 초조해집니다.

'과연 저 입에서 좋은 소식이 나올까,
아니면 최악의 소식이 나올까?'

30초 두괄식(안심 첫 문장 + 주요 내용)으로
얘기해주세요.

자세한 내용은 그 뒤에
천천히 설명하면 됩니다."

성과를
자랑할 때는
해석을 덧붙입니다

담당자만 아는 의미의 한계

성과를 티 내야 하나요?

네, 그렇습니다

일을 하다 보면 성과를 자랑하고 싶은 순간들이 종종 있습니다. 고생해서 따낸 계약, 어렵게 섭외한 연사, 수상 기록 등 '누군가가 이걸 알아주고 감탄해주기를' 바라는 마음이 들 때가 있지요. 하지만 환호와 함께 응원을 받는 드라마의 클라이맥스 장면과 달리, 주변은 적막하기만 하고 각자 자기 일에만 빠져 있습니다. 심지어

오랜만에 자랑스레 얼굴을 빛내며 상사에게 얘기해도, 그는 모니터를 보던 눈을 잠깐 떼고 "어, 잘됐네. 수고했어"라며 무심하게 한마디 던질 뿐입니다.

속상한 일이죠. 그러니 일하는 사람이라면 성과를 효과적으로 티 내고 표현할 줄 알아야 합니다.

> "어휴, 저는 낯간지러워서 그런 거 잘 못 해요."
> "꼭 그런 식으로 티를 내야 하나요? 제가 맡은 일을 묵묵히 잘 해
>   내면 상대방도 다 알잖아요."

이렇게 생각하시는 분이 꽤 많은데, 그렇지 않습니다.(진지) 세 가지 이유를 말씀드릴게요.

첫째, 담당자만큼 그 성과를 제대로 이해하는 사람이 없습니다. 사람들은 기본적으로 남의 일에 크게 관심이 없거든요. 담당자도 말해주지 않는 성과의 의미를, 주의 깊게 찾아서 발견한 후 깜짝 놀라주는 사람은 없습니다.

둘째, 자랑할 내용을 구체적인 언어로 얘기해줘야 상사도 위에 보고할 수 있습니다. 늘 실적 압박을 받는 상사에게 반가운 소식이 되는 겁니다.

셋째, 성과를 제대로 표현하지 않는 사람은 리더가 됐을 때 치명적입니다. 직원들이 고생해서 높은 실적을 내고 있는데도 얼마나

고생하는지, 얼마나 잘하고 있는지조차 제대로 말할 줄 모르는 리더라면 누구든 따르기 싫어합니다. 특히 에이스 직원이라면 더욱 가지 않겠죠. 리더가 조직에서 겸양의 덕을 펼치면 곤란합니다.

자랑할 때는
해석을 덧붙입니다

저는 〈구해줘! 홈즈〉라는 예능 프로그램을 즐겨 봅니다. 집을 구하는 사람이 게시판에 신청하면 연예인들이 나서서 찾아주는 프로그램인데, 보통 사람들이 사는 집을 찾다 보니 현실적이고, 남의 집을 구경하는 재미도 있습니다. 생소한 지역의 시세까지 알 수 있으니 꽤 유용하기도 하고요.

한번은 프로그램을 보다가 피식 웃은 적이 있습니다. 여기서는 '이건 옵션입니다'라는 표현을 자주 쓰거든요. 인턴사원이라는 이름으로 따라온 아이돌 친구가 머뭇머뭇하면서 물어보더라고요.

"옵션이면 좋은 거예요? 옵션이 뭐예요?"
"그냥 공짜로 준다는 거야."
"공짜로요?! 저는 옵션이라길래 사라는 건 줄 알았어요."
"아냐, 아냐.(웃음)"

저는 그 친구의 의아함을 이해했기 때문에 웃었어요. 그 프로그램에서는 옵션을 '무료로 주는 것'이라는 의미로 사용하고 있었습니다. 하지만 사실 옵션은 말 그대로 하자면 '선택'이라는 뜻이잖아요. 차량을 구매할 때 "이건 옵션 사양입니다"라고 하면, 돈을 추가로 내야 설치해준다는 의미입니다. 상황에 따라 '옵션'이 정반대의 의미가 되는 셈이죠. 제가 강연에서 청중에게 질문을 해봤습니다.

"모델하우스에 갔는데 '이 냉장고는 옵션입니다'라고 하면, 냉장고를 공짜로 준다는 의미일까요, 따로 사야 한다는 의미일까요?"

대략 50:50으로 의견이 갈렸습니다. 그러니 '옵션으로 드립니다'라고 자랑스레 말했는데 상대방이 생각처럼 좋아하지 않는다면, 그 인턴사원처럼 '좋아해야 하는지, 부담스러워해야 하는지'조차 몰라서 망설이는 것일 수 있습니다.

상사나 클라이언트에게 성과를 자랑했는데 생각보다 시큰둥한 반응이라 서운했던 적이 있으신가요? '이게 얼마나 힘들게 따낸 건데 저렇게 시큰둥하지?'라고 생각한 적 말입니다. 그건 성과가 얼마나 대단한 건지 설명해주지 않아서 그렇습니다. 상대방은 그게 왜 대단한 건지 잘 모릅니다. 심지어는 말하는 사람의 의도와 정반대의 해석을 하고 있을 수도 있습니다.

해석은 '숫자'와
'특별한 스토리'로 만듭니다

자랑에 해석을 덧붙이는 방법 중에 유용한 두 가지는 '숫자'와 '특별한 스토리'입니다. 두 가지를 적용하면 밋밋한 콘텐츠에 훨씬 생동감이 생깁니다.

사례: 기업 블로그 운영을 대행하는 김 대리

김 대리는 A 기업의 블로그를 관리하는 대행사에서 일하고 있습니다. 그런데 세상에, A 기업 블로그가 '이달의 블로그'로 선정된 거예요! 기쁜 마음에 A 기업 최 과장에게 전화를 겁니다.

> "과장님! 과장님 회사 블로그가 **'이달의 블로그'로 선정됐어요!**"
> "오, 좋은 소식이군요. 김 대리님이 잘해주셔서 그렇죠."
> "아닙니다. 최 과장님이 콘텐츠를 잘 주셔서 그런 거죠."
> "앞으로도 잘 부탁드립니다. 참, 전화해주신 김에 다음 달 특집 건 관련해서 말씀드릴 게 있는데요."

최 과장은 금세 다른 업무 이야기로 넘어갑니다. 김 대리는 조금 섭섭한 마음이 들었습니다. '이달의 블로그' 선정이 얼마나 대단한 일인데, 저렇게 덤덤하게 넘어가느냔 말이죠. 잔뜩 들떴던 마음이 가라앉고 서운한 생각이 들었습니다.

저런, 김 대리님. 최 과장은 '이달의 블로그' 선정이 얼마나 대단한 건지 잘 몰라서 그렇습니다. 앞으로는 해석을 꼭 붙여주세요. 얼마나 대단한 건지 알 수 있게 숫자와 스토리로 말입니다.

자랑에 '숫자' 해석을 덧붙이는 방식

이달의 블로그가 됐어요. vs. 14만 개 블로그 중 1등입니다.

"과장님! 이번에 과장님 회사 블로그가 '이달의 블로그'로 선정됐어요! 이게 얼마나 대단한 거냐면, 기업 블로그 총 14만 개 중 화제성과 콘텐츠 충실성 등에서 1등을 했다는 의미입니다.(**숫자 해석**) 축하드려요."

최 과장은 분명 깜짝 놀랄 겁니다. '이달의 블로그'가 그 정도 의미인 줄 몰랐거든요. 상사에게 보고할 만한 좋은 소식입니다. 최 과장 회사에서 '이달의 블로그'의 위상을 아는 사람은 없겠지만, '14만 개 중 1등'이라는 숫자의 대단함은 다들 알 테니까요.

자랑에 '숫자＋스토리' 해석을 덧붙이는 방식

이달의 블로그가 됐어요. vs. 경쟁사는 한 번도 못 했어요.

숫자와 함께 '특별한 스토리'를 덧붙이면 더욱 강력합니다.

"과장님! 이번에 과장님 회사 블로그가 '이달의 블로그'로 선정
됐어요! 이게 얼마나 대단한 거냐면, 기업 블로그 총 14만 개 중
화제성과 콘텐츠 충실성 등에서 1등을 했다는 의미입니다.(**숫자
해석**) 사실 과장님네 경쟁사인 B 그룹은 2년이나 먼저 시작했고
예산을 열 배나 더 썼는데 아직 한 번도 선정되지 못했어요.(**특별
한 스토리 해석**) 축하드려요!"

최 과장은 상사에게 자랑할 것이 두 가지나 생겼습니다. 14만 개
블로그 중 1등일 뿐 아니라, 얄미운 경쟁사를 보기 좋게 눌렀으니
까요. 이 정도 성과라면 팀장도 상무에게 보고드릴 만하죠. 상무는
경영자 회의에서 소소하게나마 얘기할 테고요. 안 그래도 우리 회
사 블로그 효과가 별로라느니, 예산이 많이 든다느니 하면서 재무
팀의 까칠한 공격이 이어지던 참인데 좋은 반격 소재가 될 겁니다.

제대로 된 자랑이
이렇게나 중요합니다

일터에서의 자랑은 단순히 '나 잘했다고 칭찬해줘', '내가 고생한 거 알아줘'가 아닙니다. 기업 블로그 대행사 김 대리의 효과적인 자랑 덕분에 어쩌면 내년에 대폭 삭감될 뻔했던 A 기업 블로그 운영 예산이 오히려 증액될 수 있는 겁니다.

제대로 하는 자랑이 이렇게나 중요합니다. 팩트만 나열한 후 '이렇게 말하면 당연히 알아주겠지'라고 생각하지 마시고 꼭 해석을 덧붙여주세요. 상대방의 눈길을 사로잡는 데 가장 효과적인 것이 '숫자'와 '특별한 스토리'라는 점 잊지 마시길 바랍니다.

연봉 협상을 위한 연말 실적 보고서를 쓸 때나 경력 이력서를 쓸 때도 마찬가지입니다. 자랑을 자랑답게 이야기하세요. 100만큼 일하고도 30도 안 되게 쓰는 분들이 꽤 많습니다. 해석 없이 팩트만 나열했는데 상사나 클라이언트가 알아서 의미를 발견한 뒤 감탄해주는 일은 없습니다.

"일하는 사람이라면
자랑할 만한 일이 생겼을 때
효과적으로 표현하는 법을
알아야 합니다.

담당자도 말해주지 않는 사실을
알아서 발견한 후 깜짝 놀라는
상사나 클라이언트는 없습니다.

숫자와 특별한 스토리를 더해
제대로 자랑해주세요."

문제는
해결책과 함께
얘기하는 겁니다

결론 없는 보고의 피로감

문제가 생긴 건 알겠어요,

그래서요?

어떤 기관에서 기업의 관리자들을 대상으로 다음 문장을 보여주고 안에 어떤 말을 넣고 싶은지 물어봤다고 합니다.

> "Do not bring me (   ), Bring me (   )."
>
> (   )을/를 가져오지 말고, (   )을/를 가져와요.

그랬더니 압도적인 비율로 이렇게 답했다고 하는군요.

"Do not Bring me (Problem), Bring me (Solution)."
문제를 가져오지 말고 해결책을 가져와요.

고단한 관리자들은 온통 문제만 가져오는 직원들에 시달리고 있습니다. 물론 일하다 보면 크고 작은 문제가 생기는 게 정상입니다. 그런데 많은 관리자는 문제 자체보다 그 문제를 가져오는 직원들의 방식 때문에 더 피곤함을 느낍니다. 정말 문.제.만. 가져오거든요. 문제를 설명하는 직원의 입을 초조하게 보고 있자면 어느덧 말이 끝납니다. '그게 끝? 다음은?'이라는 표정으로 쳐다보면 직원은 눈을 더 크게 뜹니다. 직원은 문제를 보고한 것으로 자기 역할은 끝이라고 생각하거든요. 엔딩 맛집도 이런 엔딩 맛집이 없습니다. 다음 편을 절대 말해주지 않기 때문에 상사가 알아서 상상해야 합니다. 스트레스를 끌어올리는 이런 보고 습관 때문에 저에게 하소연하는 리더들이 꽤 많답니다.

사례: CEO의 베트남 출장을 준비하는 막내 사원

스타트업 창업자인 20대 후반의 송 대표는 다음 달 베트남 출장 준비로 정신이 없습니다. 회사에 관심을 보인 바이어를 만나기로 했는데, 매출이 지지부진한 상황을 해결할 중요한 기회가 될 것 같습니다. 상대방을 설득할 자료들을 다시 한번 꼼꼼하게 살펴보던 중에 눈을 들어보니 회사 막내가 책상 앞에 서 있습니다.

> "저, 대표님. 베트남 출장 항공편 예약하라고 하셨잖아요. 그런데
> 그 날짜에 항공편은 모두 만석이라 자리가 없대요."
>
> **"그래서요?"**
>
> "네? 그래서라뇨?"
>
> **"그게 끝이에요?"**
>
> "네. 여행사 몇 군데 전화해봤는데 다 자리가 없대요."
>
> "그 날짜만 그런 거예요?"
>
> "아, 그건 모르겠어요. 대표님이 그날만 말씀하셨잖아요."

송 대표는 한숨을 푹 쉰 후 알겠다고 합니다. 막내는 송 대표 반응을 보며 이해할 수 없다는 듯이 어깨를 으쓱하며 돌아섭니다. 이게 그 무섭다는 세대 차이인 걸까요? 글쎄요, 송 대표도 이제 고작 20대 후반인걸요.

문제는 '해결책'과 함께
이야기합니다

A는 안 된다고 합니다 vs. 대신 B는 어떠세요?

막내 사원의 문제가 무엇일까요? 바로 본인의 역할은 문제를 전달하면 끝이라고 생각하는 태도입니다. 공교롭게도, 베트남행 항공편이 만석이라는 문제가 생겼습니다. 하지만 송 대표가 중요한 바이어에게 "저, 비행기 좌석이 없어서요. 미팅을 연기하시죠"라고 말할 수는 없잖습니까. 그러니 막내 사원처럼 문제만 던져주고 돌아서면 당황스럽습니다. 송 대표는 어쩌라는 건가요?

일 잘하는 사람은 문제를 보고하러 가기 전에 꼭 하는 일이 있습니다. 바로 해결책을 찾아보는 일입니다. 당일 직항 편이 없다면 경유 편은 있는지, 출장 날짜를 다른 날짜로 옮긴다면 티켓을 구할 수 있는지 등의 대안을 찾아보는 겁니다.

"대표님, 베트남 출장 항공편 관련해서 상의드리려고 합니다. 말씀하신 날짜에는 하필 모든 비행기편이 만석이라서 다른 방법을 선택하셔야 할 것 같아요.(**문제 보고**) 첫 번째는 이틀 먼저 가시는 일정이에요.(**해결책 ①**) 전날도 자리가 없거든요. 자리가 가능한 시간대는 총 세 개인데 여기 적어놨어요. 두 번째는 경유로 가시는 일정이에요.(**해결책 ②**) 말씀하신 날짜에 출발해서 도착은 가능한데 비행시간이 원래보다 여덟 시간까지 늘어나요. 이것도 출발 시각과 도착 시각 적어놨어요."

이렇게 보고하면 최소한 송 대표는 선택지를 보며 판단을 내릴 수 있습니다. 이 중에서 선택할 수도, 아니면 아예 제3의 안을 지시할 수도 있겠지만요. 리더 입장에서는 문제만 던져주고 가는 담당자와 대안을 가져오는 담당자의 차이가 무척 큽니다.

문제는 '담당자 생각'과 함께

이야기해주세요

A, B, C는 이렇습니다. 자, 이제 고르시죠.

vs.

A, B, C는 이렇습니다. 저는 이런저런 이유로 A를 추천합니다.

자신의 의견은 절대 내세우지 않고 상황 설명만 하시는 분들이 있습니다. 꼭 뉴스 중계처럼 말입니다. 제가 최근에 만난 한 그룹 임원은 직원들의 이런 보고 방식이 얼마나 황당한지 토로했습니다.

"기-승-전-결 식으로 미괄식 보고를 하는 경우는 그나마 나은 편이에요. 아예 결론이 안 나온다니까요? 한참 듣고 있는데 담당자 말이 끝나요. 그게 끝이야? 물어보면 끝났대요. 두괄식이건 미괄식이건 아예 결론 자체가 없어요. 문제 설명만 하고 끝내는 거예요."

　이런 담당자에게 "네 생각은 어떻지?"라고 물어보면 펄쩍 뛰면서 "결정하시는 대로 따르겠습니다"라고 말합니다. 그러면 상사는 눈이 가늘어지면서 의심이 스멀스멀 올라옵니다. '아, 저 자식이 얘기하지 않은, 내가 모르는 안 좋은 정보가 있나 보다. 저렇게 책임 안 지려고 발뺌하는 걸 보면.' 그때부터는 프로젝트를 하나하나 깐깐하게 뒤져가며 시비를 겁니다. 진실을 고백할 때까지 말입니다. 또는 '아, 쟤는 아무 계획이 없구나'라고 한탄하면서 다음부터는 '아무 생각 없는 담당자'가 맡을 만한 업무를 주게 됩니다. 품 많이 들고 고생스럽지만, 성과는 하찮은 업무 말이죠.

　두 상황 모두 담당자에게는 괴로운 일입니다. 그러니 문제를 얘기할 때는 담당자 의견도 꼭 덧붙여주세요. 다음의 매직 문장Magic sentence만 추가하면, 나중에 "네가 그렇게 하라고 해서 했잖아"라는 원망이나 법적 책임에서 벗어날 수 있습니다.

> "물론 이건 제 의견입니다.
> 최종 결정은 ○○님이 하시는 대로 따르겠습니다."

　일터에서 일어나는 사례를 통해 얘기해보겠습니다.

사례 1: 법적 조언을 하는 변호사

"이런 법정 분쟁은 결과를 확신하기 어렵습니다. 만약 상대방이 특허권을 침해한 게 인정된다고 하면 배상을 받을 수 있습니다. 하지만 기간이 오래 걸리죠. 특허권 침해 사실이 분명하다면 승소하는 경우가 많지만 패소하는 상황도 자주 있습니다."

어떻습니까, 결정할 수 있으신가요? 결론은 이길 수도 있고 질 수도 있으니, 네가 알아서 판단하라는 겁니다. '그래서 어떻게 하는 게 좋을까?'라는 질문에는 대답해주지 않습니다. 승소와 패소 여부를 꼭 확답해달라는 게 아닙니다. 적어도 말하는 사람의 생각 정도는 알려줘야 판단할 수 있잖아요.

"(…) 하지만 이 경우는 침해 사실이 분명히 보이는 사례여서 승소 가능성이 좀 더 큽니다. 그러니 약 3년간의 재판 과정과 비용을 감수할 브랜드라면 소송을 제기하시는 걸 추천합니다. 설사 승소를 하지 못한다고 하더라도, 또 다른 특허 침해 시도가 주춤해질 수 있으니까요.**(담당자 생각)** 물론 최종 결정은 선생님이 하시는 대로 따르겠습니다.**(책임 주체 강조)**"

사례 2: 치료 상담을 하는 병원 관계자

"A 시술은 피부 발진과 흉터가 생길 수 있어요. B 시술을 받으면 간 손상 위험이 있고요. 어떤 걸로 하시겠어요?"

음…, 지금 피부 발진 및 흉터와 간 손상 중에서 골라야 하는 건가요? 확률은 어떻습니까? 발진이라면 얼마나 심한 발진이고 간 손상은 얼마나 심한 건가요? 수많은 질문이 머릿속에 왔다 갔다 합니다. 부작용이 생겼을 때 법적인 책임을 지지 않으려는 말인 건 알지만, 너무 불친절한 대화법입니다. 전문가시잖아요. 그러니 최소한 자신의 의견은 말해주세요.

"(…) 그런데 20대인 고객님 나이에 간 손상 부작용이 생기는 경우는 매우 드물어요. 그래서 보통 B 시술을 추천해드리는 편입니다. 하지만 만약 B형 간염 보균자이거나 가족력이 있으시다면 A 시술이 더 낫습니다. 둘 다 안정성 측면은 비슷합니다.**(담당자 생각)** 물론 이건 제 의견이고요, 저희는 ○○님이 결정하시는 대로 해드릴 겁니다.**(책임 주체 강조)"**

'문젯거리'만 던져주는 사람보다 듣는 사람의 마음을 훨씬 편안하게 해주는 대화법입니다.

"문제를 보고할 때
상대방이 화를 내는 건
문제 상황만 전달하기 때문입니다.

'자, 내가 문젯거리를
설명해줄 테니 이제부터 네가 처리해'
라고 말하는 느낌이거든요.

문제 상황을 얘기할 때는
해결책을 함께 가져와 주세요.

꼭 정답이 아니어도 됩니다.
적어도 해결책을 찾으려고
고민한 흔적은 보여주세요."

모호한 내용은
자세하게 얘기해도
모호합니다

모호함 + 모호함 = 2배의 모호함

홍보 강화는 홍보를 적극적으로
하겠다는 것입니다!

화장품 회사인 K 기업은 최근 C 제품의 판매 부진으로 분위기가
어둡습니다. 강 본부장은 타개책을 모색하기 위해서 팀별로 방법
을 찾아 오도록 과제를 낸 후 회의를 소집했습니다. 각 부서에서
작성한 계획서를 보다 보니 홍보팀 계획서가 이상합니다.

"민 팀장, 여기 '홍보 강화'라고 썼는데 무슨 말이죠?"

"네, 홍보를 좀 더 적극적으로 하겠다는 의미입니다."

"어떻게요?"

"지금까지는 제품 노출 광고 정도로 했는데, 이제는 그렇게 하면 안 될 것 같습니다. 좀 더 신경 쓰려고 합니다."

"어떻게요?"

"온라인과 오프라인 모두 신경 쓰고, 소비자 반응도 좀 더 체크하고…, 홍보팀 모두가 지금 대책을 마련하고 있습니다."

"그럼, 아직 구체적 계획은 없는 건가요?"

"아닙니다. 있습니다."

"뭐죠?"

"젊은 층에 좀 더 어필할 홍보 전략을 짜고 있습니다."

강 본부장은 잠시 고민합니다. 화를 낼지, 아니면 포기하고 그냥 다른 사람의 보고를 들을지 말이죠. 안 그래도 머리가 지끈거리는 강 본부장은 다른 보고 안건으로 넘어가기로 합니다. 홍보 안건은 홍보팀 전체와 다시 회의를 해야겠다고 생각하면서요. 팀원 중에 적어도 한 명쯤은 제대로 말하는 사람이 있겠죠.

모호하게 얘기하면
불리한 건 자신입니다

모호하게 얘기하는 심리는 단순합니다. 구체적으로 얘기하는 순간 족쇄가 될 수 있으니 최대한 여러 방향으로 해석될 수 있는 표현을 쓰는 겁니다. 정치 언어이거나 대외 입장발표문이라면 꽤 괜찮은 방법입니다.

> "국민 여러분의 생활 안정을 위해 최선을 다하겠습니다."
> "이번 리콜 사태에 진정성 있는 태도로 대응하겠습니다."

최선을 다하고, 진정성 있는 태도로 대응한다는 건 해석의 여지가 넓디넓습니다. 구체적으로 무엇을 하겠다는 말이 없으니 나중에 '이걸' 왜 안 지켰냐며 따져 묻기도 모호합니다. 안전한 대화법이죠. 그래서 노련한 정치인이라면 한 시간 동안 열변을 토하고 상대 진영의 공격에 성실히 대답하면서도, 끝나고 나면 '그래서 구체적으로 무엇을 약속한 거지?'를 누구도 알 수 없도록 만드는 노하우를 갖고 있습니다.

하지만 일의 언어에서는 안 됩니다. 모호한 발언이 안전지대를 만들어주지 않습니다. 상사라면 '일을 제대로 할 줄 모르는 사람'이라고 생각할 거고, 투자자라면 '투자할 가치가 없는 기업'이라고 평가할 테니까요. 불리한 건 나 자신입니다.

구체적 계획으로
모호함을 제거합니다

앞의 예시에서 강 본부장의 질문에 민 팀장이 대답한 건 '홍보 강화'입니다. 자그만치 네 차례에 걸쳐서 추가 설명을 했습니다.

> 홍보 강화를 하겠다. → 좀 더 적극적으로 하겠다. → 좀 더 신경 쓰겠다. → 모두 대책 마련 중이다. → 젊은 층에 어필할 홍보 전략을 짜고 있다.

무엇을 하겠다는 건지 알 수 없는 도돌이표 같은 설명입니다. 제대로 된 계획이 없을 가능성이 큽니다. 만약 계획이 멀쩡하게 있는데 이런 식으로 말하는 사람이라면 더 큰 문제입니다. 누가 봐도 생각이 없어 보이는데 말이에요.

'홍보 강화'는 대답이 아닙니다. 세일즈 매니저가 '매출 증대', R&D 담당자가 '기술 개발', 경영자가 '회사 성장', 학생이 '성적 상승'을 하겠다고 얘기하는 게 대답이 안 되는 것과 마찬가지입니다. 저 먼 곳의 목표를 얘기하는 건 한 번이면 족합니다. 그런데 민 팀장은 '좀 더 적극적으로', '대책 마련 중', '젊은 층에 어필하는 홍보' 식의 모호한 말만 덧붙이고 있습니다. 이런 대화는 한 시간을 계속해도 답답증만 더할 뿐입니다. 상사 대부분은 세 번째 질문쯤에 울화통을 터트립니다.

자, 민 팀장님. 이제부터는 모호한 단어 대신 구체적인 실행 계획HOW: Planning을 얘기해주시기 바랍니다.

> "민 팀장, 여기 '홍보 강화'라고 썼는데 무슨 말이죠?"
> "젊은 층에 좀 더 어필할 홍보 전략을 짜려고 합니다. C 제품의 주요 타깃은 20~30대인데 이 제품에 대한 인지도가 현저히 떨어진다고 나왔어요. 그래서 **온라인으로는 웹툰 형식의 시리즈 광고를 한 달 동안 하고, 오프라인으로는 복합쇼핑몰에 팝업 체험존을 운영할 생각입니다.**"

'숫자'는 혼돈을 줄이는
가장 효과적인 방법입니다

일 잘하는 사람은 '숫자'를 즐겨 사용합니다. 상황을 수치화하여 표현하는 능력이 탁월합니다. '저렇게 똑똑하게 얘기하는 비결이 뭐지?'라는 감탄이 나오는 사람들은 대부분 숫자를 영리하게 사용하고 있습니다.

상황을 숫자로 표현하는 수십 가지 방법 중 일터에서 많이 쓰이는 몇 가지 방식을 소개해보겠습니다. '상황을 수치화하여 말하기'를 이해하는 데 도움이 되셨으면 좋겠습니다.

부사와 형용사 대신 숫자로

배송이 한 달 동안 지연되어 쇼핑몰에 항의했는데 '최선을 다하고 있으니 조금만 더 참고 기다려달라. 곧 배송하겠다'라는 소리를 들으면 얼마나 답답하던가요. 상사나 클라이언트가 부사로 범벅된 직원의 보고를 들을 때도 마찬가지입니다.

'곧', '최선을 다해', '상당히', '꽤', '한동안', '열심히', '많이', '매우' 등의 추상적인 단어는 일의 언어가 아닙니다. 앞으로 이런 유의 어휘는 절대 쓰지 않겠다고 다짐해주세요. '많이' 대신 '15%', '한동안' 대신 '3개월', '최선을 다해서' 대신 '1억 원을 투입하여' 등과 같이 숫자로 이야기하는 겁니다.

'전체 속의 비중/위치'를 숫자로

20대 여성을 고객으로 하는 스타트업이 3만 5,000명의 고객을 확보했다고 해봅시다. 투자자에게 어떻게 어필하겠습니까? 3만 5,000명은 많다고 할 수도, 적다고 할 수도 있는 숫자입니다. 저라면 이 숫자를 가장 돋보이게 할 집단을 찾을 겁니다. 우리나라의

20대 인구는 대략 700만 명(6,819,356명, 2019년 12월 기준, 행안부)이고, 성별 비중이 보통 50:50이니까 여성은 350만 명 정도겠네요. 그러면 투자자에게 이렇게 숫자로 표현할 수 있습니다.

"우리나라 20대 여성 100명 중 한 명이 우리 고객입니다."

'전체 중에서 A의 비중은 숫자로 이만큼' 같은 표현은 설명하는 대상이 상대방의 머릿속에 또렷하게 그려지도록 도와줍니다.

'다른 대상과의 비교'를 숫자로

성과를 표현할 때는 다른 대상과 숫자로 비교하는 게 효과적입니다. 경쟁 업체의 실적이나 동종 업계의 평균 같은 것 말입니다. 비교 대상이 꼭 '남'일 필요는 없습니다. 기존의 매출, 성과 등을 넘어선 경우라면 '과거의 우리'도 충분히 좋은 비교 대상이 됩니다.

"이번에 30% 매출 성장을 했습니다. **동종 업계 평균(또는 경쟁사 C)** 보다 3배나 높은 성장률입니다."
"데이터 처리 속도를 **지난달** 건당 100초에서 30% 개선하여 70초로 단축했습니다."

**"모호한 말은
자세히 설명해도 모호합니다.**

모호하게 설명했는데
상대방이 고개를 끄덕이며 간다면
이해해서가 아니라
포기해서입니다.

모호하게 얘기하는 건
습관입니다.
많은 기회를 놓치게 하는
나쁜 습관이죠."

복잡할수록
단순하게 쪼개주면
쉬워집니다

덩어리 짓기^{grouping}의 힘

그래서 매출이 왜 하락한다는 거예요?

어떻게 할 건가요?

송 팀장은 최근 A 제품의 매출 추이를 볼 때마다 머리가 지끈거립니다. 출시 이후 반년간은 매출이 30% 이상씩 성장했는데, 최근 몇 달 동안은 성장률이 반토막입니다. 고민 끝에 담당자인 최 매니저를 자리로 부릅니다.

"알다시피 A 제품 매출이 계속 하락하니까 마케팅 전략을 좀 세워야겠어. 최 매니저, 생각해둔 것 있어?"

"2030 고객을 대상으로 SNS 노출을 좀 올리려고 해요. 음…. 그리고 길거리 테스트 행사도 좀 늘리고, 기존 고객 대상으로 DM도 발송할게요."

"그것도 좋기는 한데, **고객 상황별로 체계적인 계획**이 있으면 좋지 않을까?"

"그래서 SNS 말씀드린 건데요."

"처음 6개월 동안은 반응이 좋았잖아. SNS 없이도 말이야. 매출이 갑자기 이렇게 떨어지는 이유가 뭐지?"

"원래 초반에는 신제품 효과가 있잖아요."

"그러면 앞으로도 계속 떨어지는 게 당연하다?"

"그건 아니죠."

"뭔가 문제가 있을 텐데…. 그나저나 고객 불만은 뭐래?"

"종류가 다양하지 않대요."

"그리고?"

"…. 확인해보고 말씀드릴게요."

"그래요. 고민 좀 해보고 내일 다시 회의합시다."

송 팀장은 한숨을 쉬며 회의를 마칩니다.

자, 이걸 보시면 됩니다:
보고할 대상을 묶어주기

송 팀장은 A 제품의 매출 하락을 막을 '고객 상황별로 체계적인 계획'을 요청했습니다. 하지만 최 매니저는 이것저것 해결책을 나열할 뿐이라 두서없게 들립니다. 송 팀장이 최 매니저를 답답하게 생각하는 것도 무리가 아닙니다.

문제와 해결책을 설명할 때는 최 매니저처럼 단편적으로 툭툭 이야기하기보다는 머릿속에 구체적으로 그림이 그려지도록 말해줘야 합니다. 덩어리별로 묶어주는 방법이 가장 효과적인데, 덩어리 짓는 방식(그룹핑)에는 크게 두 가지가 있습니다.

요소로 나누기

"우리가 타깃으로 하는 고객은 세 그룹으로 나눌 수 있습니다. 첫 번째는 우리 제품을 **몰라서 못 쓰는 고객**입니다. 두 번째는 **알긴 하지만 어떤 이유에서든 안 쓰는 고객**, 세 번째는 **우리 제품을 알고 잘 사용하고 있는 고객**입니다. 매출 개선을 위해서 세 그룹별로 맞춤형 홍보 전략을 세우겠습니다."

'제품 인지와 구매 경험'이라는 요소^{factor}를 가지고 고객을 세 그룹으로 나누었습니다. 어떤 요소가 가장 좋은지는 정답이 없습니다. 나이, 성별, 지역, 구매 성향, 구매력, 마케팅 4P, SWOT 등 선택할 수 있는 기준은 수십, 수백 가지입니다. 중요한 건 누가 들어도 설득력 있고 고개가 끄덕여질 만한 요소를 골라 잘 쪼개어 얘기해주는 겁니다.

시간으로 나누기

> "팀장님, 고객이 A 제품을 **구매하는 흐름을 보면, 총 5단계**예요. 먼저 제품을 인지하고, 검색 등의 확인 과정을 거쳐, 온·오프라인 매장에서 구매하고, 동봉된 설명서에 따라 조립합니다. 문제가 생길 경우는 A/S 센터로 연락하고요. **단계별로 고객이 무엇을 불편하게 느끼는지 조사하겠습니다.**"

고객이 구매하는 흐름인 프로세스, 즉 '시간'으로 덩어리 지었습니다. 시간으로 문제를 쪼개는 건 대부분의 문제 해결에 적용할 수 있는 아주 좋은 접근 방식입니다. 시간의 흐름을 잘게 나누다 보면 하단의 어딘가에서 결정적인 문제가 걸려 나오기 마련이거든요.

자, 다음은 최 매니저가 '요소'와 '시간'으로 덩어리를 만들어 보고하는 방식을 그림으로 표현한 것입니다.

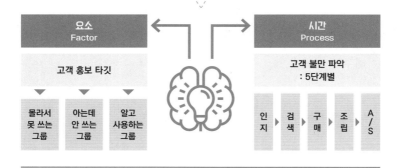

앞서 최 매니저가 '2030 고객을 타깃으로 하겠다', '종류가 다양하지 않다는 불만이 있었다'라고 말하는 방식보다 훨씬 신뢰감을 주겠지요?

자, 이것부터 해결하겠습니다:
우선과제 고르기

크고 넓은 범위의 문제는 해결하기 어렵습니다. 누군가가 해결책을 얘기할 때 뭔가 미덥지 않고 산만하게 들리는 이유는 다루는 범위가 너무 넓기 때문입니다. '세계 평화' 같은 주제로 좋은 해결책을 만드는 건 불가능에 가깝습니다. 세계 평화보다는 아동 보호, 아동 보호보다는 결손 가정의 아동 보호, 결손 가정의 아동 보호보다는 결손 가정 아동 아침 먹이기 캠페인 같은 프로젝트가 더 성공할 가능성이 큽니다.

한정된 시간과 자원을 가지고 온갖 내용을 아우르는 순간 비극이 시작됩니다. 그러니 타깃 프로젝트를 덩어리로 쪼갠 후에는 우선순위를 정하는 것이 좋습니다. 이렇게 말이죠.

"이 대상(문제)은 A, B, C로 나눌 수 있습니다. 이 중 우리는 ○○을 중점 우선과제로 선정하고자 합니다."

앞의 두 가지 사례에 적용해보겠습니다.

요소로 나누기 + 우선과제 고르기

"팀장님, 우리가 타깃으로 하는 고객은 세 그룹으로 나눌 수 있습니다. 먼저, 우리 제품을 몰라서 못 쓰는 고객입니다. 두 번째는 우리 제품을 알지만 어떤 이유에서든 안 쓰는 고객, 세 번째는 우리 제품을 알고 잘 사용하고 있는 고객입니다.(나누기) 그런데 이 중에서 광고 홍보 효과가 가장 큰 그룹은 '몰라서 못 쓰는 그룹'입니다. 그래서 이 그룹의 나이, 성별에 따라 마케팅을 어떻게 할지 말씀드리겠습니다.(우선과제 고르기)"

시간으로 나누기 + 우선과제 고르기

"송 팀장님, 고객이 A 제품을 구매하는 전체 흐름을 보면, (…) 그런데 **단계별로 소비자 조사를 해보니 4단계인 조립 부문에 가장 큰 문제가 있다는 사실이 나타났어요.(우선과제 고르기)** 조립하는 방법이 까다로워 종이 설명서만으로는 도저히 이해가 안 간다는 불만이 많거든요. 그러다 보니 조립을 포기하는 경우도 있고, 잘못 조립해서 제품 성능에 문제가 생기는 경우도 잦다고 합니다. 그래서 4번째 단계를 빠르게 개선할 방법을 찾을 생각입니다."

시간이 넉넉하다면 모든 단계를 열심히 해도 됩니다. 하지만 우리의 시간은 늘 부족하고, 위에서는 빨리 결과를 내놓으라며 달달 볶죠. 구체적인 성과를 내려면 범위가 좁을수록 유리합니다.

만약 상사가 모든 단계를 하라고 한다면 어떻게 해야 할까요? 괜찮습니다. 방법이 있습니다. 모든 단계가 포함된 전체 계획표를 짜되 일단 우선과제를 먼저, 자원을 가장 많이 들여서 하도록 계획을 잡으면 됩니다. 우선과제를 처리해 문제가 해결된다면 다음 단계는 설렁설렁해도 됩니다. 사실 슬쩍 안 해도 되고요. 에이, 잘 아시면서 그러십니다.(웃음)

"나열식으로 정보를 펼쳐놓는 건
상대방을 혼란스럽게 합니다.

상대방의 머릿속에
그림으로 그려지도록
덩어리로 묶어서 말해주세요.

그리고 다들 집중해서 봐야 할
우선과제를 보여주세요.

단순하게 말하는 이 능력은
복잡하고 까다로운 문제를 얘기할 때
강력한 힘을 보여줍니다."

어깨를 펴고
당당한 태도로
보고하세요

세로토닌 vs. 옥토파민

이기고 지는 경험은
삶의 태도에 영향을 끼칩니다

제 서재 책장은 경쟁이 치열한 편입니다. '책 용량 보존의 법칙'
에 따라 새로 들어오는 책이 있으면 그만큼의 책이 탈락합니다.
팔기도 하고, 버리기도 하고, 누군가에게 주기도 합니다. 이 치열
한 경쟁 구도 속에서 작년에 견고하게 자리를 지켰을 뿐 아니라,
아마도 10년 동안은 굳건할 책이 있습니다. 조던 B. 피터슨이 쓴

《12가지 인생의 법칙》입니다. 그중 제가 가장 좋아하는 법칙은 제1 법칙입니다.

"제1 법칙 : 어깨를 펴고 똑바로 서라"

피터슨 교수는 서두에서 바닷가재를 소개합니다. 수컷 바닷가재는 먹이가 풍부한 영역을 지키기 위해, 그리고 번식 확률을 높여줄 암컷을 차지하기 위해 자주 치열하게 싸웁니다. 그런데 전투 이후 승리한 바닷가재와 패배한 바닷가재의 뇌 화학 구조는 완전히 달라진다고 합니다. 승리하면 세로토닌 수치가 높아지고 패배하면 옥토파민 수치가 높아집니다. 승리자의 호르몬인 세로토닌이 높으면 좀 더 적극적으로 공격하고 더 오래, 치열하게 싸우는 경향이 있습니다. 반면 패배자의 호르몬인 옥토파민이 높으면 혹시 이길지 모르는 싸움에서도 고개를 내려뜨리고 도망간다고 합니다. 결국 이긴 경험이 있는 바닷가재는 점점 더 이길 가능성이 커지고, 진 경험이 있는 바닷가재는 점점 더 지게 됩니다.

바닷가재 같은 상황은 일터에서도 자주 보입니다. 경영진의 사랑을 받는 리더, 상사의 신뢰를 받는 직원은 어딘지 모르게 자신감이 흐릅니다. 적극적으로 의견을 제안하고, 프로젝트에서도 새로운 방식을 과감히 시도합니다. 문제가 생기면 상사에게 달려가 해결책을 구하는 것도 주저하지 않습니다. 그러니 점점 더 인정받고 높은 성과를 거두는 선순환이 이뤄지죠. 상사로서는 참으로 기특하고 애정이 가는 직원입니다.

반대로 눈총과 구박을 받는 직원은 상사와 대화할 때 위축되고 자신 없어 합니다. 지적하면 혼란스러워하고, 새로운 시도를 엄두조차 내지 않으며, 문제가 생기면 마지막까지 감추다가 손을 댈 수 없을 만큼 엉망이 되고 나서야 간신히 털어놓습니다. 그러면 상사는 노발대발하게 되고 그의 평판은 더 주저앉습니다. 일하는 시간이 괴롭기 짝이 없겠죠. 하루 대부분을 보내는 장소에서 자신을 얼른 다른 부서로 보내고 싶어 하는 상사의 표정을 바라보는 건 비참한 일입니다.

어깨를 펴고 똑바로 서서
얘기하세요

"이번 제품 1,000개 제작이 다음 주 금요일까지 되나요?"

"아, 네."

"왜요? 뭐가 문제 있어요?"

"네네. 아, 그게…. 됩니다."

"(미심쩍지만) 그래요? 된다고 했으니 꼭 지켜줘요. 그런데 디자인은 이게 좋은 거예요?"

"네, 디자이너가 그걸 제일 좋다고 추천했습니다."

"흠…. 좀 크지 않나?"

"그럼…, 좀 더 작게 바꾸겠습니다."

과연 금요일까지 제품을 무사히 제작할 수 있을지, 디자인은 제대로 고른 것인지 의심을 떨칠 수가 없습니다. 상사가 원하는 건일을 똑바로 해줄 사람이지, '무조건 YES'라고 하고 결과가 랜덤으로 나오는 사람이 아닙니다. 이런 사람은 일을 무사히 마무리해도 상사에게 찜찜함을 남기고, 실수할 경우는 "역시 그럴 줄 알았다니까. 불안불안 하더라니"라는 소리를 듣습니다.

주눅이 들어 보고하는 사람은 상대방을 불안하게 합니다. 어깨를 펴고 똑바로 서세요. 주눅 들어서 얘기할 만큼 죄송하고, 송구하고, 틀릴까 봐 걱정되는 일은 많지 않습니다. 상사도 자신이 마치 악당인 것처럼 불안하고 흔들리는 눈빛으로 쳐다보는 직원을 보면 마음이 불편합니다.

하지만 자신감이 마음만 먹는다고 바로 생기는 건 아니겠지요. 상사에게 보고하는 게 무섭고 자주 질타받는 분을 위해 실질적인 세 가지 조언을 하려고 합니다.

담당자는 완벽한 정답을 가져오는 사람이 아닙니다

사실 가당치도 않은 일입니다. 미국 메이저리그 선수의 평균 타

율이 0.25 정도인데, 10번 중 2.5번만 안타 또는 홈런을 쳤다는 의미입니다. 즉, 나머지는 깨끗하게 아웃인 셈입니다. 고액 연봉을 받는 훌륭한 메이저리그 선수들도 이럴진대 우리 같은 평범한 사람은 어떻겠습니까. 안타나 홈런을 날리는 경우보다 아웃을 당해서 다시 보고하는 일이 많은 게 당연합니다. 그러니 정답을 맞히지 못했다고 주눅 들 필요가 없습니다.

옳다고 생각하면 얘기하세요, 적어도 몇 번은

상사가 프로젝트를 하나하나 검토할 수 없을 때 담당자를 시험하는 방법이 있습니다(특히 경영진이 자주 쓰는 방법입니다). 샘플링처럼 한두 가지 영역을 정한 후 세밀히 캐묻습니다. 겉으로만 보면 꼭 시비 거는 것처럼 보입니다. 왜 A로 해야 하냐, 특별한 이유가 있는 거냐, B는 어떠냐, 다른 대안은 없냐 하는 식으로 따집니다. 그럴 때 담당자가 땀을 뻘뻘 흘리면서도 '그럼에도 불구하고 A'라고 소신 있게 주장하면 어느 순간 공격을 멈추고 쓱쓱, 결재를 합니다. 나머지는 자세히 보지도 않고 말입니다.

'이 정도까지 공격해도 담당자가 주장을 굽히지 않는 걸 보면 많이 고민하고 꼼꼼하게 검토한 상태겠지.'

하지만 담당자가 혼란스러워하고, 자신이 휘두르는 대로 이리저리 휘둘리면 상사도 덩달아 불안해집니다. 진짜 맞냐고 물어봤더니 "사실 확실치는 않지만…"이라며 자신 없어 하면 당황스럽습니다.

오랜 고민, 현장 경험에서 나온 결론이라면 자신의 의견을 빛의 속도로 회수하지 마시고 담담하게 얘기하세요. 적어도 몇 번은 말입니다.

이기는 경험치를 늘리세요, 바닷가재처럼

자신감은 책상 앞에 붙여놓은 문구를 보며 외친다고 생기는 게 아닙니다. 만년 꼴찌인 학생에게 공부 자신감이 생기는 방법은 긍정적 생각이 아니라 공부의 '성취 경험'입니다. 몇 달 동안 노력해서 한 과목의 성적을 비약적으로 올리면 '어디, 다른 것도 해볼까?'라는 의욕과 자신감이 생겨나기 때문입니다.

상사에게 보고하는 걸 무서워하는 사람도 마찬가지입니다. 자신감을 늘리려면 '좋은 보고 경험'을 늘리는 수밖에 없습니다. 보고를 무서워하는 사람들은 대개 상사와 최대한 마주치지 않으려고 '꼭 보고해야 하는 일'이 생겼을 때만 갑니다. 하지만 '꼭 보고해야만 하는 일'은 골치 아픈 문제들입니다. 그러니 늘 안 좋은 소식을 들고 가는 셈이죠. 이런 경험이 쌓이면 상사는 그 직원이 찾아올 때마다 '오늘은 어떤 나쁜 소식일까'라는 생각에 저절로 얼굴이 찌푸려지고 신경질적으로 반응하게 됩니다.

악순환을 끊는 가장 좋은 방법은 '좋은 보고' 경험을 늘리는 겁니다. 그러니 이제부터는 좋은 일, 잘되는 프로젝트도 들고 가서 얘기하세요. 상사가 윗사람에게 자랑할 수 있을 만한 성과를 이야기하고, 평범한 진행 상황과 관련된 수다도 떨고, 기존 업무를 더 잘할 방법이 없는지 상의하시는 겁니다. 좋은 일로 보는 일이 늘어나면 보고자는 '상사가 생각보다 무섭지 않다'라는 걸 알게 되고, 상사는 '뜻밖에도 일 잘하는 친구였네'라는 경험치가 쌓이게 됩니다. 선순환 고리가 만들어지는 겁니다.

이렇게 해도 개선되지 않는다면 그 상사와는 회생 불가능한 너덜너덜한 관계입니다. 부서를 옮기든 조직을 옮기든, 가능한 한 빨리 헤어지시기 바랍니다. 어떤 리더 밑에서는 천덕꾸러기였던 사람이 다른 리더에게 가서는 좋은 인재가 되는 경우도 많습니다. 편견 없이 시작할 수 있는 관계에서 다시 출발하세요.

"어깨를 펴고 똑바로 서세요.

담당자가 사고를 쳐봤자
자기 직급 수준의 사고일 뿐입니다.

조직의 운명을 흔들 정도의
망손이 되기도 쉬운 게 아닙니다.
그 정도의 권한과 위치가
있어야 가능한 일입니다.

그러니
어깨를 펴고 똑바로 서세요."

상사에게 잘 질문하는 법

1. 지시받을 때 질문을 합니다

잘 모르는 상태로 일단 "네" 하고 돌아서면 일이 커집니다. 하다못해 커피 몇 잔을 사 오더라도 손님용인지, 팀 회의용 인지에 따라 다르지 않습니까. 어떤 일에 필요한지^{WHY}, 원하는 결과물과 가장 비슷한 표본^{HOW}은 어떤 건지, 언제까지 ^{WHEN} 필요한지는 기본적으로 물어보시는 게 좋습니다. 처음 지시받는 시점에 말이죠.

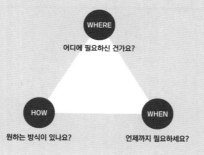

2. '이런 방향인가요?'라고 초안 상태에서 점검합니다

지시한 상사도 머릿속에 완벽한 결과물이 있다기보다는 어렴풋한 그림 정도만 있는 경우가 많습니다. 즉, 초안이라도 봐야 아는 거죠. 핀터레스트 이미지 검색이나 구글링 등을 통해 담당자가 생각하는 후보군 두세 개를 뽑아서 이 중 무엇에 가까운지 물어보세요. 기획서의 경우도 마찬가지입니다. 종이에 한 페이지짜리 조감도(문제, 프로젝트명, 주요 과제 등)를 그려서 상의하세요. 그래야 두 번 일하지 않습니다.

3. 질문은 모아서, 가능한 한 객관식 또는 OX로 합니다

'이런 것까지 질문해도 되나?'라고 고민하는 분이 많아요. 묻고 싶지만 질문하긴 좀 유치해 보이는 거죠. 상사의 성격에 따라 다르겠습니다만, 말도 안 하고 사고 치는 것보다 낫습니다. 다만 좀 모아서 해주세요. 하나 물어보고, 또 5분 있다가, 또 10분 후에…. 이런 식이면 방해가 됩니다.

그리고 가능한 한 객관식으로 묻는 것이 좋습니다. '어떻게 할까요?'라는 열린 주관식보다 'A, B, C 안 중에 어떤 게 좋을까요?'라는 선택형 질문이 훨씬 좋습니다. 설령 상사가 담당자의 제안이 아닌 'D'라는 대답을 하더라도 말이죠.

2장 지시의 언어

원하는 목적지를 정확하게 보여주다

"우리의 말에는 날개가 있다.
하지만 우리가 원하는 곳으로
날아가지 않는다."

– 조지 엘리엇George Eliot, 영국 빅토리아 시대 대표 소설가

간접적이고
비언어적인 표현은
해석하기 어렵습니다

저맥락 문화 세대의 출현

동양의 고맥락 문화 vs.
서양의 저맥락 문화

기업 강연에서 자주 하는 질문이 있습니다.

나는 [   ]와의 커뮤니케이션이 더 어렵다

① 상사(선배)   ② 부서 직원(후배)

당연히 '① 상사(선배)'가 압도적으로 많이 나올 줄 알았는데 의외였어요. 가는 곳마다 '② 부서 직원(후배)'과의 커뮤니케이션이 더 어렵다는 겁니다. '도대체 무슨 생각으로 저러는 거지?'라는 생각이 들 때가 많다는군요.

두 집단의 커뮤니케이션을 막는 중요한 요소 중 하나는 언어의 문화 차이입니다. 최근 조직에서 동양식 고맥락 문화High Context와 서양식 저맥락 문화Low Context가 강력히 충돌하면서 두 가지 언어가 혼용되고 있거든요.

상사들이 익숙한 고맥락 문화는 동양의 전통 화법이라고 생각하시면 됩니다. 사회 문화적 맥락에 따라 의미를 암시하는 방식이기 때문에, 간접적이고 비언어적 표현을 많이 사용합니다. 예를 들어, 에어컨을 틀어주기를 바랄 때 "여기 좀 덥지 않나요?"라고 말하거나 부채질을 하는 식입니다. 이에 반해 저맥락 문화는 서양식 화법으로, 직접적이고 언어적인 표현을 많이 사용합니다. "좀 더운데, 에어컨 틀어줄 수 있어요?"라고 말합니다.

고맥락 문화에 익숙한 사람들은 맥락 해석 능력이 탁월하므로 말 자체뿐 아니라 전후의 분위기, 의도, 톤까지 생각해서 '진짜 의미'를 파악할 줄 압니다. 내가 어떤 유형인지 궁금하다면 다음 장에 나오는 그림을 보고 아래 질문에 대답해보시면 됩니다.

'가운데 2번 사람의 기분이 어떤 것 같나요?'

출처: Masuda 외, 2008, Placing the face in context: Cultural differences in the perception of facial emotion, Journal of Personality and Social Psychology, 94(3), pp.365 – 381

　　마쓰다 교수의 유명한 실험인데요, 저맥락 문화(서양인)와 고맥락 문화(동양인)의 대답이 달랐습니다. 서양 학생은 두 그림 모두 2번이 웃고 있으므로 즐겁고 기분 좋아 보인다고 대답했습니다. 하지만 동양 학생은 첫 번째 그림에서는 2번이 즐거워 보이지만 두 번째 그림에서는 불행해 보인다고 대답했습니다. 배경 속 친구들이 첫 번째 그림에서는 활짝 웃고 있지만, 두 번째 그림에서는 불행한 표정인 걸 주목한 겁니다. 주변 친구들이 불행한데(맥락), 2번이 행복할 리 없다(해석)고 판단했습니다. 2번의 웃음이 동양 학생에겐 사연이 있는 억지웃음처럼 보인 거죠.

요즘 세대에게 고맥락 문화로 얘기하면
혼선이 일어납니다

요즘 젊은 세대의 특징은 '낮은 고맥락 해독력'입니다. 동양적인 고맥락 문화를 해독하는 능력이 현저히 떨어집니다. 쉽게 말하자면, 눈치가 더럽게(?) 없어졌습니다. 예전에는 개떡같이 얘기해도 찰떡같이 알아듣고 일을 처리했지만, 이제는 개떡같이 얘기하면 진짜로 개떡같이 해 옵니다.

그러니 직접적인 커뮤니케이션에 익숙한 요즘 세대에게 언어가 아닌 것, 예를 들면 뉘앙스, 눈치, 기색 등을 언어랍시고 전달하면 엄청난 혼란이 일어납니다. 한쪽은 분명히 얘기했는데 한쪽은 전혀 들은 바 없는 상황이 되기 때문입니다.

제가 강연에서 자주 드는 사례를 말씀드리겠습니다. 여기 강 대리의 잦은 지각이 고민인 박 팀장님이 있습니다. 주의하라고 말하고 싶은데 3분, 4분, 6분 정도 애매하게 늦는 식이라 정색하며 혼내기도 망설여집니다. 그래서 박 팀장은 강 대리가 지각할 때마다 자기 나름대로 눈치를 주기로 했습니다.

어떻게 경고성 메시지를 전달했을까요? 박 팀장은 강 대리가 늦게 올 때마다 "크흠!" 하며 못마땅하다는 듯이 헛기침을 크게 했습니다. '다음부터는 조심하라'는 눈빛을 보내면서 말입니다.

과연 강 대리가 알아들었을까요? 아이고, 아니요. 못 알아들었습니다. 팀장이 기관지가 안 좋구나 정도로 생각했을 겁니다. 아니면 아예 기침을 했는지 안 했는지조차 모를 수도 있습니다. 여러 명이 함께 일할 때 누가 기침하고, 코 풀고, 물 먹으러 가는지

일일이 신경 쓰진 않으니까요.

자, 큰일 났습니다. 한쪽(팀장)은 분명히 말했고, 한쪽(강 대리)은 들은 적이 없는 언어가 오갔습니다. 이러면 곧 비극이 생겨납니다. 꾹꾹 참던 팀장이 폭발하게 되어 있거든요. 자기의 경고를 모른 척하고 무시하는 강 대리에게 화가 치밀어오릅니다.

> "강 대리, 도대체 무슨 태도야? 매번 지각하고 말이야. 수십 번 경고했는데 왜 무시하는 거야? 팀장 말이 우습게 들려?"

아…, 강 대리는 과연 어떤 생각을 할까요?

> ① 몇 달 동안 들은 '크흠!'이라는 경고를 떠올리며 반성한다.
> ② 갑자기 히스테리를 부리는 상사에게 황당해한다. 어디서 깨지고 와서는 괜히 자신에게 화풀이한다고 생각한다.

②번 고르셨죠? 맞습니다. 강 대리는 지난 몇 달 동안 경고를 들은 적이 전혀 없습니다. 그에게 '크흠!'과 '경고성 눈빛'은 언어가 아니었기 때문입니다. 그러니 갑자기 히스테리를 부리는 팀장이 황당하고 짜증스럽기만 할 뿐입니다. 지각한 건 사실이므로 '죄송하다' 같은 반응은 보이겠지만, 다른 일로 화가 난 팀장의 짜증받이가 됐다는 생각에 불쾌합니다.

둘 중에 나쁜 사람은 없는데도 갈등이 생겼습니다. 팀장은 몇 달 동안 강 대리의 지각을 꾹 참았고, 강 대리는 가만히 있다가 갑자기 날벼락을 맞았습니다. 피해자도 둘, 가해자도 둘입니다.

원하는 게 있으면 얘기해주세요,
직접적인 언어로

요즘 시대에는 원하는 게 있으면 분명하고 정확한 언어로 얘기해야 합니다. 암묵적 신호로 전달하고 상대방이 알아듣기를 기대하면 커뮤니케이션과 관계에 혼선이 일어납니다.

"그걸 어떻게 일일이 대놓고 얘기합니까?"

글쎄요. 대놓고 얘기할 수도 없는 일이라면, 애초에 기대하면 안되는 것 아닐까요? 그래서 서로 혼란과 오해에 휩싸이는 겁니다. 에둘러 말하는 화법이 익숙한 팀장이라면 거래처와의 저녁 식사에 갑자기 직원을 데려가고 싶을 때 이렇게 말합니다.

"저쪽 거래처에서는 세 명이나 나온다는데 우리는 나 혼자네."

팀장의 말이 끝났지만, 직원은 아무런 반응도 보이지 않습니다. 지금 서로의 커뮤니케이션이 이렇게 진행되고 있거든요.

> 팀장의 의도: '너도 같이 가자'라고 요청한 것임
> 직원의 해석: ① 혼자만의 넋두리
> ② 개인적 소망(꼭 들어줄 필요는 없음)
> ③ 제대로 안 들었음

'요즘 애들은 도무지 책임감이 없어'라고 한탄하지 마시고, 원하는 게 있으면 얘기를 해주세요. 분명하고 직접적인 언어로 말입니다.

> "저쪽 거래처는 세 명이 나온다는데 우리는 나 혼자라서 좀 곤란해. 최 대리, 저녁에 같이 가줄 수 있을까?"
> "갑자기요? 일찍 집에 가서 쉬려고 했는데요."

"이것 보라지! 직접적인 언어로 얘기해도 거절하잖아요!"라고 흥분하시는 분들의 목소리가 들리는 것 같습니다. 직접적인 언어는 상대방이 무조건 들어주는 만능키가 아니라 자신의 의도를 정확히 전달하는 수단입니다. 똑바로 알아들은 상대방이 당연히 거절할 수 있습니다. 상대방이 거절하면 협상을 제안하면 됩니다.

지금 갑자기 업무 외 일정을 요청하는 상황이잖아요. 호의를 호소하든지 아니면 인센티브를 주는 게 인지상정입니다.

> "정말 미안한데 아무래도 내 입장이 너무 곤란해. 몸이 아픈 게 아니라면 1차만이라도 같이 있어주면 어떨까? 그 대신 내일 푹 자고 오후에 출근해."

어쩌면 상사가 암묵적 뉘앙스로 얘기하는 습관이 '아무것도 주지 않아도 내가 원하는 대로 알아서 행동해줬으면'이라는 이기심에서 비롯된 건 아닌지 모르겠습니다. 직원을 데려가고 싶지만, 갑자기 야근을 요청하는 무례한 사람이 되기는 싫고 다른 인센티브를 주기도 싫으니 '알아서 자발적으로 나서라'라며 눈치를 주는 거죠. 그런 마음을 눈치챈 부서원이 싫은 기색을 보이는 건 당연합니다. 밀레니얼 세대라서 그런 게 아닙니다.

원하는 게 있으면 분명한 언어로 얘기하세요. 적극적으로 설득하거나 협상하시고요. "그걸 어떻게 말로 합니까?"라고 할 만큼 말하기 민망한 일이라면 암묵적 뉘앙스로도 기대하지 맙시다.

"개떡같이 말해도
찰떡같이 알아듣던 시대는 갔습니다.

고맥락 문화 해독력을 가진 직원은
점점 사라지고 있습니다.

**원하는 게 있으면
정확한 언어로 얘기하세요.**

넌지시 뉘앙스만 전달하고
'상대방이 알아듣겠지'라고 생각하면
온통 혼선만 일어납니다."

RULE
10

모든 사람에게
똑같은 단어는
존재하지 않습니다

'언어의 임의성'과 '지식의 저주'의 이중주

우리는 같은 말을 듣고

다르게 해석합니다

"최 대리, L 프로젝트 기안서 다 됐어요?"

"아뇨. 아직 시작 안 했는데요."

"뭐라고요? 내가 빨리 달라고 했잖아요."

"급한 건 아니라고 하셔서 월요일에 드리려고…."

"빨리 달라고 했는데 왜 월요일이에요? 참나, 걸핏하면 일을 질질 끈다니까. 지금 얼른 해서 6시까지는 줘요!"

팀장이 L 프로젝트 기안서를 지시할 때 최 대리는 분명히 급한 거냐고 물어봤습니다. 팀장은 "급한 건 아니지만 빨리 줄수록 좋아"라고 대답했습니다. 그래서 다른 일 먼저 끝내놓고, 프로젝트 기안서는 월요일에 보고할 생각이었습니다. 당장 급한 거였다면 처음에 똑바로 말할 것이지, 많은 일을 하느라 바빠 죽겠는데 난데없이 일 안 하는 사람 취급을 받으니 불쾌합니다.

이 갈등은 같은 문장을 듣고 다른 해석을 했기 때문에 발생했습니다. 두 사람에게 '급한 건 아니지만 빨리 줄수록 좋다'라는 말은 의미가 달랐습니다.

> 팀장: 급한 건 아니지만 **빨리 줄수록 좋다.(뒤 강조)**
> → '한두 시간까지는 아니지만, 오늘 안에는 줘야지.'

> 최 대리: **급한 건 아니지만** 빨리 줄수록 좋다.(앞 강조)
> → '급한 건 아니니까 다음 주 월요일에 줘야지.'

누구의 잘못일까요? 물론 최 대리 잘못도 일부 있습니다. 임의로 해석하지 말고 "그럼 다음 주 월요일에 드릴까요?"라고 물어봤다면 오류가 발생하지 않았을 겁니다. 하지만 가장 큰 귀책 요인은 역시 팀장(지시자)에게 있습니다. 정보의 비대칭성^{information} ^{asymmetry} 측면에서 보자면 원하는 결과물에 관해 정확한 정보를 가지고 있는 건 팀장이기 때문입니다. 최 대리가 아무리 일을 잘하는 직원이라도 팀장의 마음을 100% 알 수는 없습니다. 그러므로 '급한 건 아니지만 빨리 달라'라는 모호한 지시 대신 '오늘 6시까지'라고 정확히 말해줬어야 합니다.

세상에 똑같은 단어는 없습니다:
언어의 임의성

세상에 완벽하게 똑같은 단어는 없습니다. 똑같은 단어라도 사람마다 다르게 해석하기 마련인데, 이걸 '언어의 임의성^{arbitrary of} ^{language}'이라고 부릅니다. 언어학자 페르디낭 드 소쉬르^{Ferdinand de} ^{Saussure}는 시니피앙^{signifiant}, 시니피에^{signifié} 개념을 통해 이 사실을 설명한 바 있습니다. 시니피앙(기표)은 글자나 이미지 같은 겉모습을, 시니피에(기의)는 그 단어나 이미지가 담고 있는 뜻을 의미합니다.

한글로 '아름답다'라는 글자(시니피앙)가 적혀 있다면 한글을 아는 사람이라면 누구나 '아름따[arum dab dda]'라고 읽습니다. 하지만 '아름답다'라는 단어와 연결되는 의미(시니피에)는 사람마다 모두 다릅니다. 누구는 자연을 떠올리고, 누구는 정교한 디자인을 떠올리죠. 또 '자연이 아름답다'라고 하더라도 누구는 멋진 날씨를 떠올리고, 누구는 끝없이 펼쳐진 초원을 떠올립니다. 즉, 같은 단어이지만 같은 단어가 아닌 셈입니다.

제 예전 남자 동료는 여자 직원에게 칭찬의 의미로 '얼굴이 보름달 같다'라는 표현을 가끔 썼습니다. 짐작하시다시피 이 표현을 좋아한 여자 직원은 아무도 없었어요. 몇 번을 반복하길래 여자들은 보름달 같다는 소리를 들으면 살이 쪄서 얼굴이 동그랗다는 의미로 받아들인다고 말해줬습니다. 그랬더니 얼굴이 환하고 피부가 좋아 보인다는 칭찬이었다며 무척이나 당황해하더군요. 이후 그 욕인 듯 칭찬인 듯한 표현은 사라졌습니다.

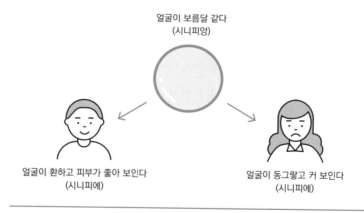

──── '보름달 같다'라는 표현을 받아들이는 차이 ────

얼굴이 보름달 같다
(시니피앙)

얼굴이 환하고 피부가 좋아 보인다
(시니피에)

얼굴이 동그랗고 커 보인다
(시니피에)

'분명히 똑바로 말했는데 왜 이런 결과물을 가져오지?'라는 의문이 반복된다면 자신의 언어를 점검해보시기 바랍니다. 정말 내가 사용한 단어를 상대방도 똑같이 해석한 게 확실한가요?

상대방은 내가 아는 걸 모릅니다:
지식의 저주

지식의 저주The Curse of knowledge라는 개념이 있습니다. '내가 아는 걸 상대방도 당연히 알 것'이라고 여기는 고정관념을 의미합니다. 1990년 엘리자베스 뉴턴Elizabeth Newton의 '노래 맞히기' 실험은 이런 인지적 편향을 잘 보여주었습니다. 피험자들을 두 그룹으로 나눈 뒤, A 그룹은 120곡의 유명한 리듬에 맞춰 손가락 장단을 치고 B 그룹은 노래가 무엇인지 맞히게 합니다. 여기서 놀라웠던 건 문제 출제자인 A 그룹의 예상입니다. 사전 질문에서 'B 그룹이 절반, 그러니까 60곡은 맞힐 것 같다'라고 답했거든요. 하지만 B 그룹은 120곡 중 가까스로 3곡을 맞혔을 뿐입니다. 예상과 자그마치 20배 차이가 나는 셈입니다.

A 그룹은 자신의 머릿속에 멜로디가 또렷하게 흐르고 있으니 상대방도 분명히 알 것만 같습니다. '왜 몰라? 당연히 이거잖아'라고 쳐다보지만, B 그룹은 눈만 끔뻑끔뻑할 뿐이죠. 그들에게는 상

대방의 손가락에서 어떤 멜로디도 들리지 않습니다.

이게 바로 '지식의 저주'의 전형적인 모습입니다. '내가 아는 걸 상대방도 당연히 알겠지'라는 생각은 일터에서 온갖 문제를 일으킵니다. 특히, 나보다 경험이 부족한 직원과 커뮤니케이션할 때 더더욱 그렇습니다.

사례를 하나 들어보겠습니다. 콘퍼런스를 준비하는 송 프로는 막내 직원에게 VIP 대기 장소에 '간단한 먹을거리'를 사놓으라고 지시합니다. 막내 직원은 '간단한 먹을거리'를 구글에서 검색해본 후 김밥과 초밥, 샌드위치를 준비합니다. 잘하고 싶은 마음에 예쁜 접시에 가지런히 세팅까지 해놓았습니다.

지금 이걸 읽고 웃는 분들은 콘퍼런스 행사를 진행했거나 참석해보신 분입니다. 콘퍼런스의 VIP 장소는 행사 전에 잠깐 대기하는 곳이기 때문에 대부분은 차만 마실 뿐 음식을 거의 먹지 않습니다. '간단한 먹을거리'라고 하면 소량의 쿠키나 과일 정도죠. 송 프로는 냄새로 존재감을 풍기는 음식을 보며 경악했을 겁니다. 당장 치우라면서 도대체 생각이 있는 거냐며 막내 직원을 눈물 쏙 빼게 혼내겠지만, 저는 송 프로에게 더 죄(?)를 묻고 싶습니다.

"그러는 송 프로님은 신입 때 아셨나요?"

내가 당연히 아는 걸 상대방은 모릅니다. 나도 예전에 몰랐듯이 말입니다. 올챙이였을 적 생각 못 하면 소통 오류가 생깁니다.

지시할 때부터 자세히,
구체적으로 설명합니다

예전에는 상사들이 대충대충 설명했습니다. 시간이 비교적 값쌌기 때문입니다. 1차로 적당히 설명하면 직원이 30~50% 수준으로 해 오고, 2차로 수정 지시하면 70% 수준, 3차 지시 후 90%로 해 오는 게 전형적인 업무 패턴이었습니다. 막판에 오타 정도를 수정해서 100%로 만든 후 가져갔습니다. 하지만 이제는 4차까지 왔다 갔다 하면서 낭비할 시간이 없습니다. 시간이 무척 비싸졌습니다.

게다가 이런 지시 방식은 젊은 직원들의 의욕을 꺾고 지시자의 평판에도 악영향을 끼칩니다. 예전에는 모호한 지시가 일반적이어서 다들 참았지만, 요즘은 속으로 반발하거든요.

'왜 처음부터 똑바로 말하지 않아서 쓸데없이 일을 여러 번 하게 만들지? 방향을 똑바로 말할 수 없을 만큼 무능한 사람을 만났나 봐. 저것 봐, 자기도 모르니까 대충 얘기하고 가잖아.'

처음 지시할 때부터 가능한 한 자세히 설명하면 시간과 평판 모두를 지킬 수 있습니다.

"세상에 똑같은 단어는 없습니다.

분명히 똑바로 얘기했는데
상대방이 딴 얘기를 하는 이유는
같은 단어를 가지고
다르게 해석하기 때문입니다.

**가능한 한 구체적이고
자세하게 지시해주세요.**

우리는 상사에게는 너무 많이 말하고
후배 직원에게는 너무 적게 말합니다."

디즈니처럼
매뉴얼을 사용하면
명쾌해집니다

개인차를 줄이는 표준

100년 동안 사랑받는 기업,
월트 디즈니

1923년에 설립한 월트 디즈니 컴퍼니는 곧 100년 기업 반열에 오릅니다. 기업의 생애가 대체로 짧은 한국과 달리 미국에는 100년 넘은 기업이 꽤 많은 편입니다. 우리가 알고 있는 P&G(1837년), GE(1878년)에 비하면 월트 디즈니가 젊은(?) 기업으로 보일 정도니까요.

"To make People Happy"

짧지만 강력한 비전으로 시작한 기업의 위상은 오늘날에도 견고합니다. 엘사 열풍을 일으켰던 〈겨울왕국〉부터 수많은 '어른이'의 절대적 지지를 받았던 〈어벤져스〉까지 사람들을 매료시키는 힘이 여전하니까요. 세계 각국에 있는 디즈니랜드를 찾은 아이들의 얼굴을 한번 보세요. 그야말로 천국에 온 듯한 표정입니다. 그리고 장담하건대 아이언 슈트가 개발되면 가지고 있는 빌딩을 팔아서라도 사겠다는 억만장자가 꽤 많을 겁니다.

디즈니의 경쟁력은 뭐니 뭐니 해도 스토리입니다. 결국 이 스토리의 경쟁력, 정확하게 말하면 캐릭터의 매력도가 명성을 지속시킵니다. 한때 이 제국이 휘청거렸던 이유도 매력적인 캐릭터가 생겨나지 않은 채 디즈니랜드 등의 소비 공간만 계속 확장했기 때문입니다. 20년 전 드라마의 세트장 같은 초라함이었죠. 하지만 중심을 잃고 흔들렸던 디즈니는 창업자의 로드맵처럼 스토리 콘텐츠 중심으로 균형을 되찾으면서 전 세계 사람들을 다시 매료시키고 있습니다. 다행입니다.

디즈니는 그렇게 많은 단기 직원을 데리고 어떻게 일할까?

많은 중소기업과 자영업자의 큰 고민은 직원 교육입니다. 사람은 부족하고 할 일은 많은데 직원의 근속연수는 길지 않고, 단기 아르바이트생도 넘쳐납니다. 업무 인수인계를 꼼꼼하게 하고 나름 대로 업무 매뉴얼도 만들어보지만 제대로 하는 직원은 손에 꼽을 정도입니다. 오히려 속이 터지는 경우가 많다고 합니다.

> "요즘 애들은 너무 대충해요. 제가 어떤 아르바이트생에게 매장 화장실을 두 시간에 한 번씩 청소하라고 했거든요. 비품들도 채워놓고요. 그런데 가보면 바닥에 물이 흥건하고, 화장지는 다 쓰기 일보 직전이에요. 화를 내면 그때뿐이고요."

이런 고민을 하고 있다면 디즈니랜드가 직원들에게 어떻게 지시하는지를 살펴보시기 바랍니다. 디즈니랜드는 단기 근무자의 끝판왕 같은 곳입니다. 방학이나 휴식기를 이용해서 단기간 근무하는 직원들이 정직원보다 많거든요. 그런데 신기하게도 디즈니랜드는 입사한 지 몇 주 또는 몇 달밖에 안 된 직원을 잔뜩 데리고도 세계 최고 수준의 서비스를 유지하고 있습니다. 도대체 비결이 뭘까요?

《How To 디즈니 시스템&매뉴얼》 저자이자 20년 동안 디즈니랜드에서 일한 오스미 리키는 '디즈니 특유의 매뉴얼 시스템' 덕분이라고 설명합니다. 디즈니의 매뉴얼은 옆에서 계속 교육하는 사람이 없더라도 자신이 무엇을 해야 하는지 알 수 있도록 직원 입장에서 정교하게 만들어졌다고 합니다.

"우리 회사에도 매뉴얼 있는데요? 그래도 제대로 안 해요."

음…, 혹시 매뉴얼을 이렇게 만든 게 아니었을까요?

> **〈세면대 청소 매뉴얼(나쁜 예)〉**
>
> 1. 세면대 주변에 떨어진 쓰레기를 쓰레기통에 넣는다.
> 2. 수도꼭지를 전체적으로 닦는다.
> 3. 거울을 닦는다.
> 4. 휴지를 보충한다.
>
> 출처 : 오스미 리키, 《How To : 디즈니 시스템 & 매뉴얼》, 손나영 옮김, 도슨트출판사, 2017, p.45

사람마다 '깨끗하다'라고 생각하는 기준점이 다릅니다. 누구는 세면대에 커피 자국 같은 것만 없으면 된다고 생각하고, 누구는 수전까지 반짝거려야 한다고 생각합니다. 어렸을 때 엄마가 방을 치우라고 해서 열심히 치웠는데, 하나도 안 치웠다고 혼났던 경험을 떠올려보세요. 열일곱 살짜리 남고생으로서는 먹다 남은 음식을 주방에 갖다 놓고, 바닥에 굴러다니던 옷을 옷장에 집어넣었으니 방을 훌륭하게 치웠다고 생각합니다(걸어 다닐 공간도 생겼으니!).

하지만 엄마 기준에는 여전히 방이 엉망진창이기 때문에 화가 치밀어 아이에게 고함을 칩니다. 한 사람은 억울하고 한 사람은 울분이 터지는 상황이 되는 거죠.

디즈니는 이런 간극을 누구보다 잘 알고 있습니다. 글로벌 조직이다 보니 일하는 직원들의 교육 수준, 문화 배경, 나이 등이 천차만별이거든요. 그래서 지시 사항을 누가 들어도 같은 뜻으로 알아듣도록 만드는 데 정교한 노력을 기울입니다.

그들이 지시하는 방식은 이렇습니다. 먼저, 원하는 결과를 머릿속으로 상상합니다. 자신들이 생각하는 '깨끗한 싱크대'의 모습을 말이죠. 그리고 거기에 필요한 '행동과 순서'를 분석한 후 구체적으로 매뉴얼화합니다. 누구라도 보고 그대로 따라 하기만 하면 만족스러운 결과를 얻을 수 있도록 말입니다. 다음은 디즈니의 전형적인 매뉴얼입니다.

〈세면대 청소 매뉴얼(좋은 예)〉

1. 세면대 주변에 떨어진 쓰레기를 쓰레기통에 넣는다.

2. 세제와 스펀지로 세면대 안쪽을 닦는다.

3. 걸레를 물이 흐르지 않을 정도로 짜서 반쪽 면으로 세면대 안쪽을 구석구석 닦는다.

4. 물기를 꽉 짠 걸레의 나머지 부분으로 세면대 바깥쪽을 구석구석 닦는다.

5. 마른걸레의 반쪽 면으로 세면대의 남은 물기를 닦는다.

6. 나머지 부분으로 거울/수도꼭지의 물방울과 물때를 닦는다.

7. 남은 휴지가 1/3 이하라면 남아 있어도 보충한다.

출처 : 오스미 리키, 《How To : 디즈니 시스템 & 매뉴얼》, 손나영 옮김, 도슨트출판사, 2017, p.47

Greeting with Clapping!

박수로 맞이해주세요!

디즈니는 세계 최강의 스토리 기업인 만큼 언어를 다루는 능력이 뛰어납니다. 직원 매뉴얼을 만들 때도 언어를 우아하고 재치 있게 사용하죠.

디즈니랜드의 꽃은 디즈니의 온갖 캐릭터가 모여 떠들썩하게 이어지는 퍼레이드입니다. 저 멀리서 퍼레이드가 다가오면 직원은 큰 소리로 이렇게 외칩니다.

"Greeting with Clapping!

(박수로 맞이해주세요!)"

그러면 꼬맹이 손님부터 어른까지 손뼉을 치기 시작하고, 모두 기대감으로 부풀어 즐거운 얼굴이 됩니다. 그런데 오스미 리키는 이 대사가 흥을 돋우기 위한 것도 있지만 사실은 안전을 위한 매뉴얼이라고 설명합니다.

퍼레이드가 가까이 다가오면 사람들, 특히 아이들은 조금이라도 앞에 가서 보고 싶어 합니다. 자연스럽게 앞 사람을 밀게 되죠. 모든 사람이 조금씩 앞 사람을 밀다 보면 넘어지기 쉽고, 연쇄적으로 사람이 깔리는 대형 사고로 이어질 수 있습니다. 특히, 아이들은 크게 다치게 될 겁니다. 웃음과 음악 소리만 가득한 놀이동산에서 있을 수도, 있어서도 안 되는 상황입니다. 하지만 고함과 경고 휘슬로 사람들을 단속하는 것은 디즈니답지 않습니다.

그래서 디즈니는 고민 끝에 이런 결론을 내립니다.

"앞 사람을 못 밀게 하려면 어떻게 해야 하지?"
"그래, 손을 못 쓰게 하면 되잖아!"

매뉴얼을 만들어서 안전 요원에게 퍼레이드가 다가오면 "박수로 맞이해주세요!"라고 외치라고 지시합니다. 그러면 어떻게 될까요? 기다림에 지쳐 로프에 위험하게 매달려 있던 꼬마들이 똑바로, 안전하게 서서 손뼉을 치기 시작합니다. 게다가 손뼉을 치려면 어느 정도 간격이 필요하므로 자연스럽게 앞 사람을 미는 위험한 행동도 막을 수 있습니다.

매뉴얼을 만드는 건 힘든 일입니다. 하지만 매뉴얼이 없으면 설명하는 데 너무 오랜 시간을 써야 합니다. 그리고 설명하는 사람조차 원래 취지와 다르게 알고 있는 경우도 꽤 많습니다.

많은 글로벌 회사는 문의 사항이 있으면 먼저 회사 게시판에서 답을 찾아보도록 직원들에게 가르칩니다. 제대로 찾지 않은 상태에서 질문하면 해당 URL 링크만 보내준다고 합니다. 친절하게 길게 대답하면 오히려 '쓸데없이 시간을 낭비하는 사람'이라는 눈총을 받습니다.

어떻게 하면 비슷한 질문에 비슷한 문제를 처리하느라 시간을 죄다 쓰면서 번아웃되지 않을 수 있을까요? 저는 디즈니의 매뉴얼을 주의 깊게 살펴보고 업무에 활용하시라고 권하고 싶습니다.

"누가 하더라도
같은 결과를 얻을 수 있도록
돕는 것이 매뉴얼입니다.

직원의 열정, 경험, 상식에
기대지 마시고
**원하는 게 있으면
정확히 매뉴얼로 지시해주세요.**

디즈니랜드는 이 방식을 통해
다수의 단기 근로자를 데리고도
세계 최고 수준의 서비스를
유지하고 있습니다."

업무 요청은
디테일하게,
이게 매너입니다

상대방을 배려한 요청법

다른 부서에 업무 협조를

요청할 때가 있습니다

기획팀이나 재무팀, 인사팀 같은 총괄 부서에서 일하다 보면 다른
부서나 계열사에 업무 요청을 하는 경우가 많습니다. 각 부서에
경영진의 요청 사항을 전달하고 잘 진행되고 있는지 자료를 취합
하는 일이 많으니까요. 총괄 부서의 성격상 당연한 일입니다.

하지만 업무 담당자는 죽을 맛입니다. 공지를 보낼 때마다 원성

이 자자하거든요. 요청 사항이 까다로운 경우라면 '도대체 어떻게 하라는 건지', '누가 하라고 했는지' 따지며 항의를 합니다. 간단한 업무여도 마찬가지입니다. 이런 쓸데없는 걸 꼭 해야 하냐며 비난이 빗발칩니다. 짜증의 표적이 되는 거죠.

이때 담당자의 반응은 두 가지 유형으로 나뉩니다. 첫 번째는 '송구형'입니다. 부서의 원망을 들을 때마다 거듭 죄송하다며 머리를 조아립니다. 30번 정도 비슷한 응답을 하다 보면 하루가 저물고 멘탈이 너덜너덜해집니다. 두 번째는 '흑화형'입니다. 몇 번 고충을 겪은 후 어둠의 세력(?)으로 변화한 겁니다. 상대방의 불평이 조금이라도 들릴라치면 '왜 나한테 그러냐. 따지려면 우리 본부장에게 따져라'라는 태도로 까칠하게 나갑니다. 역시 욕을 먹는 건 마찬가지네요. 앞에서 욕을 먹냐, 뒤에서 욕을 먹냐의 차이일 뿐입니다.

저도 왕년에 이런 경험을 꽤 많이 한 사람으로서 담당자의 고단함을 조금이라도 줄일 작은 노하우를 공유하려고 합니다.

요청할 때는 가능한 한
꼼꼼한 정보를 함께 보내세요

이건 실무 부서의 입장에서 말씀드리겠습니다. 총괄 부서에서 자료 요청을 하면서 디테일한 설명을 덧붙이지 않으면 실무 부서는 혼돈에 빠집니다.

"왜 하는 건가요? 의도를 알아야 자료의 방향을 맞출 것 아니겠어요. 그리고 어떻게 하라는 건가요?"

'형식에 구애받지 않고 자유롭게 3페이지 이내로 작성해서 주세요'라는 표현만큼 짜증 나는 것도 없습니다. 진짜 형식에 구애받지 않고 자유롭게 쓴 거 어디 한번 보여드려요?

혹시라도 부서마다 상황이 다른데 방법을 제한하면 힘들까 봐 배려하는 거라면 마음만 받겠습니다. 왜냐하면, 그런 자유롭고 무책임한 지시가 내려온 순간 각 부서의 담당자들은 발칵 뒤집히거든요. 다들 총괄 부서로 우르르 몰려가야 해요. 어떤 자료를 원하는 건지 말로 한참 설명을 들어야 나름대로 윤곽을 그릴 수 있습니다. 혼돈의 과정을 거치면서 이런 생각이 듭니다.

'총괄팀은 왜 매번 이렇게 업무를 폭탄처럼 던지는 거야? 일을 시키려면 체계적으로 고민하고 보내야지, 이런 모호한 지시만 주면 어떻게 해? 진짜 일 엉망으로 하네. 실무 부서에 와서 고생 좀 해봐야 저런 짓 안 하지.'

다른 부서에 요청할 때 담당자가 할 수 있는 가장 좋은 서비스는 정보를 가능한 한 자세하게 주는 겁니다. 참고할 템플릿도 같이 말입니다. 대략이라도 어떤 모습을 원하는지 봐야 비슷하게 하든지 창조적으로 하든지 결정할 수 있습니다.

3W(왜, 무엇을, 언제까지) 1H(어떻게)로 요청해주세요

'3W1H'에 맞춰서 요청하세요. 상대방에게 친절하고 꼼꼼하다는 인상을 줄 뿐 아니라 요청하는 사람 역시 원하는 걸 정확히 얻을 가능성이 커집니다.

1. 이 프로젝트의 취지는 무엇인가? (WHY)
2. 무엇을 해야 하나? (WHAT)
3. 어떤 방식으로 작성하면 되는가? (HOW)
   : 원하는 방향, 샘플, 폰트 등
4. 언제까지 작성하면 되는가? (WHEN)

다음은 3W1H를 적용하여 보낸 메일 예시입니다.

제목: [공지] 부서별 일생활균형 관련 통계 및 사례 조사

받는 사람: ○○팀 팀장
참조: ○○팀 본부장, 총괄팀 팀장

안녕하세요! 총괄팀 ○○○입니다.
직접 찾아가서 설명해드리는 게 맞지만, 시간이 촉박하여 먼저 메일로 말씀드리는 걸 양해 부탁합니다.
다름이 아니라 부서별로 〈일생활균형 관련 통계 및 사례 조사〉를 취합하라는 지시가 내려와서 급하게 알려드리게 됐습니다. 자세한 내용은 아래를 보시면 됩니다.

1. 취지 및 목적(WHY)

고용부에서 상장기업 대상으로 〈일생활균형 관련 통계 및 사례 조사〉를 하고 있습니다. 우리 조직의 사례를 보내달라는 요청이 왔습니다. 일차적으로는 고용부에 전달할 예정입니다. 그런데 이 얘기를 들으신 부사장님께서 우리 자체적으로도 연말에 시상하자는 제안을 하셨습니다. 그래서 취합된 자료를 기반으로 연말 종무식 때 우수 부서를 선정하여 포상할 계획입니다.

2. 요청 사항(WHAT)

최근 일생활균형에 맞춰 변화한 예시(유연근로제, 회식, 회의, 퇴근 문화 변화 등)를 써주시면 됩니다. 참고하실 수 있도록 다른 기관이 발행한 〈워라밸 우수 사례집〉을 첨부했습니다. 통계 파트는 저희가 첨부한 공통 양식에 데이터를 업데이트해 주시고, 사례 부분은 자유롭게 작성하시면 됩니다.

3. 작성 방식(HOW)

2페이지 분량의 개조식으로 작성하시면 됩니다. 양식은 첨부했습니다. 폰트 등

은 양식의 기준에 맞춰서 해주세요. 참고하실 수 있도록 우리 총괄팀을 예시로 작성했습니다. 이건 실무자인 제가 급하게 만든 예시입니다(팀장님도 못 보셨어요). 그러니 전혀 구애받지 마시고 참고로만 활용하시면 됩니다.

4. 기한(WHEN)
다음 주 **목요일(11/15) 14:00**까지 보내주시기 바랍니다. 고용부에 제출할 데드라인이니 꼭 일정 맞춰주세요.

바쁘신데 급한 요청을 드려서 죄송합니다. 부사장님께서는 여기서 취합된 내용 중 좋은 사례는 보도자료에도 활용하고 부서끼리도 공유해서 좋은 시너지를 내자고 말씀하셨습니다. 감사합니다!

첨부 파일: 1. 타 기관 발행 워라밸 우수 사례집 2. 작성 템플릿 3. 작성 템플릿_총괄팀 버전(참고용)

친절한 건 좋아요,
하지만 짜증받이가 될 필요는 없습니다

자, 이제 메일을 보냈습니다. 이제 각 부서의 전화나 방문이 폭주합니다. 메일에 적힌 내용을 다시 묻는 것부터 어느 수준으로까지 눈치껏 작성해야 하는지 등등 궁금증이 많습니다. 전화를 수십 통 받다 보면 담당자도 피로해지죠. 하지만 가능한 한 자세하고 친절히 설명해주는 게 매너입니다. 담당자는 전화 통화를 할 뿐이지만 상대방은 한참 동안 자료를 만들어야 합니다. 물론 취합해서 정리하는 건 다시 담당자 몫이지만 말입니다.

하지만 상대방의 짜증을 고스란히 받아야 하는 건 아닙니다. 무례하게 얘기하는 사람들이 있거든요.

"아니, 이런 쓸데없는 걸 왜 하라는 거야? 바빠 죽겠는데."
"우리 부서는 쓸 내용 없는데 안 하면 안 돼?"
"꼭 2페이지로 써야 해? 그냥 메일로 써서 보내줄 테니까 총괄 담당자가 알아서 작성하면 되잖아. 우리가 그것까지 해줘야 하나? 그럼 담당자는 취합만 하는 거야? 진짜 편하겠어."

총괄 부서 역시 맡은 업무를 하는 것뿐인데 짜증받이가 될 필요는 없습니다. 그러니, 난처한 듯 웃으면서 밉지 않게 엄살을 떨어주세요. 공통의 악당인 상사를 언급하면서요.

"어유, 저도 죽겠어요. 그런데 ○○○님도 우리 부사장님 성격 아시잖아요. 고용부에서 선정하는 우수 기업에 뽑히시겠다고 열의가 장난 아니세요. 우리 부서는 지금 회식 우수 사례 만들려고 갑자기 없던 회식까지 잡아서 홍대 공방에 컵이랑 그릇 만들러 간다고요. 2페이지니까 바짝 하시면 금방 쓰실 수 있잖아요. 좀 부탁드려요. 부사장님이 포상 크게 하신다고 하셨어요."

대부분은 같이 신세 한탄한 후 넘어가요. 하지만 계속 예의 없게 군다면 단호하게 얘기하는 수밖에 없습니다.

"(…) 이딴 프로젝트를 왜 하는 거야?"
"저…, 지금 저에게 짜증을 내시는 건가요?"
"아니, 짜증 내는 게 아니라 프로젝트 자체를 이해 못 하겠다는 거지. 한창 바쁠 때 뭐 하는 거야?"
"○○○님, 죄송하지만 제가 왜 그런 얘기를 들어야 하는지 모르겠네요. 메일에 썼듯이 요청한 곳은 고용부예요. 프로젝트 키운 분은 부사장님이시고요. 권한도 없는 제가 중간에서 욕받이처럼 욕먹는 것도 마음이 어렵네요."
"아니 누가 욕받이처럼 그랬다고…."
"자료 작성에 도움 필요하시면 언제든 연락 주세요. 계속 부서에서 문의 전화가 와서요. 이만 끊겠습니다."

타 부서에 업무 요청하면서 온갖 짜증받이가 되고 계신 많은 담당자에게 아주 큰 위로와 응원을 전합니다. 힘내세요!

"다른 부서에 업무를 요청할 일이
종종 생겨납니다.

우리나 상대방 모두
회사 일을 하는 것뿐이지만
미안한 마음은 약간 들죠.

그러니 가능한 한 자세하게
요청 사항을 설명해주세요.
디테일이 친절함입니다.

하지만 상대방이 짜증을
나에게 돌리는 것까지
참고 받아줄 이유는 없습니다."

비대면 커뮤니케이션은
더 단순하고
정확해야 합니다

언택트 문화의 부상과 위기

2020년 코로나바이러스감염증-19 사태로 기업들이 재택근무를 전례 없이 확대하면서 메신저나 이메일로 정확하게 소통하는 능력이 그 어느 때보다 중요해졌습니다. 게다가 요즘은 고객과 직원 중에 콜 포비아^{Call phobia}(전화 공포증) 증상이 있는 사람도 많다 보니 메신저나 이메일을 가장 보편적으로 선호한다고 합니다. 커뮤니케이션도 언택트 시대가 온 겁니다.

일의 언어에서 '단순함과 정확성'은 가장 중요한 특징인데, 텍스트로 하는 비대면 커뮤니케이션은 난도가 가장 높습니다. 맥락 정보가 현저하게 적기 때문입니다. 말하는 사람의 뉘앙스나 표정을 통해 얻을 수 있는 힌트가 주어지지 않습니다. 게다가 같은 사무실에 있으면 동료들이 이야기하는 것을 한 귀로 들으며 '아, 지금 분위기가 이렇게 돌아가고 있구나'라고 짐작할 수 있지만, 비대면 커뮤니케이션에서는 이런 부수 정보도 없습니다. 그러므로 훨씬 더 정확하게 표현해야 의도를 제대로 전할 수 있습니다.

이 장에서는 메신저와 이메일을 통해 어떻게 정확하게 소통할 수 있는지 몇 가지 팁을 말하려고 합니다.

커뮤니케이션 시차를 고려해서
완결형으로 말하세요

메신저와 이메일 같은 텍스트 기반의 비대면 커뮤니케이션은 직접 만나거나 전화로 하는 음성 기반의 커뮤니케이션에 비해 필연적으로 '지연'과 '대기'가 생겨납니다. 전화를 걸어서 상대방이 받았는데 5분 동안 침묵하는 일은 상상할 수 없지만, 메신저나 이메일을 보냈는데 5시간 만에 답변을 주는 건 호들갑 떨 일이 아닙니다(팀 메신저라면 좀 다른 이야기겠습니다만).

이런 의미에서 메신저와 이메일은 '대화'의 확장형이 아니라 '비즈니스 서신'의 확장형입니다. 그러니 채팅처럼 이야기하면 시간을 몇 배로 낭비하게 됩니다.

"바쁘세요? 지금 시간 되시나요? ㅎㅎ"

친근하게 말하는 건 상관없지만 읽는 사람이 실시간으로 답변에 대응한다는 걸 전제로 하고 있습니다. 하지만 상대방은 실시간으로 메신저와 이메일을 확인하지 않습니다(그렇게 급한 경우라면 전화를 해야 합니다). "네 괜찮습니다"라고 3시간 후에 대답했는데 정작 물어본 사람은 그때 다른 일을 하고 있다면, 간단한 커뮤니케이션에 며칠을 낭비할 수도 있습니다.

텍스트형 커뮤니케이션을 할 때는 서로 몇 시간에 한 번씩 답변해도 문제가 없도록 완결형으로 이야기하는 게 좋습니다.

"정 MD님, 안녕하세요. 요즘 바쁘시죠? 다름이 아니라 지난주 말씀드린 P 제품 수량을 3,000세트까지 확보할 수 있을 것 같아서 연락드렸습니다. 가격, 조건은 같습니다. 어떻게 할까요? 이거 보시면 연락 부탁드립니다!"

상대방이 궁금한 게 없도록
구체적으로 말해주세요

예전에 대통령 경제사절단 업무를 할 때였습니다. 경제사절단은 대통령이 해외 순방을 할 때 경제 외교를 목적으로 동행하는 경제인들을 의미합니다. 기업 담당자들은 회장 또는 사장이 가는 대통령 행사이다 보니 매우 민감했습니다. 기업에 따라서는 경제사절단 행사 자체가 생소한 담당자도 많았고요.

그러다 보니 기업마다 부서별로, 담당자별로 돌아가면서 궁금한 것을 물어보기 위해 저에게 몇 번씩 전화를 했습니다. 제 전화가 통화 중인 경우가 많다 보니 전화가 한번 연결되면 도무지 끊으려고 하지 않았어요. 밥도 제대로 못 먹고 입에서 단내가 나는 생활을 반복하고 나니, 이건 아니다 싶은 생각이 들었습니다.

기업들이 궁금해하는 내용은 비슷했습니다. 언제 구성원이 확정되는지, 호텔은 어디인지, 행사는 어떻게 진행되는지, 자료는 뭘 줄 거고 언제까지 주는지, 동선은 어떻게 되는지 등등입니다. 그래서 다음번 경제사절단 업무 때는 업무 프로세스를 조금 바꿔서 처음부터 이렇게 메일을 보냈습니다.

[기관명] 대통령 인도 순방 경제사절단과 관련하여 안내드립니다.

안녕하세요! '대통령 인도 순방 경제사절단' 담당자 박소연입니다. 대표님이 이번 경제사절단에 가신다고 들었습니다. 잘 부탁드립니다!

궁금해하실 만한 사항을 아래와 같이 정리했습니다.

1. 행사 개요

이번 행사의 개요를 첨부했습니다. 정부와 해외 국가 담당자의 협의에 따라 세부 내용은 일부 변경될 수 있음을 알려드립니다.

2. 명단 확정

이번 사절단 명단 규모는 20명입니다. 대표님을 포함한 전체 명단을 정부와 협의 중입니다. 명단은 **다음 주 수요일(7/12)**에 결정된다고 합니다. 시간은 미정이라 밤늦게 결정될 수도 있으므로 **목요일(7/13) 09:00에 보고 가능**하다고 아시면 될 것 같습니다. 명단이 정해지면 늦은 시각이라도 담당자님께 문자로 알려드리겠습니다.

3. 진행 스케줄

앞으로 진행 상황은 아래와 같습니다.

(1) [7/14 15:00] 1차 행사 자료 송부
* 명단 및 일정, 행사 호텔 확정

(2) [7/20 15:00] 2차 행사 자료 송부
* 상세 일정, 해당 지역 개요 및 주요 산업 이슈 참고자료, 상대 국가 VIP 약력
(3) [7/25 15:00] 최종 행사 자료 송부
* 업데이트된 일정 및 참고자료

4. 참고자료

경제사절단 행사에 관한 이해를 돕기 위해 작년 카자흐스탄 순방 자료를 첨부합니다. 공개되는 자료가 아니니 내부 보고 및 참고용으로만 활용하시기 바랍니다.

5. 부탁 말씀

궁금한 점이 있으시면 아래 연락처로 연락 주세요. 그런데 긴급한 일이 아니라
면 메일(aaaaaa.com)로 주시면 감사하겠습니다. 제가 통화 중인 경우가 많아 연
결이 잘 안 될 수 있거든요. 메일 주시면 **늦더라도 당일에 꼭 회신**드리겠습니다.

혹시 급한 문의인데 제가 통화 중이면 아래 담당자에게 문의하셔도 됩니다.

김○○ 팀장 tel : 02-111-1111, bbbbbb.com
송○○ 대리 tel : 02-222-2222, cccccc.com

고맙습니다.

박소연 드림

　단순하고 명확한 소통이 반드시 '짧게 말하는 것'을 의미하는
건 아닙니다. 오히려 구체적이고 자세한 설명이 전체적인 업무량
을 줄이는 경우도 많습니다. 우리의 목표는 짧게 말하는 게 아니
라 단순하고 명확하게 소통하는 겁니다.

가짜 대답으로
시간을 낭비하지 마세요

모호한 답변을 하면 결국 또다시 질문을 받게 됩니다. 그러면 서로의 시간을 낭비하게 됩니다. 예전에 어떤 조직에서 강연 의뢰를 받고 강연료에 대해 문의한 적이 있습니다. 이렇게 메일이 왔습니다.

"강연료는 저희 조직 내규에 따라 정해집니다. 공공기관이어서 작가님께 미흡한 액수를 드려 죄송하게 생각합니다."

당연히 조직 내규에 따라 지급하겠죠. 따라서 이건 답변이 아닙니다. 어쩔 수 없이 다시 문의했더니 답변이 왔습니다.

"참고하실 수 있도록 저희 내규 규정을 보내드립니다."

회사 규정이 깨알처럼 적힌 4페이지를 통으로 보내왔습니다. 문제는 이걸 봐도 제가 어떻게 적용되는지 전혀 알 수 없었다는 겁니다. 강연자 레벨, 인원 할증, 거리 등등에 따라 다양한 기준이 있었거든요. 5분 정도 '과연 나의 레벨은 무엇인가'를 주제로 자아 성찰(?)을 하다가 포기하고 다시 문의했습니다. 그제야 인사팀에 정확히 확인하고 알려준다고 하더군요.

담당자는 아주 유쾌하고 괜찮은 친구였는데, 습관적으로 이런 커뮤니케이션을 한다면 평소에도 일이 아주아주 많을 겁니다.

"강연료는 저희 조직 내규에 따라 정해집니다. 계산법이 좀 복잡한 편이라 인사팀에 정확하게 문의하고 **내일 오후까지 회신드리**겠습니다. 다만 공공기관이어서 기업과 비교하면 작가님께 미흡한 액수가 되지 않을까 염려하는 마음은 듭니다."

이게 더 나은 답변입니다.

'지시와 의견', '느낌과 요청'을
뒤섞지 마세요

비대면 커뮤니케이션에서 가장 많이 하는 실수는 정보를 뒤섞어서 이야기하는 겁니다. '지시와 의견', '느낌과 요청'을 섞기 때문에 상대방을 혼란스럽게 합니다. 다음은 디자이너에게 작업을 의뢰하는 담당자가 한 말(메일 또는 메신저)입니다.

"박 디자이너님, 안녕하세요? 이번 시즌의 제품 디자인 잘 부탁드립니다. 다음 주 수요일까지 꼭 시안 보내주세요. 얼마 전에 M사의 신제품 디자인 봤는데 진짜 멋있더라고요. 저희도 기대가 큽니다!"

박 디자이너는 이걸 보고 M사의 신제품처럼 미니멀한 느낌으로 디자인을 했습니다. 그랬더니 담당자는 보자마자 얼굴을 찌푸리며 요즘 자기들 회사의 콘셉트는 컬러풀하고 강렬한 이미지인데 이렇게 하면 곤란하다고 거절하는 겁니다.

"M사의 제품 같은 콘셉트를 원하시는 것 아니었어요?"
"아니, 제가 개인적으로 그게 좋아 보였다는 거지 그렇게 하라는 말이 아니었잖습니까?"

저런! 듣는 사람은 "얼마 전에 M사의 신제품 디자인 봤는데 진짜 멋있더라고요"라는 말을 당연히 요청 사항으로 받아들이지 않을까요? 그러니 머릿속에 떠오른, 별 의미 없는 '그냥 생각'이라면 아예 쓰지 않는 게 좋습니다. 굳이 쓰고 싶다면, 적어도 요청 사항과 '그냥 생각'을 분리해서 이야기해주세요.

"박 디자이너님, 안녕하세요? 이번 시즌의 제품 디자인 잘 부탁드립니다. 다음 주 수요일까지 꼭 시안 보내주세요.
참, 그리고 얼마 전에 M사의 신제품 디자인 봤는데 진짜 멋있더라고요. **물론 이건 제 개인적인 취향이니 그런 식으로 디자인해달라는 의미는 아닙니다. 박 디자이너님도 아시다시피 저희 회사가 미니멀보다는 컬러풀하고 강렬한 이미지를 선호하는 쪽이잖아요.**

어쨌든 잘 부탁드립니다. 기대가 큽니다!"

소제목, 볼드 표시 등으로
가독성을 높여주세요

서술형으로 길게 늘여서 쓰면, 가독성이 떨어질 뿐 아니라 중요한 내용을 놓치기도 쉽습니다. 불리한 내용을 몰래 숨겨서 보내려는 게 아니라면 보기 좋게 묶어서 보내는 게 좋습니다. 예시를 보여 드리겠습니다.

송 과장님께,

안녕하세요! 홍보팀의 민○○ 대리입니다. 예전에 전화로 말씀드린 것처럼 회사 서버가 자꾸 다운되는 문제가 발생해서 해결하려고 합니다. 그래서 가능한 한 빨리 미팅을 잡고 싶습니다.

1. 문제점
가장 큰 문제는 **접속자 증대로 인한 서버의 다운**입니다. 최근 회사에서 한 달 동안 핫딜을 올릴 때마다 접속자로 인해 서버가 다운되는 일이 잦아졌습니다. 그리고 제품을 확대하려고 하면 자연스럽게 커지는 게 아니라 갑자기 확 커집니다. 그리고 올려둔 사진을 편집하는 데 시간이 오래 걸려 불편합니다. 이 밖에도 소소하지만 거슬리는 불편 사항이 최근 많아졌습니다.

2. 내부 검토 의견
기존의 서버로는 지금의 회사 판매량을 감당하지 못하니 **대대적인 업그레이드**가 필요할 것 같습니다. 그리고 웹 디자인 측면에서도 저희가 좀 더 편하게 활용할 수 있는 툴이 추가되었으면 좋겠습니다.

3. 시기 및 비용
저희는 올해 **크리스마스 시즌 전**에 업그레이드를 완료하고 싶습니다. 비용은 아직 확정하지 않았는데, 송 과장님 회사와 미팅 후 구체적으로 결정하고 싶습니다. **다음번 미팅 때 대략적인 금액 정보**도 같이 말씀해주시면 좋겠습니다.

4. 미팅 날짜
저희는 빠를수록 좋습니다. 혹시 **다음 주에 2시간** 정도 시간이 되시는지요? 2~3개 후보를 주시면 저희가 빠르게 답변드리겠습니다.

5. 덧, 넋두리
서버가 멈출 때마다 고객 게시판이 항의로 폭발합니다. 얼른 좀 살려주세요. 제 생각에 적어도 L사의 서버 사양 정도는 돼야 하지 않을까 싶습니다. 물론 이건 제 개인적인 생각이니 **미팅 때는 폭넓게 제안**해주시면 좋겠습니다.
빠른 답변 기다리겠습니다. 감사합니다!

민○○ 드림

수신인 지정에 정답은 없지만,
권장 사항은 있습니다

메일과 단체 카톡방에 불필요한 정보가 넘쳐나 스트레스받는 사람이 많습니다. 어느 조직에나 해당하는 정답이 있는 건 아니지만 기본적인 권장 사항은 있습니다.

가능한 한 최소한으로 넣습니다

알아두면 나쁘지 않을 것 같아서 관계자들을 잔뜩 넣는 건 좋은 습관이 아닙니다. 그렇게 스팸처럼 보내는 사람의 메일은 안 읽거나, 대충 읽거나, 가장 늦게 읽게 됩니다.

직속 상사와 핵심 파트너는 참조로 넣습니다

프로젝트를 함께하는 파트너 직원(부서 팀원 전체를 의미하는 것이 아님)과 직속 상사(선배를 의미하는 게 아니라 의사 결정권자)는 참조로 넣는 게 좋습니다. 부서 대 부서로 업무 요청을 할 때는 직속 상사를 참조로 꼭 넣어야 합니다.

이렇게 하면 '어떻게 진행되고 있는지 궁금한' 정도의 문제는 대부분 해결될 뿐 아니라 혹시 잘못된 방향으로 가고 있을 때 다른 파트너 직원이나 부서장이 알려줄 수 있습니다.

'참조'와 '보고'를 구분합니다

'수신인'은 '당신에게 이야기하는 내용입니다'라는 의미이고, '참조'는 '알면 괜찮을 내용입니다'라는 의미입니다. 즉, '참조'는 혹시 안 읽어도 문제가 없는 상황이라는 걸 전제로 합니다. 그런데 수백 통의 메일 속에 늘 직속 상사를 '참조'로 넣고는 나중에 항변하는 사람들이 있습니다.

"분명히 저번 주 수요일 메일에 참조로 같이 보냈잖아요?! 그때 아무 말씀 없으시다가 왜 지금 이러세요?"

의사결정이 필요하고 중요한 내용이면 '참조'로만 보내선 부족합니다. 위와 같은 항의를 듣는 사람은 "분명히 약관 242페이지의 세 번째 줄에 있는 내용인데 왜 지금 이래요?"라는 얘길 들었을 때처럼 억울한 기분이거든요. '참조'로 보냈는데 아무 소리 하지 않았다는 게 '동의'했다는 의미는 아닙니다. '읽음' 표시가 떴다 해도 열기만 하고 읽진 않았을 수도 있어요.

그러니 중요한 내용이면 다시 정리해서 보고해주세요. 아니면 적어도 메일을 포워드해서 '[의사결정 필요] 첨부된 메일 참조해주세요'라는 시그널이라도 주어야 합니다.

메일뿐 아니라 단체 채팅의 경우도 같습니다. 상대방이 꼭 해야 하는 일이나 알아야 하는 정보는 개인 채팅으로 따로 알려주시거나 최소한 '알겠다'라는 답변이라도 꼭 들으시길 바랍니다.

"예전에는 일주일에 두세 번씩
마라톤 회의를 통해서 하던 일을
이제는 두세 번의 이메일 또는
짧은 메신저를 통해서 합니다.

비대면 문화인 언택트 시대에는
단순하고 명확하게 소통하는 능력이
일 잘하는 핵심 역량이자,
강력한 무기입니다."

3장 마케팅의 언어

단순한 메시지로 소비자 마음을 움직이다

"단순하게 이야기하세요.
평범한 것들에 관해 이야기하세요.
단, 그 평범한 것들을
평범하지 않은 방법으로 이야기하세요."

— 레오 버넷Leo Burnett, 광고계의 전설

아마존처럼
단순하게
이야기합니다

가장 중요한 하나의 메시지

천재 선장이 이끄는 핵 잠수함:
아마존

스티브 잡스의 타계 이후 사람들은 또 다른 열광할 스타를 찾아낸 듯합니다. 주인공은 세계 최대의 온라인 쇼핑 중개자인 미국 아마존^Amazon의 창업자이자 CEO인 제프 베이조스^Jeff Bezos입니다. 놀라운 성과를 나날이 갈아치우고 있을 뿐 아니라, 잡스처럼 언어를 다루는 능력도 탁월합니다. 목표를 이루기 위해 다소 독선적으로 보이기까지 하는 고집스러움도 왠지 친숙하네요.

아마존의 성공 법칙이나 베이조스의 경영 방식을 다룬 책들이 연이어 쏟아져 나오는 걸 보면 핫한 인물은 맞는 것 같습니다. 경영 방식에 호불호가 있긴 하지만(아마존의 직원 쥐어짜기는 꽤 뜨거운 이슈입니다), 어쨌든 시장은 그의 손을 들어주고 있습니다. 마이크로소프트, 구글, 애플을 제치고 시가총액 1위 기업으로 등극한 적도 있을 정도니까요.

《아마존 vs. 구글: 미래전쟁》에서 강정우 저자는 아마존을 '천재 선장을 둔 핵 잠수함', 구글을 '천재들을 태운 항공모함'이라고 했는데 정말 적절한 표현이라고 생각합니다. 그만큼 아마존 기업에는 '천재 선장'인 베이조스 회장의 영향이 큽니다. 물론 그게 큰 약점이라고 말하는 사람도 많습니다만.

이 책은 기업 전략을 다루는 책이 아니므로 얘기는 여기까지 하겠습니다. 저는 아마존이 소비자에게 말하는 방식을 이야기하려 합니다. 궁극의 단순함을 보여주는 좋은 모범이거든요.

가장 중요한 하나의 메시지를
반복해서 얘기합니다

아마존의 성장을 지켜보신 분은 거대한 핵 잠수함 같은 기업이 한

가지 메시지에 꽂혀 있다는 걸 아실 겁니다.

"고객에게 집착^{Customer Obsession}하는 기업"

유난스러울 만큼 반복해서 말합니다. 기업 미션도 '지구상에서 가장 고객을 중요시하는 기업이 되자^{To be Earth's most customer-centric company}'입니다. 거의 종교 수준이죠. 1999년 사업을 한창 다각화하던 당시 아마존은 이미 엄중히 선언한 바 있습니다.

> "우리는 도서 회사도, 음악 회사도, 비디오 회사도, 경매 회사도 아니다. **우리는 고객 회사이다.**"

이후에도 베이조스는 온갖 공개 석상에서 끈질기게 반복합니다. 말리는 사람만 없다면 이마에라도 써 붙이고 다닐 태세입니다. 그러니 아마존 주식 한 주 없고 아마존 직구조차 해본 적 없는 저 같은 사람도, 아마존이 어떤 결정을 했다고 하면 '고객 만족 때문이겠지'라고 자연스럽게 생각합니다. 세뇌된 거죠. 기업 미션이 이렇게 동네방네 소문나는 건 쉽지 않은 일입니다.

아마존처럼 단순한 메시지는 힘이 있습니다. 소비자에게 얘기하는 메시지는 내용이 풍부할수록 오히려 방해가 됩니다. 소비자는 기업이 무엇을 꿈꾸는지, 어디로 가려고 하는지 별로 관심이 없습니다. 자기와 상관없는 얘기니까요. 기업 애뉴얼 리포트에 정성스레 적은 자랑거리를 읽는 소비자는 없습니다. 그러니 소비자에게 깊은 인상을 주고 싶다면 전면에 내세울 하나의 중요한 메시지를 가지고 있어야 합니다.

"우리는 ○○○를 하고 있습니다."

기업이든, 서비스든, 제품이든, 정책이든 말이죠.

하나의 메시지는 '진짜'가 될 때
강력한 힘이 생깁니다

아마존은 시장과 소비자로부터 "와, 그 사람들은 진심이야. 진짜라고!"라는 신뢰를 받고 있습니다. 이 신뢰는 아마존의 강력한 힘이자 브랜드 파워입니다. 기업의 거짓말에 넌더리가 난 소비자는 '진짜'라고 믿기까지 오랜 시간이 필요합니다. 아마존은 '그 하나의 메시지'가 소비자에게 '진짜'로 보이도록 아예 조직의 체질을 바꿨습니다. 대표적인 두 가지 정책을 소개합니다.

리더십 원칙: 고객 중심인 인재를 뽑습니다

아마존에서 일하고자 하는 사람, 그리고 승진해서 계속 올라가려는 사람이라면 반드시 숙지해야 하는 원칙이 있습니다. '리더십 원칙^{Leadership Principle}'이라고 불리는 14개 조항입니다. 홈페이지 (www.amazon.jobs/principles)에 올려놓아 누구든 볼 수 있도록 했습니다. 그중 1~5번입니다.

> 1. 고객에게 집착하라(Customer Obsession)
> 2. 주인의식을 가져라(Ownership)
> 3. 발명하고 단순화하라(Invent and Simplify)
> 4. 리더는 매우 옳다(Are Right, A Lot)
> 5. 배우고 호기심을 가져라(Learn and Be Curious)

또 나왔습니다. 고객 집착 원칙. 1번에 올라와 있네요. 아마존은 공식적으로 '우리는 고객에게 집착하는 사람을 찾고, 중요한 위치에 승진시킬 것이며, 고객을 위하는 척하지만 속은 시커먼 사람들은 발을 못 붙이게 하고 있다'라고 말하고 있습니다.

이런 고객 집착쟁이들이 모인 아마존은 앞으로 어떻게 될까요? 무엇^{WHAT}을 할지는 모르겠지만, 적어도 그 일을 왜^{WHY} 하는지는 궁금해할 필요가 없어 보입니다.

PRFAQ: 고객에게 모호한 제품/서비스는 만들지 마세요

아마존은 제품이나 서비스를 기획할 때부터 소비자의 반응을 고려하도록 가르칩니다. 당연한 것 아니냐고요? 음, 아직 똑똑쟁이 박사님들을 많이 못 보셨군요. 공학 및 엔지니어 분야의 많은 수재들은 고객에 맞춰서 제품을 만드는 것이 아니라 일단 근사한 제품을 만든 후 마케팅팀에 잘 팔아보라며 넘기곤 합니다.

"이걸 어디에 팔아요?! 누구를 타깃으로 하신 건데요?"

경악하는 담당자의 항의를 모르는 체하면서요. 자신의 역할은 기술적 진보를 이룬 훌륭한 제품을 만드는 것까지일 뿐, 파는 건 다른 사람의 영역이라고 생각하는 분들이 은근히 많습니다.

아마존은 이런 경향을 피하고자 'PRFAQ'로 신사업을 점검하도록 했습니다. PRFAQ는 PR(보도자료)과 FAQ(자주 하는 질문)를 합친 용어입니다. 아마존에서 새로운 제품이나 서비스를 제안하려는 사람은 6페이지 정도의 PRFAQ를 서술형으로 작성해야 합니다. 관계자들이 모여서 PRFAQ를 정독하고 날카롭게 질문을 이어나갑니다. 별 질문이 없으면 통과, 온갖 의심과 질문이 나오면 망한 거랍니다.

PRFAQ의 자세한 내용은 다음과 같습니다.

PR(Press Release: 보도자료)

신제품(서비스)이 출시된다면 언론이 무엇이라고 쓸지를 생각하며 보도자료를 작성한다. 제품의 매력이 불분명하거나 소비자가 이해하기 어렵다면 문제가 있는 것이다.

FAQ(Frequently Asked Question: 고객이 자주 하는 질문)

고객이 이 제품(서비스)을 이용할 때 궁금해할 만한 질문과 예상 답변을 적는다. FAQ를 읽고 나서도 궁금증이 해결되지 않는다면 문제가 있는 것이다.

아마존은 '고객 집착'을 최우선으로 하는 인재들을 채용하고 나서도 혹시라도 어둠의 길(?)로 가지 않도록 PRFAQ라는 자아비판 검열을 제도화했습니다. 약간 기가 질리기도 합니다. 이 정도의 강박을 보였으니 '그 하나의 메시지'가 소비자에게 그토록 힘을 얻은 거겠죠.

"소비자에게 전달할
핵심 메시지는
간결한 한 가지여야 합니다.

세계적 기업인 아마존도
'고객 집착 Customer Obsession'
하나만 반복해서 얘기합니다.

단순한 메시지 하나를 정하세요.
그리고 그게 '진짜 이야기'가
되도록 만드세요."

소비자가
알고 싶어 하는 목적지를
정확히 보여주세요

소비자가 원하는 스토리

소비자가 원하는 스토리는
단순합니다

〈겨울왕국 2〉가 나온 후 굿즈 시장이 또 한 번 들썩였습니다. 앞으로 몇 년은 어린이집 파티 때마다 모두 엘사와 안나가 되는 진풍경이 벌어지겠군요(저는 올라프파입니다). 캐릭터별로 드레스가 여러 종류인 데다가 왕관, 마법의 빛이 반짝이는 신발을 갖추려면 사야 하는 물품이 한둘이 아닌가 봅니다. 지갑이 가벼워졌을 많은 부모님께 위로와 응원을 보냅니다.

〈겨울왕국〉을 비롯해서 사람들이 사랑하는 스토리에는 비교적 단순한 패턴이 있습니다. 먼저 어떤 캐릭터가 존재합니다. 그 캐릭터는 우리가 공감할 수 있는 문제를 갖고 있습니다. 문제가 없는 완벽한 존재라면 스토리가 만들어지지도 않거니와 사람들이 사랑하기도 어렵기 때문입니다(엘사의 경우는 원하지 않았던 능력과 운명이 문제였죠). 주인공은 어려움에 좌절하지만, 곧 도움의 손길이 등장합니다. 도움은 사랑하는 사람의 신뢰와 지지일 수도, 스타워즈의 요다처럼 현명한 스승일 수도, 초능력일 수도 있습니다. 결국 주인공은 고난을 통과해서 문제를 해결하는 목적지에 다다르게 됩니다. 꿈을 이루거나 악당을 물리치죠.

《무기가 되는 스토리》의 저자이자 스토리브랜드Storybrand 창업자인 도널드 밀러는 이 패턴을 그림으로 표현했습니다.

──────────── 사람들이 사랑하는 스토리 ────────────

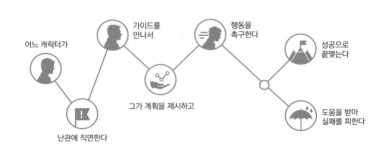

어느 캐릭터가 / 난관에 직면한다 / 가이드를 만나서 / 그가 계획을 제시하고 / 행동을 촉구한다 / 성공으로 끝맺는다 / 도움을 받아 실패를 피한다

출처: 도널드 밀러, 《무기가 되는 스토리》, 이지연 옮김, ㈜윌북, 2018, P.33

소비자도 결국은 사람입니다. 소비자가 사랑하는 스토리, 즉 원하는 메시지는 디즈니 영화나 히어로물을 볼 때와 크게 다르지 않습니다. 소비자는 우리의 제품(서비스)을 볼 때 목적지가 어디일지 가장 궁금해합니다.

> "당신의 제품(서비스)은
> 내가 원하는 걸 이루어주거나, 악당을 물리쳐주나요?"

제품이든 서비스든 비즈니스 모델이든, 이 메시지가 뚜렷해야 상대방의 마음을 움직일 수 있습니다.

악당을 강조해서 성공한 사례:
리스테린 구강청결제

소비자의 마음을 움직이기 위해서는 '악당'을 강조하는 게 유리할 때가 많습니다. 사람들에겐 1만 원 얻는 기쁨보다 1만 원 잃는 고통이 더 큰 손실 회피 편향loss aversion이 있기 때문입니다. 그래서 마케팅에서는 악당이 없으면 새로 만들어내서라도 소비자의 마음을 흔들어 불안하게 만듭니다.

대표적인 사례 중 하나가 구강청결제인 리스테린의 마케팅입니다. 존슨앤존슨은 1920년대에 구강청결제 판매에 나섰는데, 치명적인 문제를 마주합니다. 악당이 없는 겁니다. 당시는 '입 냄새'라는 개념이 희미했거든요. 물론 냄새는 많이 났겠지만, 문제라는 인식은 없었습니다. 지금 우리에게 팔꿈치 냄새, 목덜미 냄새라는 개념이 딱히 없는 것처럼 말입니다.

그래서 리스테린 마케팅 담당자들은 '악당'을 만들어냅니다. 여기서 악당은 당연히 '입 냄새'입니다. 먼저, 용어를 퍼트렸습니다. 라틴어 느낌이 나는 고상한 발음의 'Halitosis(입 냄새)'라는 의학 용어를 찾아내서 적극적으로 마케팅하기 시작했습니다.

언어를 만드는 건 중요한 과정입니다. 언어가 생기면 인식과 민감도가 생깁니다. 15세기 후반까지 유럽에는 주황색이라는 용어가 없었습니다. 16세기경 아시아에서 오렌지 나무를 들여오면서 '주황색orange'이라는 언어가 생겼고, 그러자 예전에 뭉뚱그려 노란색 범위에 넣던 때와는 인식이 완전히 달라졌습니다.

리스테린은 신조어를 가지고 대대적인 광고를 시작했습니다. 광고는 대체로 이런 식입니다. 다음 그림을 보면 왼쪽에 여자가 혼자 쓸쓸히 앉아 있습니다. 오른쪽에는 커플이 행복하게 웃고 있고요. 광고 카피는 아주 직접적입니다.

"당신이 인기가 없는 이유는 입 냄새 때문입니다."

"아이들이 당신을 싫어하나요? 입 냄새 때문입니다."

"결혼을 못 하는 이유요? 입 냄새 때문입니다."

출처: 리스테린 지면 광고

　뭐, 이런 식이거든요. 일련의 과정을 통해 리스테린은 소비자에게 '입 냄새는 문제이고, 고쳐야 하는 질병'이라는 점을 확실히 각인시켰습니다. 악당을 만들어내는 데 성공한 겁니다. 물론 주인공을 구해낼 가이드는 리스테린이겠죠.

그래서 꿈을 이루어주거나,
악당을 물리쳐주나요?

"이 샴푸는 미녹시딜(발모제) 성분이 2배입니다."

듣는 순간 '뭐 어쩌라고'라는 생각이 듭니다. 안타깝게도 많은 기업이 이처럼 자신의 이야기를 전면에 내세웁니다. 주인공처럼 말이죠. 하지만 새로운 비즈니스 모델 발표, 제품(서비스) 출시, 스타트업 창업 등을 계획하는 분들이 꼭 기억하셔야 하는 사실이 있습니다. 언제나 주인공은 소비자입니다. 우리는 가이드일 뿐이죠. 가이드는 소비자를 어디로 데려갈 건지, 그곳이 왜 좋은지를 충실하게 이야기해야 합니다. 자기소개 대신에 말입니다.

자, 탈모방지용 샴푸를 찾는 소비자의 꿈과 피하고 싶은 악당은 무엇일까요? 타깃이 될 소비자는 탈모가 이미 진행 중이거나 혹시 탈모가 될까 봐 두려움에 떠는 사람들입니다. 그들이 원하는 바는 '풍성한 모발' 또는 '풍성한 모발로 젊어 보이는 외모' 등일 겁니다. 악당은 '머리카락 손실로 휑해진 머리' 또는 '머리숱이 적어 늙어 보임' 같은 것들이 있겠습니다. 또 이미 탈모방지용 샴푸를 오랫동안 써본 이들에겐 '효과 없음', '비싼 가격', '일반 샴푸에 비해 뻣뻣한 느낌' 등이 악당입니다.

① 원하는 꿈을 이뤄주나요? - 20대 머리숱처럼 풍성하게

"이 샴푸는 2배나 더 강화된 성분(미녹시딜)으로 20대의 머리숱처럼 풍성한 모발이 유지되게 해줍니다."

② 악당을 물리쳐주나요? - 40대 이후 급격한 탈모 방지

40대 이후 빠르게 진행되는 탈모가 걱정되시나요? 이 샴푸에는 고객님의 모발을 지키기 위한 핵심성분(미녹시딜)이 2배 들어 있습니다.

'어디로 데려갈지'가 뚜렷할수록 성공 가능성이 커집니다. 광고 카피는 세련되게 바꾸더라도 말입니다. 우리가 주인공이 아니라는 사실을 잊지 마세요. 역경을 극복할 멋진 주인공은 소비자이고, 우리는 그들을 해피엔딩으로 이끄는 믿을 수 있는 가이드입니다. 주인공이 누구인지를 착각하면 소비자는 귀를 닫습니다.

"소비자의 마음을 움직이는
메시지는 단순합니다.

**'당신의 제품(서비스)은
내가 원하는 걸 이루어주거나,
악당을 물리쳐주나요?'**

소비자가 가장 궁금해하는 메시지를
단순하고 명확하게 얘기해주세요.

우리는 주인공을 구해줄
믿을 만한 가이드니까요."

은유를 사용하면
메시지가
명쾌해집니다

메타포의 힘

은유, 낯선 개념을
익숙하게 만드는 방식

은유는 두 개의 닮은꼴 찾기입니다. 익숙한 것과 낯선 것을 연결하는 것이죠. 이탈리아 출신의 세계적인 기호학자이자 소설가인 움베르토 에코Umberto Eco는 "은유란 서로 먼 관념들을 연결하고, 닮지 않은 것들에서 닮은꼴을 찾아내는 것"이라고 설명했습니다. 그림으로 표현하면 이렇습니다.

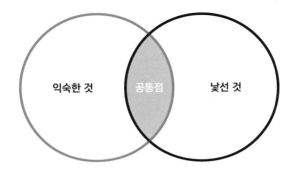

'인생은 마라톤이다'는 전형적인 은유입니다. 낯선 개념은 '인생', 익숙한 개념은 '마라톤'입니다. 누구도 확실히 설명할 수 없는 인생(낯선 것)을 설명하기 위해 우리에게 친숙한 마라톤(익숙한 것) 이미지를 연결합니다. 그러면 우리는 '그래, 인생은 마라톤처럼 힘들고 긴 경주지', '인생은 마라톤처럼 포기하지 않고 꾸준히 가야 하는 거지'라는 해석을 나름대로 하게 됩니다.

은유를 사용하면
추상적 메시지가 뚜렷해집니다

은유는 낯선 개념을 친숙하게 전달해주기 때문에 자주 활용하는 기법입니다. 다음의 예시를 보면 직접적 서술로 얘기하는 A보다 은유를 사용한 B의 메시지가 좀 더 호소력이 있다는 걸 알 수 있습니다. 은유는 원관념과 보조관념이 뚜렷이 보이는 때도 있지만 숨겨져 있기도 합니다.

A: "청년들은 지금 불공평한 기회 때문에 힘들어합니다."
B: "청년들은 지금 **기울어진 운동장**에 서 있습니다."

A: "체육계에 적극 후원을 하겠습니다."
B: "**제2의 김연아, 손흥민**을 키우겠습니다."

A: "판교에는 다양한 분야의 스타트업이 입점해 있습니다."
B: "판교는 **한국의 실리콘밸리**입니다."

은유는 소비자가 선호하는
방식입니다

소비자들은 은유를 좋아합니다. 단순하고 명쾌하기 때문입니다. 그래서 많은 기업들은 새로운 제품이나 서비스를 홍보할 때 은유를 사용해서 입지를 영리하게 선점하곤 합니다.

치약계의 에르메스 마비스 치약

예전에 직장 동료가 팀 선물로 마비스 치약을 사온 적이 있습니다. 저는 주로 마트에서 치약을 사던 터라 처음보는 브랜드였어요. 그래서 별 감흥 없이 받았는데, 옆의 동료가 감탄하는 겁니다.

"오! 이건 치약계의 에르메스잖아요? 진짜 고마워요."

그 말을 듣고 나니 갑자기 치약이 고급스러워 보이더군요. 디자인도 어딘가 달라 보이고요. 이건 누구 주지 말고 내가 써야지 생각하며 가방에 잘 넣어두었습니다.

저는 마비스라는 이름을 그날 처음 들어봤습니다. 그런데 '치약계의 에르메스'라는 은유적 메시지를 들었을 때 제품의 아이덴티티가 확 다가왔습니다. 마비스(낯선 것)는 모르지만, 에르메스(익숙한 것)는 아니까요. 마비스 치약에 에르메스의 '고급스러움', '명품', '고가', '사기 쉽지 않음' 등의 이미지가 연결돼 연상이 됐습니다. 당연히 호감도도 올라갔죠.

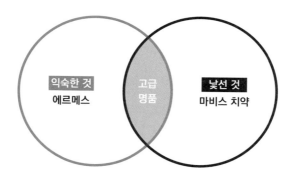

커피계의 애플 블루보틀 커피

블루보틀 커피점이 한국에 처음으로 출점했을 때 사람들은 호기심 반 기대 반으로 줄을 길게 늘어섰습니다. 한 집 걸러 한 집이 커피숍인 서울에서 어떻게 그토록 선풍적인 인기를 끌었을까요?

저는 '커피계의 애플'이라는 별칭이 크게 영향을 주었다고 생각합니다. 왠지 혁신적일 것 같고, 본질에만 집중했을 것 같고, 트렌디할 것만 같습니다. 얼리 어답터라면 누구보다 먼저 가봐야 할 것 같은 느낌이고요(저는 얼리 어답터가 아닐뿐더러 줄 서는 걸 질색해서 아예 갈 생각을 하지 않았습니다).

블루보틀 커피점은 낯선 원관념인 블루보틀을 친숙한 보조관념인 애플에 연결함으로써 엄청난 반사이익을 거뒀습니다. 만약 블루보틀을 '커피계의 월마트'라고 표현했다면 그 정도 열광을 이끌기는 어려웠겠죠.

아이팟 셔플

애플만큼 소비자를 향해 은유적 메시지를 영리하게 활용하는 기업도 흔치 않습니다. 2005년 아이팟 얘기를 안 할 수 없네요. 사실 당시의 아이팟은 황당한 제품입니다. 디자인을 위해 디스플레이 화면을 없앴으니까 말입니다. 화면 없이 버튼만 있으니 아이팟에 넣은 곡 중 원하는 걸 찾을 수가 없었습니다. 그냥 우연히 틀어지는 대로 들어야 하니 심각한 제품 결함입니다. 애플 내부에서도 반발이 대단했을 겁니다. 누가 봐도 조롱거리잖습니까.

하지만 애플은 영리하게도 단점을 전면에 내세우며 쿨한 태도를 보였습니다. 이런 은유를 사용하면서 말입니다.

Life is random

(인생은 어차피 예측 불허)

이름도 아이팟 셔플shuffle이라고 짓습니다. 셔플은 무작위로 섞는 걸 의미합니다. 대단한 배짱이죠. 고작 MP3 기계를 인생에 비유한 애플의 뻔뻔함과 자신감에 젊은 사람들은 열광했습니다. 당연히 큰 성공을 거뒀죠. 만약 애플이 세련된 은유 대신 다음과 같은 평범한 메시지로 광고했다면 어땠을까요?

Surprise! what's the next song?

(짜잔! 다음 곡이 뭐게요?)

아마 들고 다니기 부끄러웠을 겁니다.

"상대방이 이해하기 어려운
제품이나 서비스를 설명할 때는
은유를 사용하세요.

구구절절한 설명보다
상대방의 머리에
더 확실하게 꽂힙니다.

말하는 사람이
재치 있어 보이는 건
물론이고요."

소비자는
낯선 익숙함을
선호합니다

20%의 새로움

소비자가 좋아하는 방식은
'낯선 익숙함'입니다

사람들은 새로움에 열광하는 것처럼 보이지만 실상은 순도 100% 새로움에는 냉정합니다. 이질적이라 거부감이 먼저 들기 때문입니다. 가장 선호하는 것은 '낯선 익숙함' 또는 '익숙한 낯섦'입니다. 이미 익숙한 제품, 서비스, 비즈니스 모델이지만 20% 수준의 새로움이 더해질 때 호감도가 상승하면서 마음이 움직입니다. 소비자의 호감에 민감한 영화 산업을 보면 이 경향이 두드러집니다.

① 이미 친숙한 상황을 낯설게 바꾸기

- 셰익스피어의 '햄릿'을 동물 버전으로 바꾸면? - 〈라이온 킹〉
- '잠자는 숲속의 공주' 이야기 속 마녀가 사실은 악당이 아니라면? - 〈말레피센트〉
- 친숙한 히어로들이 팀으로 움직인다면? - 〈어벤져스〉

② 익숙한 영웅 스토리에서 변화의 계기를 바꾸기

'평범한 존재가 어떤 계기를 만나 영웅으로 성장한다.'

- 어떤 계기가 '초능력'이라면? - 〈스파이더맨〉, 〈플래시〉 등
- 어떤 계기가 '존재'라면? - 〈킹스맨〉, 〈드래곤 길들이기〉 등
- 어떤 계기가 '사건'이라면? - 〈반지의 제왕〉, 〈해리포터〉 등

좋은 아이디어는 조금 낯설게 말하기부터
시작하세요

식품 회사에 다니는 문 과장은 겨울이 싫습니다. 담당 분야가 아이스크림인데, 겨울만 되면 매출이 급감하거든요. 추워서 손이 꽁꽁 어는 계절에 누가 아이스크림을 먹으려고 하겠어요. 경영진도

이 사실을 모를 리 없건만 좋은 방법을 생각해내라고 채근입니다. 광고를 늘리고, 판촉 프로모션을 할 수도 있겠지만 효과가 그다지 크지는 않을 것 같아 걱정입니다.

앞서 소비자의 마음을 사로잡는 방법 중 하나가 '낯선 익숙함'이라고 말씀드렸죠. 고민에 빠진 문 과장님께 상황을 낯설게 만드는 질문을 해보겠습니다.

"아이스크림을 겨울에 따뜻하게 먹을 수는 없을까요?"

'아이스크림은 겨울에 안 팔린다. 겨울에는 따뜻한 걸 선호하지 차가운 걸 먹고 싶어 하지 않기 때문이다'가 문제라면, 아이스크림을 따뜻하게 먹으면 해결될 일입니다.

낯설게 말하고 나면
방법이 보입니다

문 과장은 '아이스크림을 겨울에 따뜻하게 먹는다'라는 질문으로 고민에 빠졌습니다. 아이스크림을 따뜻하게 먹는다는 게 도무지 이해가 되지 않으니까요. 탕비실에서 커피를 마시며 한숨을 쉬고 있으려니 인턴사원이 다가옵니다. 문 과장은 혹시나 하는 심정으로 물어봅니다.

"혜정 씨, 혹시 아이스크림을 따뜻하게 먹는 법 알아요?"
"네? 아뇨. 한 번도 그렇게 안 먹어봤는데요."
"그렇지? 차갑고 달다는 게 아이스크림의 특징이니 말이야."

고개를 끄덕이며 나가려는 문 과장을 향해 인턴이 덧붙입니다.

"단거라면, 코코아는 달아도 따뜻하게 마시잖아요. 그리고 요즘 뜨거운 고구마에 바닐라 아이스크림 얹어 먹는 것도 유행이에요."

그렇습니다. 아이스크림처럼 달콤한 디저트를 따뜻하게 먹는 방법은 이미 있었습니다. 게다가 따뜻하게 먹는다는 것이 꼭 아이스크림 온도만을 이야기하는 게 아닙니다. 상황도 포함이죠. 이 기준을 적용하면, 소비자에게 익숙한 아이스크림을 겨울에 따뜻하게 먹는 방법으로는 크게 세 가지가 있습니다.

첫째, 아이스크림 자체를 따뜻하게 먹는 방법입니다. 투게더, 월드콘 등의 인기 아이스크림을 파우더로 만들어 코코아나 화이트 초콜릿처럼 타 먹는 겁니다. 맛있게만 만든다면 낯선 신제품을 출시하는 것보다 초기 입소문 효과가 훨씬 클 겁니다.

둘째, 아이스크림을 따뜻한 음식과 함께 먹으면 됩니다. 차가운 아이스크림에 뜨거운 에스프레소를 올려 먹거나 고구마, 와플 등과 함께 먹는 거죠. 다양한 레시피가 폭발적으로 공유돼 유행이 될 수 있도록 마케팅을 해야겠네요.

셋째, 아이스크림을 따뜻한 상황과 함께 먹습니다. 아무리 겨울이라도 찜질방에서 땀을 쭉 빼고 난 다음에는 식혜 같은 차가운 음료를 찾으니까요. 땀을 흘리는 순간들을 고민해보면 기존에 없던 시장과 소비자가 보일 겁니다.

───── 겨울철 아이스크림 매출 하락을 어떻게 하지? ─────

따뜻하게 먹을 아이스크림을 만들자

자체를 따뜻하게	따뜻한 음식과 함께	따뜻한 상황과 함께
따뜻하게 타 먹는 가루형 아이스크림	아이스크림을 뜨거운 음식의 토핑으로	땀 흘린 이후 기분 전환을 위해
기존 모델: 코코아	기존 모델: 커피 + 아이스크림, 고구마 + 아이스크림, 와플 + 아이스크림 등	기존 모델: 목욕 이후 바나나 우유, 찜질방의 식혜

"소비자가 원하는 창의적인 아이디어는
대단히 새로운 게 아닙니다.

**익숙함에 낯선 요소를
살짝 넣은 방식**이 대부분입니다.

아이디어를 꺼내야 할 때는
상황을 낯설게 바꿔서
다시 한번 물어봅시다.
이렇게 말이죠.

아이스크림을 따뜻하게 먹으려면
어떻게 해야 할까요?"

Part Ⅱ

단순하게, 설득하다

"논리와 감성으로 상대방의 마음을 어떻게 사로잡지?"

"세상에서 두 번째로 어려운 일은
'남의 지갑에서 돈을 빼 오는 일'이다.
세상에서 가장 어려운 일은
'남의 머릿속에 내 생각을 넣는 일'이다."

– 중국 속담

설득^{說得},

말로써 원하는 걸
얻는 능력

일상의 언어 vs.
일의 언어

일의 언어는 일상의 언어와 다릅니다. 둘을 구분하는 중요한 기준
은 '선택이 필요한가?'입니다. 일상의 대화는 선택 없이도 대부분
자연스럽게 흘러가요.

> "나는 잼 중에 복숭아잼이 제일 좋아"
> "아, 그렇구나. 몇 번 먹어본 적이 있는데, 맛있었던 것 같아. 내가
> 제일 좋아하는 잼은 딸기잼이야."

두 명은 각자의 생각을 양보할 필요가 없습니다. 어떤 잼이 영양학적으로 더 유익한지 토론할 필요도 없어요. 한 친구는 복숭아잼을, 또 다른 친구는 딸기잼을 좋아하는 것뿐이니까요. 아무런 갈등 없이 대화가 소소하고 즐겁게 이어집니다.

　하지만 일의 언어는 다릅니다. '선택'이 꼬리표처럼 따라옵니다. 회사 예산 1억 원을 두고 마케팅팀과 생산팀이 논쟁하는 모습을 떠올려보시기 바랍니다.

　　마케팅팀: 신제품 홍보에 1억 원을 써야 한다고 생각해요.

　　생산팀: 노후화된 생산설비 교체에 써야 한다고 생각합니다.

　"아, 당신 생각은 그렇군요. 존중합니다"라며 훈훈하게 끝낼 수가 없습니다. 한정된 자원을 두고 두 개의 주장이 치열하게 맞서니까요. 결정권자는 각자의 주장을 듣고 판단해야 합니다. 조선시대 황희 정승처럼 허허 웃으며 "듣고 보니 자네 말도 맞네"라고만 한다면 회사가 제대로 굴러가겠습니까.

　일하는 사람은 어쨌거나 늘 선택을 해야 합니다. 오늘의 신제품 광고 카피, 이번 달 영업 전략, 올해 채용 계획까지 정보를 가지고 판단해서 선택해야 하는 일들이 책상 위에 수두룩하니까요.

일하는 사람이라면 왜 나의 주장이 우리 모두에게
더 좋은 선택인지 설득하는 법을 배워야 합니다.

단순한 세 가지 법칙:
파토스, 로고스, 에토스

우리는 거대한 우주의 행성 같은 존재입니다. 자기만의 중력을 가
지고 있죠. 작은 힘만 들여도 내 의견에 동조하는 사람도 있지만,
대부분 사람은 웬만한 힘엔 꿈쩍도 하지 않습니다. 그러니 상대방
을 움직이려면 내 주장이 매력적이어야 합니다. 우주선이 지구에
서 우주로 나가려면 중력과 대기권 마찰을 이길 만큼의 힘을 가지
고 있어야 하는 것처럼 말입니다.

　설득, 즉 상대방의 마음을 움직여 고개를 끄덕이게 하는 건 쉽
지 않은 일이지만 규칙은 의외로 단순합니다. 상대방이 얘기를 들
으면서 떠올리는 세 가지 질문에 잘 대답하면 됩니다.

'이 사람이 얘기하는 내용이 나에게 도움이 되는 건가?'
'믿을 만한 근거가 있나?'

'내가 믿어도 되는 사람일까?'

이 질문은 아리스토텔레스의 수사학^{rhetoric}을 응용한 것입니다. 아리스토텔레스는 상대방을 설득하기 위한 세 가지 요소로 파토스^{Pathos}, 로고스^{Logos}, 에토스^{Ethos}를 들었습니다.

첫째, 감정을 뜻하는 '파토스'입니다. 상대방의 입장과 마음을 헤아려서 얘기해야 한다는 뜻입니다. 예를 들어, 최 대리는 팀 예산으로 탕비실에 커피머신을 들여놓고 싶어 합니다. 언제 이야기하는 것이 좋을까요? 적어도 팀장이 사업 예산 초과로 사장에게 한 시간 동안 혼난 다음이라면 얘기하지 않는 게 현명합니다. 괜히 불똥이 튈 수 있으니까 말이죠.

둘째, 이성을 뜻하는 '로고스'입니다. 설득에는 이성적인 논리가 있어야 한다는 뜻입니다. 상대방을 설득하기 위해서는 누가 들어도 고개가 끄덕여지는 좋은 근거를 제시해야 합니다.

셋째, 성품 및 매력을 뜻하는 '에토스'입니다. 상대방을 설득하려면 말하는 사람이 신뢰할 만해야 한다는 의미입니다. '저 사람이 말하는 건 회사에 늘 도움이 돼'라고 신뢰받는 사람이라면 논리가 좀 빈약하고 듣는 사람의 기분이 나쁘더라도 수월하게 통과될 가능성이 큽니다.

이 세 가지를 조합한 아리스토텔레스의 조언은 이렇습니다.

"상대방의 입장과 감정(파토스)을 잘 관찰하여,
좋은 논리(로고스)를 갖고 주장해야 한다.
그리고 무엇보다 말하는 사람이
신뢰할 만하다는 믿음(에토스)을 주어야 한다."

'어떻게 상대방 입장에서 얘기하지?'
'어떤 근거를 들어야 마음이 움직일까? 근거를 어디서 찾지?'
'왜 내가 말하면 통과되지 않지? 똑같은 걸 저 사람이 말하면 들어주면서 말이야.'

상사를, 클라이언트를, 고객을 설득하기 위해 애써보신 분들이라면 모두 이런 막막함을 느껴본 적이 있으실 겁니다. Part Ⅱ가 그 답답함을 해결하는 데 도움이 되면 좋겠습니다.

4장 **파토스의 언어**

언제나 상대방이 이야기의 주인공이 되게 하다

"상대방 일을 화제로 삼는다면
상대는 몇 시간도 귀 기울여줄 것이다."

― 벤저민 디즈데일리Benjamin Disraeli, 영국의 전설적인 정치가, 문인

설득의 주인공은
첫째도 둘째도
상대방입니다

설득의 베이스캠프

설득은 내가 하고 싶은 말을

실컷 하는 게 아닙니다

한때 오디션 프로그램이 우후죽순처럼 쏟아져 나왔습니다. 방송을 보다 보면 이런 식의 얘기를 하는 출연자가 간혹 있습니다.

"결과는 상관없습니다. 충분히 즐기면서, 최선을 다해 저 자신을 보여드렸기 때문에 후회 없어요. 떨어져도 만족해요."

멋진 삶의 태도입니다. 여기서 떨어지면 인생이 끝나는 것처럼 안달복달하는 것보다 훨씬 보기 좋습니다. 개복치처럼 쫄보인 저는 이런 사람을 무척이나 좋아합니다. 어차피 대중의 인기는 조바심을 친다고 얻어지는 것도 아닌걸요.

하지만 상대방을 설득하는 비즈니스에서 이런 태도는 곤란합니다. 설득의 주인공은 우리가 아니라 상대방이기 때문입니다. 상대방이 관심도 없는 우리 회사의 장점, 유망한 미래, 제품의 우수성을 실컷 얘기한 후 '후유. 저는 최선을 다했어요. 후회 없어요'라는 식의 쿨한 태도를 보이면 안 됩니다.

예전에 어마어마한 발명품을 만들었다거나 놀라운 사업 모델을 개발했다고 주장하시는 분들을 만난 적이 있습니다. 정성스러운 편지를 받기도 했습니다. 요지는 투자해달라는 제안이었는데, 그들이 설득하는 방식은 하나같이 이런 식이었습니다.

> "정말 훌륭한 사업 모델입니다. 회사를 그만두고 10년 동안 이것만 연구했거든요. 예전에 종로에 빌딩도 갖고 있었는데, 개발을 위해 모두 투자했어요. 저는 정말 이 사업에 소명 의식을 가지고 있습니다."

10년 동안 사업에 매달리고 빌딩까지 팔았다는 이야기는 투자자에게 아무런 정보도 아닙니다. 유감스럽게도 저는 그분의 인생이 전혀 궁금하지 않습니다. 그래서 지루하게 이어지는 얘기를 끊고 생산 현황, 계약 실적 등을 물어봅니다. 그러면 대부분 우물 쭈물하다가 어느 CEO에게 설명했더니 너무 좋은 모델이라고 했다, 지역 국회의원도 큰 관심을 보였다 같은 설명을 서둘러 덧붙입니다.

그쯤 되면 저는 상냥하게 웃으며 그분의 인생을 격려하고 회의를 마칩니다. 약간의 응원을 포함해서요. 하지만 제안서는 바로 버립니다. 그분에게는 죄송하지만 그런 식의 설득 방식이라면 발이 부르트고 입에서 단내가 나도록 투자자를 찾아다녀도 원하는 결과를 얻을 수 없을 겁니다.

상대방은 자신에게 도움 되는 정보에만
관심이 있습니다

상대방을 설득하는 미팅을 비장하게 준비할 때 이 용어를 꼭 기억하시기 바랍니다. 앞에서도 설명한 바 있는 '인지적 구두쇠'라는 개념입니다. 한마디로, 인간은 골치 아프게 머리 쓰는 걸 무척 싫어한다는 의미입니다. 연구 자료를 찾아볼 것도 없습니다. 우리가 바로 그렇지 않습니까? 하여간 복잡하게 말하면 딱 질색입니다.

뇌는 수많은 자극과 정보를 처리하기 때문에 선택적 인지는 합리적인 행동입니다. 모든 정보를 주의 깊게 처리하다간 뇌가 과부하로 터져 버릴 테니까요. 만약 바스락 소리만 나도 '날 부르는 건가?'라며 둘러본다면, 일주일도 못 되어 신경쇠약에 걸릴 겁니다.

우리의 뇌는 '자신에게 중요한 정보'에만 집중하도록 최적화되어 있습니다. 그래서 제안을 들으면 이런 흐름으로 반응합니다.

'나와 관련된 내용인가?'
'나에게 도움이 되나?'
'제안이 신뢰할 만한가?'

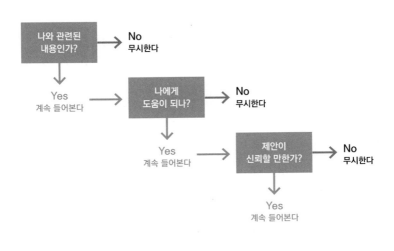

첫 번째 관문은 '나와 관련된 내용인가?'입니다. 여기를 넘지 못하면 상대방은 아예 뇌를 닫아놓습니다. 귀로는 들어도 다 쓸모없는 정보로 처리하는 중입니다. 전화가 걸려와 "고객님, 안녕하세요?"라는 밝은 목소리로 시작한 뒤 '정말 좋은 정보'를 준다고 할 때, "죄송합니다. 바빠서요"라며 바로 전화를 끊어버리는 상황을 생각하시면 됩니다.

두 번째는 '나에게 도움이 되나?'입니다. 여기서 승부가 납니다. 영리하게 기회를 움켜쥐는 사람은 자신의 제안이 상대방에게 얼마나 도움이 되는지를 설득력 있게 말하는 사람입니다.

첫 번째와 두 번째 관문을 넘어야 '제안이 신뢰할 만한가?' 단계로 가게 됩니다. 그제야 회사와 브랜드, CEO의 평판, 제품 우수성 등을 살펴봅니다.

설득하는 대화의 주인공은
첫째도, 둘째도 상대방

상대방을 설득하려고 할 때 첫째도, 둘째도 반드시 기억해야 할 대화 규칙은 '상대방' 위주로 화제를 구성해야 한다는 겁니다. 바이어에게 제품을 설명할 때, 투자자에게 사업을 소개할 때, 취업 시장에서 어필할 때, 우리는 자신의 장점을 하나라도 빼먹을까 봐

노심초사합니다. 속사포처럼 빠른 말투로 장점들을 들이밉니다. 상대방의 표정이 안 좋을수록 정보를 더 꾸역꾸역 밀어 넣습니다.

하지만 첫 번째 단계인 '나와 관련된 내용인가?'조차 통과하지 못하기 때문에 상대방은 심드렁한 표정으로 카탈로그를 뒤적거릴 뿐입니다. 머릿속에서는 모두 '쓸데없는 정보'로 처리하고 있죠.

> "이 제품은 가격 대비 질이 정말 우수합니다. 고객님께는 특별히 30% 할인가로 드리겠습니다."
>
> "저는 이 사업에 인생을 걸었습니다."

미안합니다. 우수한 제품은 세상에 널렸고, 당신이 인생을 걸었다는 사실은 부담스럽기만 하군요.

상대방 위주로 대화를 구성하려면 하고 싶은 말 중 많은 것을 버려야 합니다. 자랑거리가 백 개 있어도 상대방에게 중요한 부분이 세 개뿐이라면 속이 쓰리더라도 아흔일곱 개는 버리는 게 맞습니다. '아, 이 사실은 꼭 자랑해야 하는데'라며 속이 탄다면, 다음번 회의에서 하시면 됩니다. 버리기 아까운 그 장점들 때문에 오히려 상대방이 궁금해하는 메시지가 묻힙니다. 지금은 어떻게 하면 세 개를 잘 어필할까를 고민해야 합니다.

자, 그러면 상대방 위주로 화제를 구성하는 설득의 예시를 보여 드리겠습니다.

박 매니저는 고객의 구매 패턴을 빅데이터로 분석해주는 소프트웨어 회사의 세일즈 매니저입니다. P 유통 회사의 고 상무에게 소프트웨어 구매를 제안하려고 합니다.

"요즘 고 상무님께서 고객 분석에 고민이 많으시다는 얘기를 들었습니다.(1단계: 나와 관련된 주제인가?) 동남아와 유럽까지 진출하신다고요. 그런데 현지 고객 분석은 어떻게 하실 계획인가요?"

"현지 에이전시와 계약을 맺는 방식으로 해야겠지요. 아직 구체적으로 확정된 건 없습니다."

"고 상무님도 잘 아시겠지만, 기존에는 현지 에이전시에 위탁하는 방식이 일반적이었습니다. 하지만 요즘은 바뀌었습니다."

"그래요? 왜죠?"

"이제는 고객 분석을 자동으로 해주는 소프트웨어가 있으니까요. 현지 에이전시에 의뢰하면 일주일에 한 번 리포트를 받을 뿐이지만, 이 프로그램을 통해서는 실시간으로 구매 현황을 볼 수 있을 뿐 아니라 설정값을 입력하면 고객 성향을 분석해서 정보를 바로 출력할 수 있습니다.(2단계: 나에게 도움 되는 정보인가? ① 신속한 정보) 게다가 비용은 현지 에이전시에 내는 비용의 5% 정도밖에 안됩니다.(2단계: 나에게 도움 되는 정보인가? ② 비용 절감) 상무님 회사가 최근 오프라인 매장에도 공격적으로 투자하면서 비용 지출이 늘다 보니, 이런 비용을 줄이는 데 큰 관심이 있다고 들었습니다.

내부에 보고하시면 크게 주목받을 수 있을 겁니다.(2단계: 나에게 도움 되는 정보인가? ③ 내부 어필 기회)"

"그 소프트웨어라는 게 믿을 만한 건가요? 사실 그런 쪽에 좀 익숙지 못해서 말이죠."

"그럼요. 세계적 기업인 M사나 E사에서는 2년 전부터 저희 제품을 사용하고 있습니다.(3단계: 제안이 신뢰할 만한가?)"

"M사와 E사가요?"

"네. 상무님 시간 괜찮으시면 제가 프로그램을 시연해드리고 싶은데 어떠세요?"

"그래요. 어디 좀 봅시다. 아니, 아니지. 나만 볼 게 아니라 우리 담당 팀장도 같이 보는 게 좋겠어요. 우리 팀장에게 박 매니저 연락처를 알려줄 테니 회의 날짜를 다시 잡아주세요."

박 매니저는 철저하게 P 상무가 궁금해할 사항 위주로 설득 내용을 구성했습니다. 자기 얘기를 하는데 집중하지 않을 사람이 있겠습니까? 아무리 바빠도 말입니다. 엄밀히 말하면 상대방이 너무 바빠서 내 말을 들을 수 없는 경우는 극히 드뭅니다. 자신과 관련 없는 얘기에 굳이 시간을 나눠줄 이유가 없어서 안 듣는 겁니다.

"내가 길게 얘기할수록
상대방은 귀를 닫습니다.

내가 얼마나 훌륭한지가 아니라
상대방에게 무엇이 도움이 될지
얘기하세요.

그 외의 정보는 버려야 합니다.
아깝고 속이 쓰리더라도요.

상대방은 자신과 관련된 얘기에만
관심을 보이거든요."

상대방을
바꾸려고 하지 말고
같은 편에 섭시다

in-group vs. out-group

같은 편에게는 신뢰를,
다른 편에게는 불신과 경계를

C 임원은 일도 잘하고 직원들 사이에서도 평판이 좋았습니다. 승승장구하며 승진하던 도중 어떤 계기로 한직으로 밀려났는데 개인적으로 제가 좋아하는 분이어서 안타까웠어요. 그분이 밀려날 때 경영진은 이런 의미심장한 말을 했습니다.

"그 친구는 직원들 편이야. 회사 생각보다는."

당시 CEO는 직원 복지에 누구보다 적극적인 편이었기 때문에 저는 이 말을 듣고 의아했습니다. 하지만 나중에 C 임원이 회의에서 얘기하는 방식을 보고 무슨 뜻인지 알게 됐습니다. 직원들 편에 서서 경영진이나 다른 임원들을 대상으로 설득하고 계시더라고요. 경영진이나 임원들을 공략해야 하는 성벽처럼 대하면서 말입니다. 그제야 그 CEO의 말이 이해되더군요.

사회심리학 용어 중에 인그룹in-group과 아웃그룹out-group이라는 개념이 있습니다. 우리 편은 인그룹, 남의 편은 아웃그룹입니다. 얼핏 보면 차별과 편향이 가득해 보이지만 누가 우리 편인지 판단하는 것은 생존하는 데 필수적인 능력입니다. 갓난아기조차 호의를 가진 사람을 기가 막히게 알아봅니다. 자라면서도 "모르는 사람 따라가면 안 돼"라는, 아웃그룹을 경계하는 법을 충실히 배웁니다. 이 경향은 본능과 학습을 통해 이중으로 깊이 자리 잡고 있기에 웬만해서는 변하지 않습니다.

우리는 인그룹에게는 신뢰와 공감을, 아웃그룹에게는 경계를 보입니다. 그러니 상대방을 설득할 때는 우리가 인그룹, 즉 같은 편이라는 인식을 줘야 합니다. 상대방에게 아웃그룹으로 분류되면 어떤 얘기를 해도 설득력이 없습니다. 상대방은 귀를 닫고 객관적 근거조차 의심의 눈으로 쳐다봅니다. '분명히 좋은 숫자만 뽑아서 가져오는 체리피킹cherry picking을 했거나, 조사 질문을 조작했겠지'라고 생각합니다. 무슨 얘기를 해도 먹히지 않는 상태가 되는 겁니다.

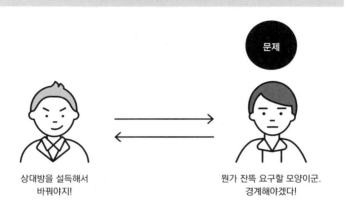

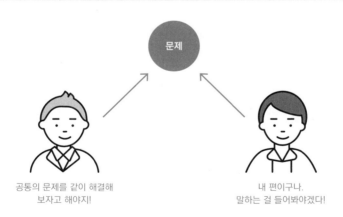

우리는 설득하는 상대방을
다른 편처럼 대합니다

어렵고 까다로운 상대를 설득해야 할수록 기억하시기 바랍니다. 상대방 편에 서세요. 상대방을 공략해야 하는 성벽처럼 취급하면 원하는 걸 절대 얻어낼 수 없습니다. 그런데 안타깝게도 많은 사람이 정확하게 반대로 하고 있습니다. 전형적인 모습을 보여드리겠습니다.

사례: 신제품 출시를 앞두고 팀 예산을 30% 삭감해야 하는 영업팀

강 팀장은 지금 재무팀 공지를 보고 무척 화가 나서 달려가고 있습니다. 팀 예산을 30%나 삭감하라는 공지가 왔거든요. 안 그래도 부족한 예산으로 고생하는데 말도 안 되는 소립니다. 강 팀장은 잔뜩 흥분한 얼굴로 재무팀 최 부장에게 항의합니다.

"부장님. 갑자기 예산을 30%나 줄이는 게 말이 됩니까?"

"위에서 지시한 사항이야. 알다시피 올해 우리 회사 영업이익률이 절반으로 곤두박질쳤잖아. 위기 상황이라고. 그래서 모든 부서의 운영비를 30% 삭감하기로 했어."

"그러면 쓸데없는 비용을 줄여야지 영업비용을 삭감하면 어떻게 **합니까? 이런 식으로 처리하는 거 위에서는 알고 계세요? 이렇게 생**

각 없이 30% 일괄적으로 삭감하는 걸 아시냐고요."

"하⋯. 왜 나한테 그래?"

"아니, 재무팀에서 위에 강력하게 말해야지, 무 자르듯이 일괄 30% 삭감이 무슨 경우예요? 다음 달에 신제품 출시하는 것 알면서 하시는 말씀이에요?"

"나라고 좋아서 이러는 줄 알아? 불만 있으면 사장한테 직접 항의하라고! 안 그래도 경영진이 우리 재무팀만 매일같이 볶아대는데 강 팀장까지 짜증 나게, 진짜."

저런! 보이시죠? 강 팀장은 대화 속에서 자신들은 피해자, 최 부장을 '현업 부서 고생은 신경도 안 쓰고, 생각도 없이 위에서 시키는 대로 직원들을 괴롭히는 사람'으로 포지셔닝했습니다. 최 부장역시 자기를 '다른 편' 특히 '악당'으로 취급한 강 팀장에게 까칠하게 굽니다. 강 팀장은 원하는 것을 얻기는커녕 미운털이 박히고 말았습니다. 앞으로 영업팀 경비 처리는 더 힘들어지겠네요.

갈등 상황일수록 오히려
상대방과 같은 편이 되세요

원하는 걸 얻으려면 상대방과 같은 편이 되어야 합니다. 재무팀으로 달려가기 전에 최 부장의 처지를 잠깐 생각해봅시다. 예산 30% 삭감을 전달하는 사람은 뭐가 좋겠습니까? 위에서 시키니까 거센 항의와 비난을 꾹 참으면서 하는 거죠. 같은 월급쟁이 처지에서 짐작할 수 있는 짠한 마음을 갖고 얘기를 시작합시다.

"최 부장님, 부서 예산을 30% 삭감한다고 들었습니다. 너무 놀랐어요. **재무팀도 비상이겠네요. 회사 상황이 그렇게 안 좋은가요?(같은 편 강조 ①)**"

"후유…, 말도 마. 올해 영업이익률이 절반으로 곤두박질쳤잖아. 위기 상황이라고. 그래서 모든 부서의 운영비를 30% 삭감하라고 위에서 난리야."

"부서들 반발이 만만치 않겠네요. 괜찮으세요? **경영진 등쌀에, 직원들 항의에, 진짜 고생 많으시겠네요.(같은 편 강조 ②)**"

다른 동료들의 거센 항의 때문에 마음이 상했던 최 부장은 강 팀장의 이야기에 얼굴이 조금 누그러져서 대답합니다.

"강 팀장, 진짜 말도 마. 어찌나 들볶는지 요즘 같아서는 사표 내고 싶은 마음이 하루에도 몇 번이나 올라온다고. 진짜 치사하고 더러워서 말이야. 직원들은 나만 원망하고."

"아이고, 그렇다고 그만두시면 저희는 어떡합니까. 너무 걱정하

지 마세요. **저희 부서 예산 절감 계획서는 잘 작성해볼게요. 다른 팀**
장들한테도 제가 잘 얘기하고요. (같은 편 강조 ③) ”

“그래, 고마워.”

기존과 차이가 보이시나요? 강 팀장은 계속해서 최 부장과 자
기가 같은 편이라는 사실을 언급하고 있습니다. 재무팀 최 부장의
얼굴이 부드럽게 풀립니다. 이때 강 팀장은 요구 사항을 조심스럽
게 얘기합니다.

“그런데 아시다시피 다음 달에 신제품이 나오는데, 출시 두 달 동
안은 영업을 집중적으로 해야 하거든요. 그래서 **혹시 이번 3/4분**
기는 기존 예산대로 하고, 4/4분기는 허리띠를 졸라매서 60% 삭감하
면 어떨까요? 그럼 전체로는 30%가 되거든요. (요구 사항) 곤란하시
면 제가 본부장님께 한번 말씀드려볼까요?”

“아냐. 괜찮을 것 같아. 신제품 출시하면 영업비용 드는 건 다 아
는 사실인데 뭐. 그리고 4/4분기에 예산 여유가 좀 생길 것 같은
데 그때 좀 챙겨줄게. 60%나 깎아서 어떻게 일하려고.”

“이해해주셔서 진짜 감사해요. 바쁘실 테니 시간 그만 뺏을게요.
예산 계획안은 얼른 작성해서 내겠습니다.”

“그래그래. 고마워. 나중에 끝나면 밥이나 한번 먹자고.”

강 팀장은 신제품 출시하는 3/4분기 예산은 그대로 두고, 영업 비용이 크게 필요하지 않은 4/4분기 예산을 줄이는 방식으로 원하는 것을 얻어냅니다. 게다가 최 부장은 예산에 여유가 생기면 영업팀부터 챙겨주겠다고 약속했습니다. 당연한 호의입니다. 왜냐하면, 강 팀장은 자신과 같은 편이니까요. 같은 편끼리는 원래 서로 도와야 하는 법입니다.

"상대방은 공략해야 하는
대상이 아닙니다.
우리가 그런 태도를 보이는 순간
상대방은 100% 알아차립니다.
그리고 경계 태세로 들어가죠.

우리는 상대방과 한 편입니다.
공통의 악당을 해결해야 하는 동지죠.

설득의 성패는
**우리가 같은 편임을 얼마나 잘
보여주느냐**에 달려 있습니다."

상대방이
승자처럼 보이도록
이야기합니다

눈에는 눈, 호의에는 호의

이기는 대화라는 건 없습니다,

적어도 일터에서는

강 연구원은 바이오제약 회사에서 연구개발을 맡고 있습니다. 지금은 부사장이 주재하는 A 신약 T/F 점검 회의 중인데, 아까부터 짜증이 나는 걸 간신히 참고 있습니다. 마케팅팀의 민 차장이 또 말도 안 되는 소리를 하고 있거든요. 무식한 소리를 저렇게 자신 있게 늘어놓는 것도 능력이다 싶습니다. A 제품의 임상시험을 성공리에 마쳤으니 당장 내년 3월에 출시해야 한다는 주장입니다. 그때가 마케팅 관점에서 신제품을 내놓기 가장 좋다면서요. 끝낼 기미가 보이지 않자 강 연구원은 자기라도 나서야겠다 싶어서 입을 열었습니다.

"내년 3월에 제품 출시하자는 말씀이신가요? 모든 과정이 오차 없이 완벽하게 진행된다고 해도 객관적으로 불가능합니다."

"좀 바짝 노력하면 되는 것 아닐까요? 프로젝트에 인원도 더 투입하고, 일시적이지만 근무 시간도 늘리면 기간을 30% 정도는 단축할 수 있습니다. 예전 회사에서도 담당자들이 무조건 안 된다고 하는 걸 제가 설득해서 결국 성공…."

"민 차장님은 **바이오제약에 대한 이해가 부족**하신 것 같습니다. 예전 회사는 제조업이니 단순 투입을 늘려서 기간을 단축하는 게 가능했을 수도 있죠. 하지만 바이오제약 분야는 다릅니다. 실험에 맞는 배양 기간이 필요하고, 임의로 단축하면 허가에 문제가 생깁니다. 게다가 승인 허가 심사는 내년 2월이고, 적어도 2개월 이상 걸립니다. 그러니 3월 출시가 안 되는 일이라는 건 아시겠지요. 이제 다른 주제로 넘어가시는 게 어떨까요?"

얼굴이 벌게진 민 차장은 입을 다뭅니다. 강 연구원은 진즉 얘기할 걸 그랬다며 속으로 피식 웃습니다. 가슴이 후련하네요. 제대로 알지도 못하면서 입만 가벼운 사람은 딱 질색입니다.

상대방을 패자로 만드는 대화는
대가가 매우 비쌉니다

상호호혜성^{reciprocity} 원칙이라는 게 있습니다. 상대방에게 호의를 받으면 그만큼 돌려줘야 한다는 사회적 규범입니다. 공동체 유지를 위해 필수적인 이 규범은 너무나 강력해서 마음 약한 사람들은 이 마케팅의 희생양이 되기도 합니다. 길 가다 환경보호단체 어린이들이 북극곰 배지 같은 굿즈를 선물로 주면 기부함에 얼마라도 넣습니다. 안 그러면 마음이 불편해지니까요.

그런데 이 상호호혜성의 기본 원리는 반대의 경우에도 똑같이 작용합니다. '눈에는 눈, 이에는 이^{Tit for Tat}' 원칙에 따라 누군가가 못되게 대하면 어떤 식으로든 갚아주고 싶어집니다. 그의 면상에 복수의 펀치를 날리기 전까지는 도무지 편히 잘 수가 없죠.

이 관점에서 강 연구원의 말을 다시 생각해보겠습니다. 강 연구원이 승자일까요? 글쎄요. 객관적으로는 맞을지 몰라도 한 사람을 적으로 만드는 나쁜 대화법을 사용했습니다. 아마 민 차장은 제조업에서 바이오제약으로 최근 이직했기 때문에 적극적으로 일하는 모습을 보여주고 싶었을 겁니다. 그런데 강 연구원은 민 차장을

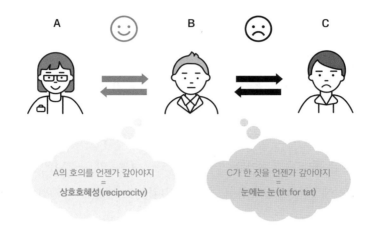

A의 호의를 언젠가 갚아야지
=
상호호혜성(reciprocity)

C가 한 짓을 언젠가 갚아야지
=
눈에는 눈(tit for tat)

'업계에 관한 기초적인 지식도 없는 무식한 사람'으로 만들었습니다. 그것도 민 차장이 잘 보이고 싶어 하는 사람들이 잔뜩 모여 있는 회의 석상에서요. 앙심을 품으리라는 건 짐작할 수 있겠죠.

모 지식인은 예전 정치인 시절 "저토록 옳은 얘기를 저토록 싸가지 없이 말하는 법은 어디서 배웠을까?"라는 비판을 들었습니다. 유명한 일화예요. 아군과 적군으로 진영이 분명히 나뉜 정치판에서도 공격적인 태도는 약점이 되는데, 계속 얼굴을 봐야 하는 일의 관계에서는 어떻겠습니까.

상대방을 승자로:
진짜 원하는 걸 찾아 제안하세요

강 연구원이 원하는 목적지는 민 차장을 망신시키는 게 아니라 3월 출시 주장을 멈추도록 설득하는 겁니다. 그러면 민 차장이 원하는 건 뭘까요? 무조건 3월 출시일까요? 아닙니다. 진짜 원하는 건 '자신의 존재감을 보여주는 것'입니다. 다른 조직에서 이직해 온 지 얼마 안 됐다고 했잖아요. 그런데 강 연구원은 "민 차장님은 바이오제약에 이해가 부족하신 것 같습니다"라고 말했으니 분위기가 싸했을 겁니다.

거절을 얘기할 때는 더더욱 상대방의 마음을 배려해야 합니다. 강 연구원은 상대방의 말을 부드럽게 긍정하며 시작했어야 해요.

> "마케팅팀의 의견 잘 들었습니다. 3월이 홍보에 가장 효과적이군요.(**상대방의 말 긍정**) 그런데 아쉽게도 정부 심사가 내년 2월에 있고, 심사 기간만 해도 2개월이 걸리니 3월 출시는 불가능합니다.(**거절의 이유 설명**)"

어쨌든 거절을 한 상태이니 민 차장은 얼굴이 화끈거리겠죠. 그때 이렇게 덧붙이는 겁니다.

"하지만 3월이 홍보에 적기라고 하니 아깝네요. 좋은 정보입니다. 그렇다면 기존 제품을 전략적으로 리패키징해서 마케팅하는 방법도 있을 것 같은데, 양 팀이 따로 모여서 좋은 방법들을 생각해 내면 좋겠습니다. 일단 지금은 다음 안건으로 넘어가시죠."

3월에 홍보가 적기라는 민 차장의 마케팅 지식을 인정하면서 대안을 제안했습니다. 그리고 자연스럽게 안건을 마무리 지었습니다. 지금은 모두 편안한 얼굴을 하고 있을 겁니다.

상대방을 승자로:
상대방의 이유에 초점을 맞추세요

토론의 언어로 하면 안 됩니다. 토론에서는 최선의 결과를 가져오기 위해 상대방의 약점을 치밀하게 찾아서 공격하는 게 정석입니다. 하지만 일하는 사람은 그런 식이면 곤란합니다. 상대방을 공격해서 너덜너덜하게 만들면 대가가 고스란히 돌아오기 때문입니다. 일터의 논쟁은 사회자나 청중이 고개를 끄덕이며, "당신의 논리가 더 날카롭고 설득력 있었습니다. 당신이 승자예요"라고 손을 들어주는 방식이 아닙니다.

앞서 잠깐 언급했던, 생산팀과 마케팅팀이 서로 자기가 가용 예산 1억 원을 써야 한다고 주장하는 경우를 다시 보겠습니다.

> 마케팅팀: 신제품 홍보에 1억 원을 써야 한다고 생각해요.
> 생산팀: 노후화된 생산설비 교체에 써야 한다고 생각합니다.

생산팀이 토론의 언어를 충실히 따른다면 어떨까요? 먼저, 생산설비 교체가 왜 중요한지를 이야기합니다. 그리고 두 번째로 마케팅팀의 신제품 홍보 예산을 늘리는 것이 왜 쓸데없는지를 조목조목 공격합니다. 최근 마케팅팀이 망한 프로젝트나 비용 낭비 사례 등을 근거로 내세우고요. 절반도 안 되는 예산으로 우리보다 훨씬 홍보를 잘하는 동종 업계와 비교하면 더 치명적이겠습니다.

> "마케팅팀 예산은 지금도 충분합니다. 게다가 최근 실적을 보면 예산 대비 효과도 의심스럽고요. 예를 들면…."

어떻습니까? 일터에서 이런 식으로 얘기해도 괜찮을까요?

아뇨, 안 됩니다! 마케팅팀을 확실하게 적으로 돌리는 방식입니다. 마케팅팀은 자신을 이따위로 취급하는 생산팀의 주장에 절대 동의하지 않을 겁니다. 평화로운 설득은 물 건너간 거예요. 자존심 싸움이 되어버렸기 때문에 조금의 양보도 해주지 않을 겁니다. 게다가 마케팅팀은 이 '싹수없는' 발언과 태도를 널리 널리 퍼트

려서 생산팀 담당자의 평판을 깎아내릴 겁니다.

"그 친구 그렇게 안 봤는데 굉장히 공격적이더라고. 일은 좀 할지 몰라도 그런 성격이면 언제 사고 한번 치겠어. 클라이언트와 문제가 생길 수도 있으니 중요한 프로젝트는 되도록 맡기지 말아야겠어. 게다가 리더 자리에는 어울리지 않는 것 같아."

이런 평판은 한국 회사보다 외국계 회사, 특히 글로벌 회사일수록 치명적입니다. 일의 언어를 배운 우리는 공격 욕구를 살짝 내려놓고 상대방의 체면을 살려주며 주장을 얘기합시다. '네가 틀리고 내가 맞다'가 아니라 '내 제안이 너와 나 모두에게 더 최선이다'를 설득하는 게 훨씬 효과적인 법입니다.

"마케팅팀의 입장도 충분히 이해합니다.**(상대방 긍정)** 하지만 설비의 노후화로 불량률이 올라가고 있습니다.**(생산팀 이유)** 회사의 불량률이 올라갈 때 마케팅팀에서 가장 중요하게 생각하시는 소비자 신뢰가 얼마나 떨어지는지 저희보다 잘 알고 계시지 않습니까.**(상대방의 이유 ①)** 우리 마케팅팀이 부족한 예산 속에서도 열심히 뛰어주시는 걸 잘 알지만, 생산 쪽에서 제품 불량이 생기면 마케팅팀 노력도 반감됩니다.**(상대방의 이유 ②)** 그러니 이번 예산으로는 설비 교체를 하는 게 적합하다고 생각합니다.**(주장)**"

훨씬 부드럽고 설득력 있게 들리시죠? 생산팀은 마케팅팀 노력을 거듭 인정하며 추켜세웁니다. 그러면서 설득을 위해 자신의 이유가 아니라 상대방의 이유를 이야기합니다.

[주요 주장] 설비 노후화 → 불량률 증가

- 결과 1: 소비자 신뢰(마케팅팀의 중요 가치)가 하락한다.
- 결과 2: 고생하는 마케팅팀의 노력이 반감된다.

이런 얘기를 들으면 마케팅팀은 양보해줄 가능성이 큽니다. 혹시 마케팅팀이 여전히 고집을 부리더라도 양쪽의 이야기를 동시에 들은 결정권자는 생산팀의 손을 들어줄 겁니다. 양 팀에 모두 중요한 이유를 말한 건 생산팀이기 때문입니다.

"일의 언어는
토론의 언어와 다릅니다.

내 주장을 뒷받침하기 위해
'상대방 말이 얼마나 멍청한가'를
증명하면 안 됩니다.

**상대방을 공격하지 않으면서
내가 원하는 걸
우아하게 말하는 법**을 배우세요.

이기는 대화라는 건 없습니다.
인생은 토론대회가 아닙니다."

5장 **로고스의 언어**

좌뇌와 우뇌를 움직일 근거를 찾다

"통계로 거짓말하기는 쉬워도,
통계 없이 진실을 말하기는 어렵다."

– 안드레예스 둥켈스Andrejs Dunkels, 스웨덴 수학자

21

모든 주장에는
근거가
있어야 합니다

PREP 기법

주장에 근거가 없으면
누구도 움직이기 어렵습니다

경영자 회의 때 있었던 에피소드입니다. P 회장은 L 임원의 설명을 한참 동안 듣다가 답답하다는 표정으로 얘기했어요.

> "나는 40분 동안 당신 얘기를 들었지만, 새로 알게 된 건 아무것도 없어. 그러니 이 40분은 아무 의미가 없는 셈이지. 당신은 시

간만 낭비했어. 당신뿐 아니라 내 시간을 말이야."

침묵이 흐른 후 다른 임원의 안건으로 넘어갔지만, 그때 분위기는 참으로 살벌했습니다. 그날 유난히 깐깐했던 P 회장의 말은 오랫동안 기억에 남았습니다. 그리고 나중에 많은 사람과 일하다 보니 무슨 뜻이었는지 어렴풋이 알게 됐습니다. 설명을 한참 동안 들었지만 결국 알게 된 사실은 아무것도 없는 경우가 종종 있었기 때문입니다.

"이번 제품의 패키징을 변경해야 하는 이유가 뭐죠?"

"이게 더 편하기 때문입니다."

"기존 방식은 불편했나요?"

"네, 그런 의견이 많았어요."

"누가요?"

"뭐, 소비자도 그렇고, 생산하는 쪽도 그렇고, 많이들 그러세요. 또 저희가 패키징을 한 번 바꿀 때도 됐으니까요."

"뭐가 불편한 건지 알아야 어떻게 바꿀지 정해드릴 수 있어요. 패키징을 바꾸려면 돈이 들잖아요. 패키징을 바꿀 때가 됐다는 건 무슨 말이세요?"

"다들 그러세요. 패키징에도 유행이 있으니까요."

"그래요? 지금 디자인이 유행에 뒤떨어졌나요?"

이런 식의 설명을 들어본 적 있으시죠? 주장만 반복할 뿐 제대로 된 근거가 하나도 없습니다. '이 사람이 패키징 변경을 원하는 구나' 외에는 어떤 정보도 입력되지 않고 있습니다. 이 얘기만 듣고는 패키징 변경 비용을 선뜻 낼 사람은 없을 겁니다. 잔뜩 들었지만, 아무것도 들은 게 없는 전형적인 설명입니다.

PREP 기법을 소개합니다

100% 확신 속에서 결정하는 건 불가능합니다. 완벽하게 확신할 때까지 기다리다간 타이밍을 놓쳐버리는 비즈니스에서는 더더욱 그렇습니다. 그래서 미국 전 국무장관인 콜린 파월은 정보가 40~70% 정도 모였을 때 결정하라는 유명한 조언을 남겼습니다. 40% 미만이라면 정보가 부족해서 도박에 가깝고, 70% 이상이면 이미 실행할 타이밍을 놓친 상태이기 때문입니다.

우리는 100% 확신 없이 중요한 결정을 내려야 합니다. 그러다 보니 의사 결정권자들은 불안한 마음에 물어봅니다.

"공식적인 증거 있어?"

"다른 사람은 뭐라고 해?"

"전문가들은 뭐라고 그래?"

결국, 안심할 수 있는 근거를 내놓으라는 겁니다. 지금 하는 결정이 맞는지 어떤지 알 수 없는 이 불안감을 가라앉힐 근거 말입니다. 그래서 근거 없는 주장은 힘이 없습니다.

이 사실을 잘 아는 미국 하버드대 등 유수의 교육기관에서는 근거를 뒷받침해서 주장을 내세우는 방식을 오랫동안 가르치고 훈련합니다. 이 중에서 가장 기억하기 쉽고 유용한 것이 'PREP(프렙) 기법'입니다. 'P(주장)-R(이유)-E(근거)-P(주장)'의 프레임인데, 상대방을 설득하는 경우라면 어디든지 적용할 수 있기 때문에 단순하지만 강력한 규칙입니다.

PREP 기법

주장(Point): A라고 생각합니다.

이유(Reason): 왜냐하면 ○○○하기 때문입니다.

근거(Example): 예를 들면, 구체적으로는

주장 강조(Point): 그래서 A를 주장합니다.

유통 회사 취업 면접에서 자기소개를 하는 면접 대상자

"저는 이 회사에 꼭 필요한 준비된 인재입니다.**(주장)** 왜냐하면 유통의 미래가 될 스마트 운송 시스템에 경쟁력을 갖고 있기 때문입니다.(이유) 구체적으로 말씀드리자면, 작년 스마트 물류 시스템 구축 시뮬레이션 대회에서 제가 개발한 모델이 최우수상을 탔습니다.(근거) 저야말로 준비된 인재입니다.(주장)"

신용카드를 바꾸라고 설득하는 카드사 직원

"지금 쓰시는 카드가 아니라 B 카드로 바꾸세요.(주장) 왜냐하면 지금 쓰시는 카드는 이제 혜택이 거의 절반으로 줄어들었거든요.(이유) 예를 들면, 포인트 적립 2%가 1%로 바뀌었고, 유통 3사의 혜택도 없어졌어요.(근거) 그러니 기존 혜택처럼 받으시려면 B 카드로 바꾸세요.(주장)"

상대방의 마음을 상하게 하는
잘못된 PREP을 조심하세요

PREP에 맞춰서 얘기했다고 상대방이 무조건 고개를 끄덕이는 건 아닙니다. 오히려 반감을 보이며 거절할 수도 있습니다. 상대방의 마음을 상하게 하는 잘못된 PREP을 보여드릴게요.

최 매니저는 40년 정도 된 탄탄한 중견 제조 기업의 총무부에서 일하고 있습니다. 최 매니저의 업무는 회사의 전체적인 행사 기획 및 진행입니다. 그중 체육대회도 있는데, 문제는 직원들이 체육대회를 너무 싫어한다는 겁니다. 운동 마니아인 몇몇 부장을 제외하고는 족구, 발야구, 이어달리기 등으로 이어지는 체육대회를 다들 질색합니다. 그래서 최 매니저는 총대를 메고 오너인 회장에게 보고하기로 했습니다. PREP에 맞춰서요.

> "지금의 체육대회 대신 새로운 방식을 도입했으면 합니다.**(주장)** 왜냐하면 직원들이 체육대회를 너무 싫어합니다.**(이유)** 어떻게든 빠지고 싶어서 휴가를 내는 직원도 있고, 왜 해야 하는지 모르겠다는 의견이 압도적입니다. 단합에 도움도 안 되고요.**(근거)** 그러니 체육대회 대신 칵테일 파티, 시상식, 토크쇼 등으로 바꾸면 좋겠습니다.**(주장)**"

기획실에 있다 보면 이런 식으로 주장을 펼치시는 분을 종종 봅니다. 아아, 비극이에요. "여기서 이러시면 안 됩니다"라고 말리며 얼른 데리고 나오고 싶습니다. 짐작하시겠지만 이런 얘기를 들으면 회장의 머릿속은 복잡해집니다. 안 좋은 쪽으로요.

'지금 대놓고 욕하는 거야? 몇십 년 동안 해온 체육대회가 쓸데없는 일이었다고? 나는 경영 환경이 어려울 때도 직원들 체육대회 비용은 안 아꼈어. 매년 사비로 선물도 많이 후원하고, 식사도 가장 좋은 것으로 맞췄잖아. 그게 다 쓸데없는 일이었다고? 가만, 저 자식이 일하기 싫으니까 저딴 소리 하는 거 아냐?'

회장은 얘기를 들으면 들을수록 기분이 상합니다. 최 매니저는 회장의 굳은 표정을 보면서 목소리가 점점 작아집니다. 망했습니다. 최 매니저는 올해 체육대회를 원래대로 해도 미운털이 박히고, 톡톡 튀는 신선한 아이디어로 바꿔도 밉상이 되겠군요.

논리적 PREP을 만들 때도 상대방의 입장과 감정에서 시작해야 합니다. 우리는 파토스를 배운 사람들 아닙니까. 회장의 마음을 생각해봅시다. 회장은 몇십 년 동안 체육대회를 진행해온 사람입니다. 당연히 직원들이 좋아한다고 믿으며 큰돈을 썼죠. 체육대회 비용뿐 아니라 전 직원이 하루 휴업하는 것까지 계산하면 상당한 돈입니다. 그런데 "사실은 다들 싫대요. 당신이 쓸데없는 짓 한 겁니다"라고 말하면 회장은 뭐가 됩니까.

최 매니저는 회장의 마음을 배려한 이유를 내세워야 설득할 수 있습니다. 고심 끝에 최 매니저는 '체육대회보다 많은 직원이 즐겁게 참여해서 애사심이 높아지는 행사를 만들겠다'라는 이유를 강조하기로 했습니다.

"지금의 체육대회 대신 새로운 방식을 도입했으면 합니다.(주장) 왜냐하면 체육대회의 취지는 1년에 한 번 모두 모이는 자리를 통해 직원들이 친해지는 것인데, 지금은 운동신경 좋은 20% 직원 위주로만 진행되고 있기 때문입니다.(이유) 조사를 해봤더니 임직원 소장품 경매, 드레스 코드를 재치 있게 맞춘 칵테일 파티, 시상식, 토크쇼 등으로 바꾸니까 임직원이 모두 적극적으로 참여하고, 만족도도 높아졌다고 합니다.(근거) 그러니 올해는 새로운 방식을 시도해보면 어떨까요?(주장)"

얘기를 들은 회장의 마음은 이렇습니다.

'맞아. 체육대회가 옛날에나 좋았지 요즘 직원들은 안 좋아한다고 하더구먼. 괜히 다치기나 하고. 젊은 사람들 좋아하는 방식으로 바꿔야겠지. 새로운 방식으로 하려면 일이 복잡할 텐데 저 친구는 아주 의욕적이네. 꽤 일 잘하는 친구인가 봐.'

회장은 "기존 체육대회 방식을 좋아하는 부장들 불만 안 나오게 잘 짜봐" 정도의 조언을 남기고는 무난하게 승낙합니다. 최 매니저는 상대방의 마음을 배려해서 PREP을 만들었기 때문에 원하는 걸 얻었을 뿐 아니라 경영진에게도 좋은 인상을 남기게 됐습니다.

"불확실한 상황에서
결정을 내리는 건
항상 겁이 나는 일입니다.

이때 누군가가
객관적이면서 마음을 움직이는 근거를
말해준다면 큰 힘이 되겠죠.

'주장-이유-근거-주장'으로 이어지는
프렙PREP을 기억하세요."

RULE
22

객관적인 근거는
상대방의 이성을
자극합니다

좌뇌형 권위의 근거

논리^{Logical} vs. 합리^{Rational} :
논리적이면 합리적으로 보입니다

설득을 위한 논리를 얘기하면 굴비처럼 딸려오는 연관어가 '논리
학^{logic}', '논증법^{polemics}' 등입니다. 저런, 책 덮지 마세요. 그 얘기
안 할 겁니다. 우리 머리를 아프게 하는 이 분야는 다양한 기법의
설득 방법을 소개하는데, 목표는 비교적 단순합니다.

> "나의 주장이 논리적으로 보이도록 만들어서
> 상대방을 설득하는 것"

논리적으로 보이는 게 왜 중요할까요? 사람들은 논리적^{logical}이면 합리적^{rational}이라고 믿기 때문입니다. 합리적이라는 말은 '선택할 만하다'라는 의미입니다. 불확실한 상황 속에서 한 줄기 빛처럼 느껴지는 거죠. 논리적이라고 무조건 상대방을 설득할 수 있는 건 아니지만, 논리적인 증거 없이 상대방을 설득하는 건 불가능에 가깝습니다. 특히 일터에서는 말이죠.

주장에 객관성을 더해주는 권위의 근거:
숫자, 다수, 전문가

우리가 설득하려는 상대방은 마음속으로 다음의 질문을 반복한다고 말씀드렸습니다.

> "공식적인 증거 있어?"
> "다른 사람은 뭐라고 해?"
> "전문가들은 뭐라고 그래?"

사람들이 좋아하는 객관적인 증거는 숫자, 다수의 의견, 전문가의 의견입니다. 저는 이걸 '권위의 근거'라고 이름 붙였습니다.

첫째는 공식적 숫자입니다

통계나 지표처럼 공식 기관에서 발표하는 내용입니다. 그 기관의 권위가 높을수록 신뢰도가 높아집니다. 물론 공식 통계나 지표 역시 만든 사람의 의도를 피해 갈 수는 없습니다만, 상대적으로 객관적인 '팩트'로 보이기 때문에 신뢰가 갑니다.

> "우리나라 근로자는 과로로 만성 질병에 시달리고 있습니다.(주장) 왜냐하면, 우리나라는 다른 어느 나라 국민보다 오랜 시간 근무하기 때문입니다.(이유) OECD 통계에 따르면 우리나라의 근로 시간은 ○○○이며, OECD 평균인 ○○○보다 ○배 많습니다.(근거-공식적 숫자)"

둘째는 다수의 의견입니다

"이거 다들 쓰는 거래!", "직원들이 J 디자인이 더 좋다고 하네요"라는 말을 들으면 왠지 귀가 솔깃해집니다. 처음 들어본 브랜드라고 하더라도 '세계 판매 1위', '20대 여성 열 명 중 여덟 명이 선택'이라는 문구를 보면 더 신뢰가 갑니다.

"우리 회사에 좋은 인재를 데려오려면 지금처럼 오랫동안 일하는 업무 환경을 바꿔야 합니다.**(주장)** 워라밸이 지켜지지 않는 근무 환경은 기업의 매력도를 심각하게 떨어뜨리기 때문입니다.**(이유)** 잡코리아가 최근 퇴사자 1,000명을 대상으로 조사한 결과에 따르면 퇴사 사유 1위가 '야근'이었습니다.**(근거-다수의 의견)**"

셋째는 전문가의 의견입니다

전문가의 의견은 학계 연구 결과일 수도, 저명인사가 인터뷰 등에서 얘기한 내용일 수도 있습니다. 중요한 점은 지금 하는 주장이 마케팅팀 최 대리의 개인적 의견 같은 게 아니라 하버드 명예박사이자 마케팅계의 전설인 모 교수의 주장이니까 안심하라는 신호를 주는 겁니다.

"우리 회사에 좋은 인재를 데려오려면 지금처럼 오랫동안 일하는 업무 환경을 바꿔야 합니다.**(주장)** 왜냐하면, 오랜 시간 근무하는 것이 오히려 생산성을 떨어뜨리기 때문입니다.**(이유)** 하버드 비즈니스 리뷰 연구에 따르면…. 또한 경영의 세계적 석학인 피터 드러커에 따르면….**(근거-전문가 의견)**"

전문성만 인정된다면 꼭 저명인사일 필요는 없습니다. 우리나라 플라스틱 쓰레기 배출량이 급증한다는 주장을 하고 싶다면, 30

년 경력의 환경미화원 의견을 싣는 것도 효과적입니다.

공식적 숫자, 다수의 의견, 전문가의 의견, 이 세 가지는 주장의
객관성을 탄탄하게 받쳐주는 삼총사로서 기억해주세요.

"사람들은 논리적인
주장을 좋아합니다.
논리적이면 합리적으로 보이거든요.

논리적이라고 무조건
상대방을 설득할 수 있는 건 아니지만
논리도 없이 상대방을 설득하는 건
불가능에 가까운 일입니다.

숫자, 다수의 의견, 전문가 의견으로
대표되는 **객관적 근거**로
상대방을 설득하세요."

감성적인 근거는
상대방의 마음을
자극합니다

우뇌형 공감의 근거

사람은 이성적이지 않습니다,

안타깝게도 또는 다행히도

학문에도 유행이 있습니다. 경제학에서 최근 몇 년간 트렌디한 분
야는 행동경제학behavioral economics입니다. 《넛지》라는 책을 쓴 리처
드 탈러나 노벨경제학상을 받은 대니얼 카너먼은 이 분야의 셀럽
이라고 할 수 있습니다. 행동경제학이라는 말을 지금 처음 들으셨
다고 해도 상관없습니다. 이 문장만 기억하시면 됩니다.

"사람들은 그다지 이성적이지도, 합리적이지도 않다."

저 깊은 곳에서 이성은 아니라고 외치지만, 우리가 모른 척 외면한 채 저지르는 비이성적 선택이 얼마나 많은지 모릅니다. '맛있게 먹으면 0칼로리'라는 말을 진짜로 믿는 사람은 아무도 없을 겁니다. 하지만 늠름한 자태의 치킨 앞에서, 크림이 폭신하게 올려진 시폰 케이크 앞에서 저 주문을 외치면 왠지 마음이 편안해지지 않던가요?

제 지인은 연말 모임 때 5,000원짜리 복권을 돌립니다. 그러면 분위기가 후끈 달아오르면서 좋아진다고 합니다. 꼭 당첨될 것만 같은 설렘이 들거든요. 이때 만약 누가 1만 원 줄 테니 손에 있는 복권을 팔라고 하면 승낙할 사람이 없을 겁니다. 10분 만에 무려 수익률 100%를 보장하는 제안인데 말이죠.

"이 수술을 받으면 죽을 확률이 20%입니다."
"이 수술을 받으면 살 확률이 80%입니다."

통계적으로는 정확히 같은 얘기이지만 수술을 승낙하는 비율은 두 번째가 훨씬 높습니다. 그래서 상대방을 설득할 때도 이런 성향을 기억해야 합니다. 사람은 그다지 이성적이지도, 합리적이지도 않다는 사실을 말입니다. 뭐, 저는 그래서 더 다행이라고 생각합니다. 객관적 논리로만 세상이 움직인다면 무슨 재미인가요?

주장에 생명력을 더해주는 공감의 근거:
누군가의 스토리

좌뇌형 권위의 근거가 신뢰감을 준다면, 우뇌형 공감의 근거는 상대방의 마음을 움직이는 데 효과적입니다. 난민 문제에 관해 전 세계적으로 폭발적인 반향을 일으켰던 기폭제가 시리아 난민 쿠르디의 사진 한 장이었던 것처럼 말입니다.

'공감'을 일으키려면 '누군가의 스토리'를 얘기하는 게 강력합니다. 우리 뇌는 스토리에 굉장히 우호적이기 때문입니다. 학창 시절에 배웠던 수학 공식이나 역사 연표 등은 머릿속에 희미하지만, 더 어렸을 때 들었던 동화책의 스토리는 대부분 기억하잖아요.

개인의 스토리를 얘기하세요

교통사고로 사랑하는 가족을 잃은 수만 명의 사람은 얼굴이 없지만, 상대방의 음주 운전으로 다섯 살 ○○군을 잃은 엄마 아빠의 눈물 어린 호소에는 얼굴이 있습니다. 갑자기 현실감이 생기기 때문입니다. 주장을 가장 생생하게 보여주는 개인의 스토리는 대표성이 있고, 누구나 쉽게 공감할 수 있는 사례를 찾는 게 좋습니다.

"우리나라의 복지제도는 개선이 필요합니다.(**주장**) 왜냐하면, 복지 사각지대가 심각하기 때문입니다.(**이유**) 생활고로 목숨을 끊은 송파 세 모녀의 비극적 사건을 모두 기억하실 겁니다.(**근거-개인 스토리**)

"고객관리 시스템에 개혁이 필요합니다.(**주장**) 왜냐하면, A/S가 너무나 불편해서 충성 고객마저 떠나고 있기 때문입니다.(**이유**) 성동 센터에서 실제 있었던 일입니다. 10년째 우리 제품을 사용해온 40대 김 모 주부는 집에 도착해 포장을 뜯자마자 헤어드라이어가 고장이 난 걸 알았습니다. 그런데 고객센터에 교체를 요청하니, 주의하지 않아 고장 난 게 아니냐며 끊임없이 의심하더라는 겁니다. 두 시간의 설득과 고성 끝에 간신히 처리됐는데, 환불에 50일이나 걸렸다고 합니다.(**근거-개인 스토리**)"

조직의 스토리를 얘기하세요

벤치마킹 사례가 되는 다른 조직의 스토리를 내세우는 것도 효과적입니다. '다른 곳에서도 잘되고 있다'라는 근거만큼 의사 결정권자를 솔깃하게 하는 것도 없습니다.

"원격 의료 서비스 시장 진출을 검토해야 합니다.(**주장**) 왜냐하면, 성장하는 이 시장에서 많은 기업이 큰 성과를 거두고 있기 때문입니다.**(이유)** 대표적으로 미국 원격 의료 회사인 텔라독의 성공 사례가 있습니다.**(근거-조직 스토리)** 이 회사는⋯."

권위와 공감의 근거를 함께 쓰면
더 효과적입니다

가장 좋은 건 '권위의 근거'와 '공감의 근거'를 섞는 방식입니다. 객관적이면서도 마음에 와닿는 주장이 되기 때문입니다. 원격 의료 사업에 진출하자는 주장을 두 종류의 근거를 사용하여 이야기 해보겠습니다.

"대표님, 우리도 원격 의료 서비스 사업에 진출해야 합니다.**(주장)** 우리가 도전해볼 만한, 아니 꼭 잡아야 하는 유망한 시장이기 때 문입니다.**(이유)** □□ 발표에 따르면, 원격 의료 서비스 시장은 ○ ○조 원 규모이며, 2030년까지 매년 30%씩 급속히 성장할 것으 로 전망된다고 합니다.**(권위의 근거)** 실제로 이 시장에 우리보다 먼저 뛰어들어서 크게 성공한 기업들이 많습니다. 대표적으로 미 국 텔라독은 이 사업에 진출하여 매출 ○○, 직원 ○○ 규모의 글 로벌 기업으로 성장했습니다.**(공감의 근거)** 우리의 기술력은 텔라 독이 처음 사업을 시작했을 때보다 훨씬 뛰어납니다. 도전해볼 만한 새로운 사업 기회라고 생각합니다.(**주장**)"

주장
원격 의료 서비스 사업에 진출하자

▲

이유
이 시장이 유망하기 때문이다

▲ ▲

권위의 근거	**공감의 근거**
□□ 발표에 따르면, 원격 의료 서비스 시장은 ○○조 원 규모이며, 2030년까지 매년 30% 급성장을 이룰 것으로 전망됨	미국 텔라독 회사의 경우 이 사업에 진출하여 매출 ○○ , 직원 ○○ 규모의 글로벌 기업으로 성장했음

두 가지 타입의 근거를 섞으니 훨씬 설득력 있게 들리죠?

"세상은 논리로만
움직이지 않습니다.

세계 유기견 현황보다
버려진 자리에서
하염없이 주인을 기다리는
강아지의 슬픈 눈이
더 설득력 있거든요.

우리를 움직이게 하는 힘은
많은 경우 감성적인 이유입니다.

**상대방의 마음을 흔들
우뇌형 근거를 찾으세요.**"

근거는
찾는 것이 아니라
만드는 것입니다

근거 만들기

좋은 근거와 평범한 근거가 있을 뿐,
없는 근거는 없습니다

주장에는 반드시 근거가 있어야 한다고 말씀드렸습니다. 문제는 찾기가 만만치 않다는 점입니다. 검색만 하면 근거가 툭 튀어나오면 얼마나 좋겠습니까만, 대부분은 노트북이 뜨거워지도록 검색해도 찾기가 어렵습니다. 그러다 보니 맨송맨송한 주장을 현란한 수식어로 감추고 상대가 눈치채지 못하기만을 바랍니다.

하지만 근거는 어떤 상황에서도 넣어야 합니다. 좋은 근거와 평범한 근거가 있을 뿐, 없는 근거는 있을 수 없으니까요. 이 말을 하면 반박하는 항의가 이어집니다.

"전혀 해보지 않았던 일이라면요? 예를 들면, '목성에 인류 보내기' 프로젝트는 근거를 찾을 수가 없잖아요."

"어휴, 근거 엄청 많죠. '달에 인류 보내기' 프로젝트라는 훌륭한 사례가 있잖아요. 인류 보내기까지는 아니지만, 탐사에 많은 진전이 있는 화성 사례도 있고요. 게다가 이런 문제라면 인터뷰해줄 전문가도 많아요."

"그럼 아예 증명할 수 없는 문제라면요? 예를 들면…, 제가 지금 화장실에 가고 싶은지 아닌지 맞혀보세요."

"하하, 그러면 일단 저는 선생님이 '화장실을 가고 싶다'라는 주장을 해볼게요. 그러면 뭘 근거로 내세울 수 있을까요? 선생님 나이대의 남성이 하루에 화장실을 가는 평균적인 횟수와 간격을 제시할 수 있겠죠. 거기다가 선생님이 저와 N시간째 함께 있으면서 화장실을 한 번도 안 갔다는 사실을 덧붙이는 거죠. 선생님의 일주일 생활 방식을 관찰하여 횟수와 간격을 기록한 데이터도 제출한다면 더 정확하겠네요."

근거 찾기를 보물찾기처럼 하려고 하면 실패할 확률이 높습니

다. 좋은 근거가 어딘가에 숨겨져 있는 게 아닙니다. 보물찾기보다
는 퍼즐 조각을 찾아 원하는 모양을 만드는 모습이 더 비슷합니다.

그러니 근거를 찾을 때는 이런 마음을 갖는 게 좋습니다.

"내 주장에 어떤 근거를 더하면 설득력이 있을까?
찾으면 좋지만, 아니라면 만들어야지."

없는 근거를 만드는 방식:
'액티브X를 폐지해주세요' 사례

제 경험 하나를 얘기하겠습니다. 근거가 없을 때 어떻게 악착같이
만들어내는지를 보여주는 사례입니다.

몇 년 전 대통령과 장관들이 모인 자리에서 CEO가 '기업이 바
라는 규제개혁'을 발표하는 프로젝트가 있었습니다. 준비 기한이
일주일뿐이라서 회사가 발칵 뒤집혔습니다. 담당 부서는 다른 팀
이었고, 저는 막판에 용병처럼 투입됐어요. 그러니 제가 설명해드
리는 근거는 대부분 해당 부서 직원들이 만든 겁니다.

당시 담당 부서가 스트레스와 수면 부족으로 누렇게 뜬 상태에
서 열 몇 가지 과제를 골라냈는데, 그중 하나가 이거였습니다.

"액티브X를 폐지하자!"

액티브X란 인터넷을 사용할 때 본인 확인, 결제 등을 위해서 설치해야 하는 프로그램입니다. 외국에서는 거의 사용하지 않죠. 지금은 우리나라에서도 많이 없어졌습니다. 하지만 당시에는 인터넷으로 뭐만 하려면 액티브X의 온갖 프로그램을 깔아야 했습니다. 설치하는 시간도 아깝지만, 컴퓨터에 다른 누군가가 제어하는 프로그램이 잔뜩 깔리는 것이므로 보안도 취약해졌습니다. '액티브X 폐지 결사대' 같은 네티즌 모임도 따로 있을 정도였습니다.

하지만 액티브X를 폐지하자는 주장을 하려니 근거가 될 객관적인 자료가 전혀 없는 겁니다. 당연하죠. 공론화된 적이 없으니까요. 우리가 가진 정보는 '네티즌 원성이 자자하다' 정도였습니다. 하지만 대통령에게 "네티즌 원성이 자자하니 바꿔주세요"라고 말할 수는 없잖아요. 그래서 어떻게든 근거를 찾아 나섰습니다. 대통령이라면 솔깃해서 들어줄 근거를 말이죠.

얼마나 심각한가? 국민은 어떻게 생각하나? 구체적 피해로는 무엇이 있나? 없애면 뭐가 좋아지나?

얼마나 심각한가? – 평범한 사무직 컴퓨터에 400~700개

평범한 직장인이 겪는 액티브X 노출을 조사했습니다. 각자의 회사 컴퓨터에 액티브X 설치 개수를 세 보니 평균적으로 400~700개였습니다. 공식 통계는 아니지만, 표본 사례로는 쓸 수 있는 근거입니다. '마포구에 사는 ○○ 씨에 따르면' 같은 근거니까요. 평범한 사무직 회사원의 컴퓨터에 수백 개가 설치되어 있다니, 정말 심각한 상황입니다.

국민은 어떻게 생각하나? – 불편 88.0%, 폐지 찬성 78.6%

객관적인 근거가 전혀 없었습니다. 액티브X 폐지 결사대가 만든 웃음 터지는 동영상과 짤방뿐이었거든요. 그래서 국민을 대상으로 설문 조사를 하기로 했습니다. 리서치 회사에 문의해보니 온라인으로만 조사하면 24시간 안에도 가능하다고 했습니다. '액티브X 불편 경험'과 '폐지 찬반'이라는 두 질문만 의뢰했더니 하루가 안 되어 800명을 대상으로 한 결과를 가져왔습니다. 온라인 조사에 발 빠르게 응답할 정도로 인터넷에 능숙한 사람이라면 액티브X를 미워할 가능성이 큽니다. 당연히 압도적인 결과가 나왔습니다. '불편 88.0%, 폐지 찬성 78.6%'였어요. 유일한 공식 통계라 정부에서도 액티브X를 없앨 때 근거 자료로 계속 활용했습니다.

구체적 피해로는 무엇이 있나? – 외국 사람이 못 사요

액티브X는 해외에서의 온라인 결제를 불편하게 만드는 주범이었습니다. 지금은 상상이 가지 않으시겠지만, 그때는 구매 사이트에 가입하려면 필수적으로 액티브X를 깔아야 했는데, 외국인은 본인 인증이 안 될 뿐 아니라 낯선 나라의 낯선 사이트에서 설치하는 프로그램이 꺼림칙해서 결제를 포기하는 경우가 많았습니다. 한류가 폭발적인 인기를 얻고 있던 때였는데, 외국 팬들이 한류 굿즈를 살 수 없어서 원성이 대단했죠. 그래서 당시 가장 핫했던 드라마 〈별에서 온 그대〉 천송이 코트를 예시로 들었습니다. 이 근거는 '천송이 코트…외국선 어찌 사란 말이오'라는 제목으로 주요 일간지에 톱으로 실리기도 했습니다.

없애면 뭐가 좋아지나? – 11조 4,000억 원

액티브X가 없어지고 온라인 유통 시장(e-커머스)이 성장할 경우의 경제적 효과를 계산했습니다. 교수에게 분석해달라고 할 시간이 없어서 선진국인 미국을 예시로 들었습니다. 당시 한국의 GDP 대비 온라인 유통 시장의 규모는 0.26%였는데, 미국은 5배 수준인 1.29%였습니다. 그래서 액티브X 같이 기형적인 규제가 사라지고 온라인 유통 시장이 미국 수준으로 커진다면(GDP 대비 0.26% → 1.29%), 11조 4,000억 원의 경제적 효과가 생긴다고 제시했습니다.

물론 논리에 허점은 있습니다. 액티브X만 없앤다고 온라인 유통 시장이 성장하는 건 아닙니다. 하지만 "액티브X 없애면 국민 불편이 사라져요"라는 소리보다는 훨씬 근사하죠.

권위형 근거와
공감형 근거를 섞어보세요

'액티브X를 폐지해주세요'라는 메시지의 논리를 정리하면 다음과 같습니다. 주장 아래 네 가지 이유가 있고, 각 이유마다 근거가 있죠. 권위의 근거와 공감의 근거를 골고루 섞었습니다.

주장	액티브X 폐지해주세요			
이유	지나치게 많습니다	국민들이 원합니다	한류 확산에 걸림돌입니다	폐지할 경우 경제적 효과가 기대됩니다
근거	PC 1대당 400~700개	국민 78.6% 폐지 찬성	외국인은 천송이 코트 어찌 사란 말이오	11조 4천억 원
	근거-공감	근거-권위	근거-공감	근거-권위

출처 : 규제개혁장관회의 발표 자료

좋은 근거와 평범한 근거가 섞여 있습니다. 하지만 근거가 없는 주장은 없습니다. 이 건의는 현장 반응도 좋았고, 언론에서도 큰 호평을 받았습니다. 당시 고생하셨던 담당 팀과 본부장의 다크서클에 심심한 위로를 보냅니다.

"근거는
보물찾기가 아닙니다.
어딘가에 완벽한 근거가 있어서
찾아내는 게 중요한 게임이 아니에요.

오히려 퍼즐 맞추기나
집 짓기와 비슷합니다.
원하는 모양을 만들기 위해
필요한 재료를 모으는 거죠.

**근거는 찾는 것이 아니라
만드는 것입니다.**
평범한 근거는 있어도
없는 근거는 없습니다."

6장 에토스의 언어

말하는 사람의 매력을 보여주다

"설사 모든 사실과 수치, 뒷받침하는 증거,
원하는 지지를 얻더라도
신뢰를 얻지 못하면 성공할 수 없다."

— 니알 피츠제럴드Niall FitzGerald, 유니레버 전 회장

모르는 걸
솔직히 말하면
더 매력적입니다

I don't know phobia

'모른다'라고 말하면
바보처럼 보일까요?

'에토스'는 상대방을 설득하려면 말하는 사람이 신뢰할 만해야 한다는 뜻입니다. 사기꾼 같은 사람으로 비친다면 아무리 탄탄한 논리와 열정을 가지고 얘기해도 소용없겠죠. 하지만 좋은 사람이 훌륭한 제안을 하면서도 상대방의 신뢰를 잃어버리는 일이 종종 일어납니다. 거짓말 때문에 신뢰를 잃는 경우인데, 문제는 거짓말한

당사자는 자신이 거짓말을 했다고 추호도 생각하지 않는 겁니다. 말하는 사람은 거짓말이 아니지만, 상대방이 거짓말로 해석하는 행동은 바로, 모른다는 사실을 감추는 겁니다.

사례: 프로젝트 수주를 위해 경쟁 PT에 참여한 민 매니저

컨설팅 회사에 다니는 민 매니저는 프로젝트를 따기 위해 경쟁 프레젠테이션을 하고 있습니다. 고객에게 맞는 제안서를 기획하고, 파워포인트 작업을 하는 데 꼬박 2주가 걸렸죠. 민 매니저가 15분짜리 발표를 끝내자마자 한 심사위원이 입을 엽니다.

"잘 들었습니다. 제안 중에서 고객과 온라인 채널을 만드는 게 있었는데, 아시다시피 우리는 기업을 대상으로 하는 중장비 기계 회사입니다. 우리 같은 경우에도 온라인 채널을 운영하는 곳이 많습니까? 가장 잘하는 기업은 어디인가요?"

민 매니저는 머릿속이 하얘졌습니다. 그건 미처 준비 못 했거든요. 온라인 채널을 성공적으로 운영하는 기업은 많이 알고 있지만, 지금 준비한 사례는 모두 일반 소비자 대상 기업입니다. 하지만 잘 모르겠다고 대답하면 얼마나 바보처럼 보이겠어요? 민 매니저는 필사적으로 머리를 짜내 얘기합니다.

"고객과의 온라인 채널을 통해 성공적인 비즈니스를 하는 기업은 많습니다. 예를 들어, L 기업의 경우 8년 전부터 선도적으로 이 분야를 시작했는데요…."

"아니, 잠깐만요. L 기업은 전형적으로 일반 소비자를 대상으로 하는 기업이잖아요. 우리 회사 같은 경우는 없습니까?"

"(어떻게 하지? 아는 게 없는데. 아, B 기업이 온라인 채널을 하는 건 확실하니까 그거라도 얘기해야겠다.) B 기업이 온라인 채널을 운영하고 있습니다. 아시다시피 B 기업은 고객과의 커뮤니케이션이 훌륭한 회사로 유명합니다."

"아, 그래요? B 기업은 어떻게 하고 있답니까?"

"(왜 이렇게 꼬치꼬치 물어보는 거지? 인제 와서 모른다고 할 수도 없고). 말씀드렸다시피 온라인으로 고객들과 활발히 커뮤니케이션하고 있습니다."

"그러니까…, 그걸 어떻게 하고 있냐고 물은 겁니다."

"문의 사항이나 불만 사항을 접수하기도 하고…."

"그건 기존의 고객 문의 게시판과 다를 게 없잖아요. 됐습니다. 잘 모르시는 것 같으니 넘어가죠. 다른 분들 질문하세요."

저런! 망했습니다. 회의 흐름은 이미 '잘 모르는 업체구나'라는 분위기로 바뀌었습니다. 하나 마나 한 질문이 한두 개 이어진 다음 민 매니저의 차례가 끝났습니다.

모르면 모른다고 얘기해주세요,
오히려 신뢰가 갑니다

우리는 '모른다'는 말을 하기 싫어합니다. 특히 일하는 공간에서는 말입니다. 유명한 경제학자 스티븐 레빗의 《괴짜처럼 생각하라》를 보면 영어에서 가장 말하기 힘든 세 단어가 'I don't know'라고 합니다. '모른다'라고 말하면 무책임하거나 바보 같다고 생각할까 봐 겁을 냅니다. 그런데 정말 그럴까요?

"신입사원 휴가 규정이 어떻게 되나요?"
"음…. 지금 정확히 기억나지 않는데,(**모르는 것**) 금방 찾아보고 말해줄게요. 5분이면 됩니다."

"100명 규모로 북 토크를 할 건데 어떻게 준비하는지 알지?"
"행사장 섭외나 세팅, 진행은 여러 번 해서 잘 알지만(**아는 것**) 고객 홍보와 모집은 잘 모릅니다.(**모르는 것**) 항상 구 대리가 했거든요. 구 대리에게 물어봐서 잘 진행해볼게요."

화가 나시나요? 모른다고 말하는 상대방이 한심하게 여겨지시나요? 아마 그렇지 않을걸요. 확실히 모를 땐 모른다고 얘기하고, 규정을 확인한 후 대답해주겠다는 사람은 오히려 꼼꼼하다는 인상을 줍니다. 북 토크를 진행하는 직원 역시 그냥 "네, 그렇습니다"라고 대답하지 않고 오히려 더 명쾌하게 말했기 때문에 신뢰가 가요. 아는 것과 모르는 것을 구분해서 말해줬으니까요.

모르면 모른다고 얘기해주세요. 모르는데 아는 것처럼 얘기하는 것만큼 어리석은 게 없습니다. 모른다고 솔직하게 말하지 않는 사람과 일하는 것은 큰 부담입니다. 처음부터 모른다고 하면 다른 사람에게 물어보든지 방법을 가르쳐주든지 할 텐데 말이죠. '모른다'라고 말하는 스트레스 못지않게 상대방이 '아는지 모르는지 알 수 없는' 스트레스도 크다는 걸 알아주세요.

'모른다' 다음에
해결책을 덧붙이기만 하면 됩니다

'모른다'라는 대답을 좋아하는 사람은 없을 겁니다. 하지만 곰곰이 생각해보면 그 말 자체보다는 다음 단계가 안 나와서 싫어한다는 걸 알 수 있습니다. 다들 싫어하는 전형적인 대화를 보여드리겠습니다.

"신입사원 휴가 규정이 어떻게 되나요?"
"음…. 정확히 모르겠네요."

'응? 끝인가? 인사팀이 모르면 누구에게 물어보라는 거야? 뭐지, 이 무책임한 반응은?'

"100명 규모로 북 토크를 할 건데 어떻게 준비하는지 알지?"

"아니요, 모르는데요."

"전부 몰라? 하나도? 저번에 구 대리와 같이 하지 않았나?"

모른다는 말 자체가 아니라 해결책 없이 그냥 말을 끝내니까 문제인 겁니다. 모르는 것을 질문받았을 경우는 두 단계만 기억하시면 됩니다.

1단계 : 모른다고 얘기한다.
2단계 : 해결책을 덧붙인다.

① **"신입사원 휴가 규정이 어떻게 되나요?"**

A : "음…. 정확히 모르겠네요."

B : "음…. 지금 정확히 기억나지 않는데, **금방 찾아보고 말해줄게요. 5분이면 됩니다. (해결책)**"

② **"100명 규모로 북 토크를 할 건데 어떻게 준비하는지 알지?"**

A : "아니요, 잘 모르는데요."

B: "행사장 섭외나 세팅, 진행은 여러 번 해서 잘 알지만 고객 홍보와 모집은 잘 모릅니다. 항상 구 대리가 했거든요. **어떻게 하는지 구 대리에게 물어봐서 잘 진행해볼게요. (해결책)**"

자, 이제 우리는 모른다고 솔직하게 말하고 해결책을 덧붙이는 게 상대방에게 신뢰를 주는 방식임을 알았습니다. 그러면 이걸 아까의 가련한 민 매니저 사례에 적용해보겠습니다.

"잘 들었습니다. 제안 중에서 고객과 온라인 채널을 만드는 게 있었는데, 아시다시피 우리는 기업을 대상으로 하는 중장비 기계 회사입니다. 우리 같은 경우에도 온라인 채널을 운영하는 곳이 많습니까? 가장 잘하는 기업은 어디인가요?"

자, 이제 솔직히 대답합시다. 모르면 모른다고요.

"날카로운 지적이십니다. 저희가 온라인 채널을 가장 잘 운영하는 국내외 기업들을 꼼꼼하게 연구했습니다만, 공교롭게도 이 기업들 모두가 일반 소비자 대상이었습니다. **저희가 그 부분을 놓쳤네요. 그래서 말씀하신 부분에 지금 바로 답변을 드리기는 어렵습니다. (모르면 모른다고 얘기하기)**"

여기서 끝나면 안 되겠죠. 해결책을 덧붙여줘야 합니다.

> "하지만 분명히 많은 성공 사례가 있습니다. 제가 알기로는 고객
> 과 훌륭한 커뮤니케이션을 하는 것으로 유명한 B 기업도 이미 온
> 라인 채널을 잘 운영하고 있습니다. 괜찮으시면 지금 질문하신
> 내용을 돌아가서 메일로 답변드려도 될까요?**(해결책)**"

민 매니저가 정답을 알았다면 더 좋았겠지만, 지금 방식 역시
점수가 크게 깎이는 건 아닙니다. 모든 걸 완벽하게 아는 사람을
만나는 경우가 얼마나 있겠습니까. '요청하는 사항을 잘 받아들이
고 대화가 잘 통하는 믿을 만한 사람' 정도면 충분합니다. 일하다
보면 그 정도의 사람을 찾기도 쉽지 않거든요.

"우리는 모른다는 걸
부끄러워하고,
상대방에게 돌키지 않으려고 애씁니다.

하지만 괜찮습니다,
모르면 모른다고 얘기하세요.
작은 해결책만 덧붙이면 됩니다.

상대방은 우리가 척척박사가 아닌 것에
놀라지 않습니다.
하지만 모르는 걸 아는 것처럼
얘기하는 사람은
신뢰할 수 없습니다."

현장과
자신의 얘기는
진정성을 더합니다

'진짜 이야기'의 힘

세상은 넓고 고수는 많아요,
진짜 얘기를 들려주세요

우리가 상대방보다 압도적인 지식과 경험을 가지고 설득하는 경우는 많지 않습니다. 세상은 넓고, 우리보다 다양한 지식과 경험을 지닌 사람은 넘쳐나거든요. 그래서 상대방 중심으로 화제를 구성하고 다양한 근거를 덧붙이더라도, 결정적 한 방이 추가로 필요한 때가 있습니다.

그때 강력한 힘을 발휘하는 것이 '진짜 이야기'입니다. '저 사람이 얘기하는 건 진짜구나'라는 생각이 드는 결정타 말입니다. 사람들이 '진짜 얘기'라고 생각하는 것에는 두 가지가 있습니다. 첫 번째는 현장의 이야기, 두 번째는 자신의 이야기입니다.

첫 번째 진짜 이야기:
현장의 이야기

20대 새파란 나이의 컨설턴트가 30년간 경영을 진두지휘한 CEO를 대상으로 조직 시스템 개혁 제안서를 발표해야 한다고 생각해보세요. 어떤 방법으로 설득해야 마음을 움직일 수 있을까요?

사람이 높은 직급으로 올라갈수록 얻게 되는 것과 잃게 되는 것이 있습니다. 우선 일 잘하는 사람이라고 가정해보죠. 승진할수록 업무 지식, 인맥, 조직 운영 능력 등은 계속 성장합니다. 하지만 어쩔 수 없이 잃게 되는 능력이 있습니다.

바로 '현장의 감'입니다. 고객을 만날 때마다 물어보고, 주말에 몰래 현장에 나가서 살펴보기도 하지만 매일 현장을 누비는 실무자에 비하면 턱없는 수준이죠. 자신도 그 사실을 잘 알고 있습니다. 그래서 자신이 모르는 현장의 얘기를 시작하는 상대를 만나면 마음을 활짝 열고 듣게 됩니다.

자, 그러면 20대 컨설턴트가 경영 노장을 만나 어떻게 설득하는지 보시죠.

"지금까지 저희가 제안하는 업무 시스템 개선 방안을 말씀드렸습니다. 대표님, 궁금하신 점을 물어봐 주십시오."

"이것 봐요. 잘 모르시고 하는 얘기인데 우리가 지금 하는 시스템은 우수 사례로 장관상까지 받은 겁니다. 직원과 고객 모두 매우 만족하고 있어요.(상대방의 방어적 태도)"

"맞습니다. 예전에는 효율적이고 잘 만들어진 시스템이었습니다. 하지만 요즘의 프로세스에서는 오히려 걸림돌이 되고 있습니다. 최근 저희가 A 부서 업무를 일주일간 지켜봤습니다. 그랬더니 G사보다 업무 처리 시간이 1.4배에서 3배가량 더 걸린다는 사실을 발견했습니다. 직원들도 문제를 알고 있습니다. 젊은 직원들을 중심으로 여러 번 건의했다고 합니다.(현장의 얘기-직원)"

"그게 무슨 소리지? 전혀 들은 적 없어요. 직원들에게 물어보면 회사 업무 시스템이 효율적이라서 좋다고 했단 말입니다."

"대표님도 아시다시피 직원들은 속마음을 잘 얘기하지 않습니다. 직원뿐만이 아닙니다. 저희가 이 회사의 주요 고객사 다섯 군데 담당자와 3주 동안 따로따로 만나서 얘기를 나눠봤는데요,"

"우리 고객들도 불만이랍니까?!"

"네, 그래서 자기들도 난처하다고 합니다. 오랫동안 거래한 곳이고 제품도 만족스러운데, 다른 기업보다 피드백 속도가 떨어지다 보니 급하거나 중요한 프로젝트는 다른 곳에 맡기는 분위기라고 합니다.**(현장의 얘기-고객사)**"

대화의 주도권은 20대의 컨설턴트에게 넘어갔습니다. 이 컨설턴트는 직접 보고 들은 현장의 얘기를 하고 있습니다. 이제 CEO와의 까마득한 경력 차이는 문제가 되지 않습니다. 지금 컨설턴트는 '진짜 이야기'를 CEO보다 더 잘 아는 사람이니까요.

두 번째 진짜 이야기:
자신의 이야기

한 섬유유연제 상품이 주문 폭주로 품절 사태가 빚어진 적이 있습니다. 모 아이돌그룹 멤버가 팬들과 온라인에서 얘기하는 도중 '섬유유연제 뭘 쓰냐'는 질문에 그 브랜드 이름을 말했거든요. 당연히 소문이 일파만파 번졌고, 주문이 폭주했습니다. 가만히 있다가 혜택을 받은 그 기업은 싱글벙글했죠.

만약 그 아이돌 가수가 섬유유연제 광고 모델로서 얘기했다면 반응이 그토록 폭발적이진 않았을 겁니다. 진짜라는 생각이 안 드니까요. 팬들은 자신의 스타가 '진짜' 좋아하는 게 뭔지, '진짜' 사용하는 게 뭔지 궁금해합니다. 그래서 사진 속에 의도치 않게 찍힌 제품들을 셜록 홈스처럼 추적해서 알아냅니다.

일하는 사람도 마찬가집니다. 우리는 상대방의 '진짜' 의견이 무엇인지 알고 싶어 합니다. 지금 저렇게 열변을 토하는 내용이 사실 나에게 불리하기 짝이 없는 내용일 수도 있으니까요. 그동안 많이 속아봤잖거든요. 그러니 설득할 때는 '진짜 자기 이야기'를 한다는 인상을 주어야 강력한 힘을 발휘합니다.

제가 본 의사는 이런 대화법을 영리하게 사용하고 있었어요. 고령의 부모님을 모시고 온 보호자에게 수술과 약물치료 중에서 고르라고 할 때의 일입니다. 보호자는 확신이 없으니 계속 망설입니다. 부작용도 걱정되고, 비용도 천차만별이니까요. 망설임이 길어지면 그 의사는 이렇게 얘기합니다.

"저는 B 방법을 추천합니다. **만약 저희 부모님이 이 병에 걸리셨다면 저는** 그 방법을 쓸 겁니다."

그 말을 들으면 보호자는 망설임을 멈추고 대부분 B를 선택합니다. 좀 더 후련해진 표정으로요. 자기 부모에게도 쓰겠다는 방법이라면 그 의사가 생각하는 '진짜' 제일 좋은 방법 아니겠어요? 신뢰감이 상승합니다.

자기 이야기를 하는 것만큼 강력한 게 없습니다. 진정성이 있을 뿐 아니라 반박하기도 어렵습니다. 제가 들은 재미있는 사례를 들려드리겠습니다. 비타민C 예찬으로 유명한 의대 교수가 있는데, 제가 아는 분이 그 말을 따라 매일 비타민C를 고용량으로 먹었습니다. 그런데 그게 효과도 없을뿐더러 오히려 위장 장애만 생긴다는 얘기를 어디서 들으셨대요. 그래서 그 의대 교수에게 전화해 물어봤더니 그분이 펄쩍 뛰면서 이렇게 얘기하더라는 겁니다.

"다 데려와, 다. 그런 말 하는 사람 다 나한테 데려와요. 제대로 연구한 임상증거 있답니까? 나와 아버지 모두 몇십 년째 그렇게 먹고 있는데. 부작용? 그런 거 일절 없고 얼마나 건강한지 몰라요. 그런 말 하는 사람은 우리 아버지 보라고 해요."

물론 과학적 논리로 따지면 두 명에 불과한 표본은 크게 의미가 없습니다. 하지만 자기도 그렇게 하고 있을 뿐 아니라 부모에게도 권해왔고, 몇십 년이나 먹어도 부작용 없이 대단히 건강하다는데 누가 감히 반박할 수 있겠어요? '진짜 이야기'인걸요. 아마 그분은 토론대회 나가셔도 이길 겁니다.

"상대방을 설득할 때
진정성을 더하는
두 가지 방식이 있습니다.

첫 번째는
현장의 얘기를 하는 것이고,
두 번째는
자신의 얘기를 들려주는 겁니다.

논리와 논리,
데이터와 데이터가 날카롭게 대립할 때
회의 흐름을 바꾸는 건
의외로 이런 사람들입니다."

회의에서 명쾌하게 대화하는 기술

회의장에서 난상토론이 벌어지고 갈 길을 못 찾아 우왕좌왕할 때가 있습니다. 그때 핵심을 꿰뚫는 질문을 통해 방향을 제시하거나 조용히 앞으로 나가서 화이트보드에 문제를 깔끔하게 정리하는 사람, 풍부한 지식과 사례로 좌중을 사로잡는 사람을 보면 정말 멋있어 보입니다.

일의 언어, 특히 회의에서 이렇게 두각을 드러내려면 기본적으로 일을 잘해야 합니다. 하지만 일을 잘하는데도 회의실에서는 '뭔가 정리가 안 되는 느낌'이라면 다음의 팁을 참고하시기 바랍니다.

1. ○○는 ○○이다: 손에 닿는 구체적 언어로 표현하기

개념화^Conceptualization: 특정 용어를 사용할 때, 무엇을 의미하는지 정확하게 구체화하는 과정(출처: 실험심리학용어사전)

'스마트한 업무 환경을 어떻게 만들 것인가?'가 주제라면 '스마트한 업무 환경'이 무엇인지 정의하는 개념화부터 시작합니다. 예를 들면 이런 겁니다.

"무역업을 하는 우리 회사는 담당 국가에 따라 일하는 시간대가 모두 다릅니다. 그러므로 우리에게 필요한 스마트한 업무 환경이란 **'서로 다른 시간대에 일하면서도 한 팀으로 움직일 수 있도록 도와주는 환경'**입니다. 이를 위해 어떤 제도나 프로그램을 도입하면 효과적일지 논의하면 좋겠습니다."

2. 타깃 묶기: A, B, C로 나눠서 생각해보기

개념화 이후 바로 이야기해도 되지만 다른 사람들의 의견을 들은 후 정리하듯 얘기해도 괜찮습니다. '우리 과제는 A, B, C로 나눌 수 있다. 이걸 분야별로 토론해보자'라고 그룹핑합니다. 중구난방의 아이디어를 세 그룹 또는 두 그룹으로 정리해서 체계적으로 만드는 것입니다(자세한 내용은《일 잘하는 사람은 단순하게 합니다》기획 편을 참고하시기 바랍니다. 이 책에서는 'Rule 38'을 보시면 됩니다).

3. 세련된 비유를 쓰기

'직원의 잦은 퇴사 및 업무 불만족을 어떻게 해결할 것인가?' 가 회의 주제라고 해보겠습니다. 회의실에 에스프레소 머신과 핑거푸드를 갖다 놓자, 회식 문화를 바꾸자, 여름 휴가비를 지원하자 등의 의견이 나옵니다. 그러나 사실 이 회사 직원들의 가장 큰 불만은 인력 부족으로 업무가 과도하다는 것입니다. 이런 상황을 한마디로 설명하고 방향을 제안하려면 비유를 사용하는 것이 적절합니다.

"살인적인 스케줄 때문에 성대 결절이 온 가수에게 어떤 조치를 해야 합니까? 행사를 줄이고 쉴 수 있도록 하는 겁니다. '마이크를 바꿔주자, 목에 좋은 모과차를 사주자'라는 식의 대안은 본질적인 게 아닙니다. 지금 우리 상황이 그렇습니다. 인력 부족으로 과부하가 온 것이 진짜 문제인데 인력 충원은 놔둔 채 다른 문제만 건드려서는 해결되지 않습니다."

4. 자신만의 사례 노트 만들기

로고스 편에서 이야기했듯이 논리적으로 보이려면 근거를
내세워야 합니다. 하지만 막상 회의실에 가면 생각이 나지도
않을뿐더러 회의 도중에 스마트폰으로 검색하는 것도 실례
입니다. 그러니 평소에 자신만의 사례 노트를 만드시길 추천
해드립니다. 일종의 FAQ라고 할 수도 있습니다.

예를 들어 마케팅팀이라면 '왜 우리 회사가 하는 마케팅이
중요한가? - B사 사례, 우리 회사의 A 프로젝트 사례' 등의
내용을 적어놓는 겁니다. 1/2페이지 정도로 말입니다. 20~30
개 정도만 만드셔도 큰 도움이 됩니다.

Part Ⅲ
단순하게, 마음을 얻다

"일의 관계 온도를 지키려면 어떻게 말해야 할까?"

"남에게 친절하라.
당신이 만나는 사람들은 모두
힘겨운 싸움을 하고 있는 중이니까."

– 플라톤

36.5℃의

미묘한
관계 맺기

일의 관계는 뜨겁지도 않고 차갑지도 않은
미묘한 중간 상태

적정 기술^{Appropriate Technology}이라는 용어가 2019년에 다시 한번 주목받았습니다. 노벨경제학상이 이 개념과 행동경제학을 결합한 빈곤문제 연구에 주어졌거든요. 이 용어는 원래 1960년대 영국 경제학자 에른스트 슈마허^{Ernst Schumacher}가 제안한 '중간 기술'에서 유래했습니다. 슈마허는 저개발국에 가장 효율적이고 적절한 기술은 선진국의 첨단 기술과 기존 낡은 시스템 사이의 '중간 기술'이라고 주장했어요.

예를 들어, 빈곤 국가에 최첨단 화학 처리 방식의 정수 시설을 설치하는 건 현명하지 않습니다. 비싼 화학 약품을 정기적으로 구매할 여력이 없으므로 몇 년 지나면 무용지물이 되기 때문입니다. 오히려 약간 구식이더라도 미생물 분해 방식의 정수 시설을 설치해서 주변에서 쉽게 구할 수 있는 재료를 활용하는 게 낫습니다. 상황에 따라선 최고보다 오히려 중간 기술이 더 좋다는 걸 보여주는 사례입니다.

이 이야기를 꺼낸 이유는 '중간 기술' 또는 '적정 기술'의 개념이 우리의 일터 속 인간관계와 비슷하기 때문입니다. 우리가 동료나 비즈니스 파트너와 맺는 관계에서는 '중간 온도'가 가장 적합한 온도입니다. 그러다 보니 모호하고 어렵다는 사람이 많습니다. 너무 뜨거워도 너무 차가워도 문제가 생기는데, 객관적인 온도계가 있는 것도 아니니 중간선을 찾지 못해 갈팡질팡하게 됩니다.

'가족처럼 진짜 마음을 다해서 끈끈하게 지내야. 뜨겁게.'
'일로 만난 사이일 뿐이니 선을 긋고 사생활은 입도 뻥긋하지 말아야지. 차갑게.'

둘 중에게서 고르라면 차라리 쉽습니다. 하지만 일의 관계는

'잘 지내고 싶지만 만만하게 보이기는 싫고, 친밀하게 지내고 싶지만 너무 친하기는 싫은' 미묘한 선에 서 있습니다. 36.5℃ 정도의 적당한 온도를 유지하는 건 생각보다 쉬운 일이 아닙니다.

일하는 사람이라면 언어를 우아하게 사용해서
상대방과 적정한 관계 온도를 유지하는 법을 배워야 합니다.

온도 조절기의 세 가지 요소:
No, Thanks, Sorry

직장 문화와 동료의 특성, 개인의 성향에 따라 적정 온도의 기준은 다를 겁니다. 하지만 너무 뜨겁거나 차갑지 않은가를 스스로 점검할 수 있는 세 가지 온도 조절 버튼이 있습니다. 바로 'No', 'Thanks', 'Sorry'입니다.

1. No라는 이야기를 어려워하는가?
2. 주변 사람에게 고맙다고 이야기하는가?
3. 문제가 생길 때 제대로 사과하는가?

첫 번째 질문은 'No라는 이야기를 어려워하는가?'입니다. 만약 그렇다면 버튼을 눌러 온도를 조금 낮추시길 바랍니다. 정당한 이유가 있음에도 동료와 비즈니스 파트너에게 거절을 하기 어렵다면, 또는 거절의 말을 들었을 때 섭섭증과 분노가 치솟는다면 무엇인가 잘못된 겁니다.

두 번째 질문은 '주변 사람에게 고맙다고 이야기하는가?'입니다. 만약 그렇지 않다면 버튼을 눌러 온도를 조금 높이시길 바랍니다. 혼자 작업하는 순수 예술가라도 일하는 사람의 성과는 다른 사람들의 도움과 협조로 이어집니다. 고마운 일이 별로 없다고 생각한다면 무엇인가 잘못된 겁니다.

세 번째 질문은 '문제가 생길 때 제대로 사과하는가?'입니다. 이건 온도 조절 버튼이라기보다는 환기 버튼에 가깝습니다. 저지른 잘못으로 갈등이 생겨 분위기가 무겁게 내려앉았을 때 빠르게 환기할 수 있어야 합니다. 이 기능에 문제가 생기면 기껏 친밀해진 사이조차 뚝뚝 끊어져 지속 가능한 관계는 사라지게 됩니다.

적정 온도로 협상하고, 친밀함을 맺고, 갈등을 해결하는 법

Part Ⅲ에서는 크게 세 가지 분야를 이야기하려고 합니다. 첫 번째는 비즈니스 파트너나 동료와 대화하는 '협력의 언어'입니다. 대화의 대부분은 보고, 지시, 설득이라는 세 가지 영역에서 이루어지지만 협상을 하거나 기싸움을 하는 등의 미묘한 순간도 있죠. 그래서 따로 떼어 여기에서 이야기하기로 했습니다.

두 번째는 '친밀의 언어'입니다. 칭찬과 감사를 제대로 하는 법과 스몰토크에 관한 소소한 팁을 전하려고 합니다. 우리 문화에서는 감사(칭찬)를 직접적인 언어로 표현하는 걸 어색해한다는 점을 고려하여 가능한 한 실용적인 'How to'를 썼습니다.

세 번째는 '해결의 언어'입니다. 갈등 상황에서 문제를 해결하는 방법입니다. 가장 중요한 건 제대로 사과하는 방법입니다. 제대로 사과하지 않으면 갈등을 그냥 눌러놓았을 뿐이기에 풍선 효과처럼 어딘가에서 터지게 됩니다. 그리고 누구의 잘못이랄 건 없지만 미묘하게 불편한 관계가 됐을 때, 문제를 풀어가는 접근법도 다룹니다.

"훌륭한 일터는
멋진 동료들이 있는 곳이다."

– 넷플릭스의 '자유와 책임의 문화Freedom & Responsibility Culture' 문서

RULE
27

협상을
겁내지 마세요,
대부분 가능합니다

제3의 방법 찾기

클라이언트의 요청을 무조건 승낙하는 게

정답은 아닙니다

온라인에서 '넵병'이라는 용어가 유행한 적이 있습니다. 상사 요
구에 무조건 '넵'이라고 대답하는 직장인의 모습을 희화화한 겁니
다. 그런데 일하는 사람에게 '넵병'이 발동하는 대상은 직장 상사
만이 아닙니다. 클라이언트 앞에서도 자주 나타나죠.

사례: 클라이언트의 무리한 요구를 들은 천 대리

중견 제조업체에서 근무하고 있는 천 대리는 중요한 거래처인 최 실장의 전화를 받았습니다.

"안녕하세요, 최 실장님. 무슨 일이신가요?"

"저희가 요청한 제품 1만 개 아직 제작 안 들어갔죠?"

"네. 시제품만 제작한 상태예요."

"다행이네요. 원래 1번 디자인으로 말씀드렸는데, 2번 디자인으로 바꾸기로 했습니다. 1번 디자인으로 만든 기존의 시제품 비용은 청구서에 같이 넣어주세요. 그런데 받는 일정은 원래대로 했으면 하거든요. 가능할까요?"

"아…."

"어려운가요?"

"아니, 아닙니다. 가능합니다."

"다행이네요. 감사합니다."

사실 쉽게 승낙할 일이 아니었습니다. 디자인 변경에 족히 4일은 걸리기 때문입니다. 그러나 하늘 같은 클라이언트에게 차마 '안 된다'라고 말할 순 없잖습니까. 천 대리는 일단 된다고 얘기한 후 담당 직원과 협력사를 닦달하기 시작합니다. 여러 직원이 주말도 없이 고되게 일해야 했지만, 천 대리는 클라이언트의 요구에 빠르게 대응한 자신의 업무 능력을 뿌듯해합니다.

뿌듯해하는 천 대리에게는 미안하지만, 이중으로 문제가 있는 행동입니다. 첫째, 예정에 없는 주말 근무로 직원들을 괴롭혔을 뿐 아니라 둘째, 자신의 호의를 클라이언트에게 제대로 어필하지도 못했습니다. 클라이언트는 천 대리가 쿨하게 된다고 했으니 원래 가능한 스케줄이라고 생각했을 겁니다. 그러니 딱히 고마워할 일도 아닌 거죠.

상황을 먼저 솔직하게 말하세요,
그게 출발점입니다

- 클라이언트 요청: 1만 개 주문 제품을 2번 디자인으로 바꾸고 원래대로 월요일에 받았으면 좋겠음.
- 천 대리 입장: 디자인 변경이기 때문에 4일이 더 필요함.

최 실장은 천 대리가 말해주기 전까지는 어떤 상황인지 모릅니다. 그러니 상대방이 우리에게 곤란한 요청을 할 때는 먼저 솔직하게 상황을 얘기하는 게 낫습니다.

"어쩌죠? 디자인을 변경하면 재료 구성을 다시 하고 시제품도 다

시 만들어야 해서 **다른 일 제쳐놓고 이것 먼저 한다고 해도, 4일이**
더 필요해요. 그러면 **금요일**에 완성이 되겠네요."

하지만 우리는 중요한 클라이언트의 마음을 상하게 할 생각이
전혀 없습니다. 그러니 도와주려는 태도로 조심스레 물어봅니다.

"그런데 갑자기 무슨 일이 있으신가요? 혹시 원래 날짜에 꼭 받
아야 하는 다른 이유가 있으신 건가요?"

대부분은 '그런 건 아니라면서' 금요일에 달라고 합니다. 그러
면 누구도 무리할 필요 없이 이대로 상황 종료입니다. 상대방이
요청할 때는 '되면 좋고, 안 되면 말고' 하는 마음일 때가 많습니
다. 혹시 된다면 좋은 거니까 물어본 거죠.

하지만 진짜 빨리 받아야 할 이유가 있을 때도 있습니다.

"2주 안에 1,000개를 납품해달라고 한 주문이 있어서요."
"저희도 거래처에 1만 개를 2주 안에 납품해야 해서요."

이건 뭔가 해결이 필요한 상황이네요.

상대방의 요구를 충족하는
제3의 안을 제시하세요

천 대리가 클라이언트 요청을 무리해서 승낙하고 직원을 괴롭힌 이유는 선택지가 두 개뿐이라고 생각했기 때문입니다. '승낙 아니면 거절'이라는 식으로 말이죠.

하지만 세상에 딱 떨어지게 두 가지 정답만 있는 경우는 드뭅니다. 대부분은 협상 가능한 세 번째 방법이 있기 마련입니다.

클라이언트가 고객에게 2주 안에 1,000개를 납품해야 하는 경우

1만 개 중에서 1,000개만 빨리 필요한 경우입니다. 저라면 이런 협상안을 제시하겠습니다. 직원과 협력 기업을 괴롭히지 않고도 클라이언트의 요구를 만족시키는 방안입니다.

> "그러면 이렇게 하면 어떠세요? 저희가 일단 다른 일은 제쳐두고 이것 먼저 해서 **1,000개를 원래대로 월요일까지 드릴게요.** 그리고 **나머지 9,000개는 금요일에 받으시는 건 어떨까요?**"

클라이언트가 고객에게 2주 안에 1만 개를 모두 납품해야 하는 경우

클라이언트의 요청을 거절하지 않는 한 추가 근무는 확정입니다. 하지만 이 상황에서도 할 수 있는 제안은 있습니다. 예를 들면 담당 직원과 협력사에 금전적 보상을 할 수 있도록 '추가 금액'을 요구하는 안입니다.

> "그러시군요. 최 실장님은 저희한테 중요한 거래처인데 가능한 한 도와드리고 싶네요. 그러면 저희가 기존에 하던 업무를 중단하고 주말까지 꽉 차게 근무하는 방향으로 설득해보겠습니다. 그러면 저희도 협력사에 추가 비용을 드려야 하니 **납품 단가에서 가격을 5%** 정도 추가해야 할 것 같아요."

무조건 승낙보다 협상이 오히려
더 좋은 결과를 가져옵니다

최 실장은 천 대리가 제안한 제3의 안을 수락할 가능성이 큽니다. 그리고 심지어 만족도도 더 높습니다. 왜냐하면, 천 대리가 상황을 솔직하게 얘기했기 때문에 '무리한 상황인데 우리를 위해서 애써주었다'라는 인식을 강하게 갖게 됐거든요. 아무 말 없이 무조건 요구를 들어주었을 때보다 더 고마워하는 거죠.

만약에 최 실장이 제3의 안을 모두 거절하더라도 손해 볼 것이 없습니다. 애초의 무조건 '넵'과 같은 결과니까요. 엄밀히 말해서 아주 똑같지는 않습니다. 최 실장에게 호의의 빚은 남긴 셈이잖아요.

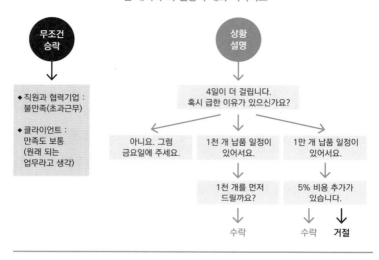

천 대리와 최 실장의 대화 시나리오

무조건
승락

상황
설명

4일이 더 걸립니다.
혹시 급한 이유가 있으신가요?

◆ 직원과 협력기업 :
  불만족(초과근무)

◆ 클라이언트 :
  만족도 보통
  (원래 되는
  업무라고 생각)

아니요. 그럼
금요일에 주세요.

1천 개 납품 일정이
있어서요.

1만 개 납품 일정이
있어서요.

1천 개를 먼저
드릴까요?

5% 비용 추가가
있습니다.

수락

수락   거절

어떤 시나리오를 보더라도 무조건 승낙하는 것보다는 협상하는 게 이득입니다. 그러니 상대방이 무리한 걸 요청할 때 지레 겁먹고 무조건 '넵!' 하지 마세요. 상대방 역시 '해주면 좋고, 안 되면 이 정도라도 해주면 좋겠다'는 마음인 경우가 대부분이기 때문입니다. 곤란한 상황이라면 자신의 입장을 담백하게 얘기하세요. 다음의 매직 문장을 써서 말입니다. 대부분 협상 가능합니다.

"가능한 한 도와드리고 싶네요.
그런데 지금 저희 상황은 이러이러합니다.
서로 어떻게 조율하면 좋을까요?"

"중요한 고객의 요청이라도
무조건 들어주실 필요는 없습니다.

우리에게는 무리이지만 상대방에겐
큰 의미가 없는 경우도 많거든요.

어려운 상황이라면
담백하게 설명하세요.
그리고 가능한 한 도와주려는 태도로
제3의 안을 제시하세요.

대부분의 요청은 협상 가능합니다.
그냥 들어준 경우보다
더 고마워하는 일도 많습니다."

경직된 태도와 프로페셔널함은 다릅니다

정중한 요청의 기술

안 됩니다, 내일 아침까지는

꼭 주셔야 해요

제가 경험한 일화입니다. 한창 바쁘게 일하고 있는데 전화가 와서 받아보니 정부 모 부처의 사무관이었습니다.

> "이런저런 이유로 이런 자료가 필요합니다."
> "그렇군요. 그런데 어쩌죠? 지금 정리된 자료가 없는데요."

"지금 급해서요. 언제까지 준비되시죠?"

"글쎄요. 제가 지금 다른 급한 업무 중이라서요. 다음 주 수요일에 드리겠습니다."

"안 됩니다. 내일 아침까지는 꼭 주셔야 해요. 장관님 보고 자료라고요."

듣다 보니 살짝 열이 받았습니다. 오후에 전화해놓고 당장 내일까지 달라요? 게다가 고압적인 태도로 말입니다. 자기 상사 보고인데 나보고 어쩌라는 겁니까? 물론 지금이라면 저 사람도 얼마나 초조한 마음에 저럴까 싶겠지만, 그때는 저도 그다지 유순한 사람이 아니었단 말입니다.

"지금 오후 4시인데 갑자기 그러는 게 어디 있어요? 정리된 것 없어요. 지금 그거 할 시간도 없고요."

"공문으로 요청하면 되겠어요? 그쪽으로 보내겠습니다."

"뭐, 그러시든지요."

사무관은 요청 사항을 공문으로 보냈습니다. 하지만 공문은 명령서가 아닙니다. 한 기관이 다른 기관에 보내는 공식 편지 같은 것일 뿐 적힌 대로 무조건 따라야 할 의무는 없습니다. 그 공문을 받고 어떻게 대처했는지는 기억이 가물가물합니다. 아마 가능한 한 늦게 보내줘서 상대방을 초조하게 했거나, 아니면 직접 정리하라고 100페이지 넘는 파일을 여덟 개 정도 보냈을 겁니다.

딱딱한 태도로 요청한다고
말에 힘이 생기는 건 아닙니다

어느 조직이든지 직급과 연차가 낮을수록 요청 사항을 말할 때 딱딱하고 명령조의 태도를 보이는 경향이 있습니다. 상대방의 생각을 듣고 나서도 자기 주장만 고집하고요.

'내가 어리고 직급이 낮으니까 상대방이 얕볼 수 있어. 그러니까 더 세게, 강경하게 나가야 결과물을 제대로 줄 거라고.'

부끄럽지만 1~2년 차에 저도 그랬습니다. 하지만 무례하게 군다고 말에 힘이 생기는 건 아닙니다. 오히려 기분이 상한 상대방은 도와줄 마음이 싹 사라지기 때문에 일이 몇 배로 힘들어집니다. 아마 그 사무관은 자료 취합하는 업무가 무척이나 고됐을 겁니다. 저는 그나마 해주기라도 했지만, 유들유들한 사람들은 "아이고, 그런 자료 없는데 안타깝네요"라며 버틸 테니까요.

어떤 사람은 자신의 딱딱한 태도 덕에 그나마 지금의 결과물을 얻었다고 생각하실지도 모르겠습니다. 하지만 꼼꼼하고 치밀한 것과 무례한 것은 다른 차원의 일입니다.

정중하게 요청하면
오히려 원하는 걸 얻기 쉽습니다

정중하게 얘기하면서도 얼마든지 좋은 결과물을 얻을 수 있습니다. 일 잘하는 사람은 이 사실을 빠르게 깨닫습니다. 협박하거나 딱딱하게 구는 것보다 상대방을 존중하는 태도로 요청하는 방법이 원하는 결과를 더 수월하게 가져온다는 사실 말입니다. 상대방에게 정중하게 요청할 때 기억해야 할 세 가지가 있습니다.

정중한 태도로 요청 상황을 충분히 설명합니다

"이런저런 이유로 이런 자료가 필요합니다."

"아, 그러세요? 그런데 지금은 정리된 자료가 없어요."

"이를 어쩌죠? 저희가 내일 당장 장관님 보고를 해야 하는데 그 자료가 꼭 필요하거든요.(**이유 설명 ①**)"

"글쎄요, 다른 급한 업무 중이라서요. 정말 바쁜데⋯."

"○○님, 바쁘신 건 알지만 부탁 좀 드리겠습니다. 지금 저희 과장님이 어떻게든 그 자료 꼭 받아내라고 뒤에서 노려보고 계세요.(웃음) 부탁드립니다.(**이유 설명 ②**)"

장관 보고에 필요한 자료이고, 만약 받지 못한다면 자신이 과장에게 크게 혼난다는 상황을 믿지 않게 설명하고 있습니다. 그러면 상대방도 '이게 꼭 필요한 자료구나'라는 당위성은 인지하게 됩니다. 하지만 여전히 바쁜 업무를 제쳐놓고 해주기는 망설여집니다. 엄밀히 말해서 남의 업무잖습니까.

상대방의 도움을 갚아줄 호의를 약속합니다

"○○님. 바쁘시겠지만, 부탁드릴게요. 나중에 ○○님이 저희 쪽 도움 요청하실 때 꼭 갚겠습니다.(**호의 약속①**) 제가 ○○님 팀장님께 전화 드려서 양해를 구할까요? 지금 시키신 업무 잠깐만 늦춰달라고요. 꼭 좀 부탁드립니다. 제가 진짜 맛있는 커피도 사겠습니다.(**호의 약속②**)"

이렇게까지 얘기하면 웬만하면 도와주고 싶어집니다. 같은 직장인으로서 고충을 이해하는 마음이 있잖아요.

"음, 이렇게까지 말씀하는데…. 그러면 제가 한두 시간 안에 얼른 정리해드릴게요. 급하게 정리한 것이니 문장이나 이런 건 신경 쓰지 마시고 내용 위주로 보세요."
"그럼요. 내용이 중요하니까요. 정말 고맙습니다!"

저라면 이렇게 예쁘게 말하는 사람에게는 원래 안 줘도 되는 다른 참고자료까지 보내줄 겁니다.

도움을 받고 나서는 꼭 감사 인사를 합니다

요청할 때는 무척이나 친한 듯이 굴다가 일이 끝나면 모르는 척하는 사람들이 있습니다. 자신의 평판을 깎아먹는 행동이죠. 문제가 해결된 다음에는 상대방에게 감사 인사를 따로 전하는 게 좋습니다. 기껏해야 1~2분이면 되는 일이니까요.

> "○○○님. 진짜 감사합니다. 좋은 자료 보내주셔서 덕분에 보고 잘 마쳤어요."
> "별말씀을요. 거기도 윗분들이 장난 아니신가 봐요?"
> "아유, 죽겠습니다. ○○○님. 나중에라도 저희 쪽 도움 필요하시면 꼭 저한테 연락해주세요. 제가 할 수 있는 선에서는 적극적으로 도와드릴게요."

상대방을 윽박지르지 마세요,
무례와 꼼꼼함은 다릅니다

우리는 누군가에게는 을이고 또 누군가에게는 갑입니다. 영원한

갑도, 을도 없습니다. 그런데 업무 비결이랍시고 상대방을 협박하고 윽박지르는 걸 자랑스레 가르치는 분들이 있습니다.

"그 자식들이 일을 똑바로 안 하더라고. 내가 대표부터 직원들 싹 다 집합시켰지. 그랬더니 그다음부터 제대로 하는 거야. 하여간 한 번씩 잡아줘야 한다니까."

글쎄요. 이건 자랑이 아닙니다. 업무를 잘 모르면서 윽박지르기만 하는 사람을 속이는 방법은 수십 가지가 있습니다. 그러니 이상한 노하우를 배우는 대신에 실력을 키워서 꼼꼼하게, 깐깐하게 요청하는 게 훨씬 낫습니다. 무례하게 굴지 않더라도, 지시하는 사람에게 실력이 있으면 상대방도 알아보는 법입니다.

"어? 재질이 4년 전에 유행했던 거잖아요? 올해 쓰기는 올드하지 않나요? 게다가 B급 소재고요. 단가도 이상해요. 비인기 옷감인데 이번 시즌 인기 옷감과 가격이 비슷하네요. 음…, 대표님이 이런 분이 아니셨는데 무슨 일이죠? 이번 건 잊어버릴 테니 다시 제대로 제안해주세요. 이번 시즌 정말 중요한 거 아시잖아요."

어설픈 협박을 하는 사람보다 상대방을 더 바짝 긴장시키는 사람입니다. 상대방은 견본을 설렁설렁 제출했다가 완전히 정곡이

찔렸으니 다음부터는 꼼꼼하게 제대로 해 올 겁니다.

〈예시〉 파트너사에 꼼꼼하게 요청하는 메일

받는 사람: 파트너사 △△△
참조: 파트너사 △△△의 팀장, 보내는 이의 부서 팀장

안녕하세요. ○○기획의 ○○○ 대리입니다. 보내주신 홈페이지 개편안 잘 보았습니다. 고민을 많이 하신 흔적이 보입니다. 팀장님과 상의하고 나서 정리된 의견을 다음과 같이 말씀드립니다.

1. 콘텐츠 구성

현재는 B to B 중심으로 되어 있는데, 저희 특성에 맞춰서 B to C 중심으로 바꿔주시면 좋겠습니다. 벤치마킹이 될 만한 곳을 찾아보았는데 두 군데가 있더군요. 다음을 참고해주세요.
http://aaa.bbb.ccc.com
http://bbb.ccc.ddd.com

2. 색감

색감이 전체적으로 차가운 블루톤인데, 좀 더 민트 계열로 바꿔주시면 좋겠습니다. 여러 번 일하시면 안 되니 적용하시기 전에 전체 사용하실 색감 배열안을 미리 보내주세요. 합의하고 그다음에 적용하면 좋겠습니다.

3. 오타 및 의문점 체크리스트

홈페이지 시안을 보면서 오타 및 의문 사항을 정리하여 첨부했습니다. 50개 정

도 됩니다.

4. 향후 스케줄

스케줄에 따르면 홈페이지 시안 확정은 2주 후 수요일(9/15)까지입니다. 따라서 콘텐츠 구성과 색감은 이번 주 안에 합의가 되어야 할 것 같네요. 필요하시다면 미팅을 요청하셔도 됩니다. 참고로, 앞으로의 스케줄 및 to do list를 첨부했습니다.

저희 홈페이지 기획에 많은 도움을 주셔서 감사합니다. 아직은 미흡한 수준이지만 조금 더 신경 써주시면 좋은 결과물이 나올 것 같습니다. 이번 홈페이지에 저희 상무님을 비롯하여 임원진도 관심이 크시답니다.

메일 확인하시면 전화 부탁드립니다.
고맙습니다.

○○○ 드림

첨부 파일: 1. 체크리스트 2. 스케줄 및 to do list

"상대방에게
무례하게 요청하는 걸
업무 노하우라고
착각하는 사람이 있습니다.

무례하게 요청했더니
결과물이 더 좋았다고 생각하는 건
착각입니다.

**만나는 사람에게
예의를 갖추어 얘기해주세요.**
그게 원하는 걸 더 쉽게 얻는
지름길입니다."

혼자
끙끙거리지 말고
지원을 요청하세요

세 종류의 지원군

일하다 보면 담당자와 말이 통하지 않아서 속이 탈 때가 있습니다. 옆 부서 김 과장일 때도, 클라이언트 최 대리일 때도, 파트너사민 팀장일 때도 있죠. 담당자와 실랑이하다가 혼자로선 역부족이라는 생각이 들면 지원군을 데려와야 합니다. 상황별로 활용할 수있는 지원군에는 세 종류가 있는데, 바로 직속 상사, 공통의 상사, 그리고 규정과 원칙입니다.

첫 번째 지원군을 소개합니다:

직속 상사

팀장이 옆 부서에서 협조 자료를 받으라고 했는데, 상대편이 시큰둥한 반응으로 차일피일 미룬다면 어떻게 할까요? 계속 찾아가서 부탁하고 사정을 설명했는데도, "준다니까, 참. 금방 준다고!"라며 세상 귀찮다는 반응을 보이면 속이 부글거릴 겁니다. 우리의 정신 건강을 위해서도 정말 좋지 않은 일입니다. 그러니 상대방이 비협조적일 때는 혼자 전전긍긍하지 말고 빠르게 직속 상사를 찾아가 도움을 요청하세요.

> "팀장님, 옆 부서에 자료를 요청한 지 일주일이 지났는데 이런저런 핑계를 대면서 주지 않고 있어요. 팀장님이 저쪽 부서 팀장님께 공식적으로 요청해주시면 좋겠어요."

부서장은 귀찮은 일이 생긴 것이니 좋아하지야 않겠지만, 담당자가 단호한 태도로 나오면 대부분 들어줍니다. 상대 부서에 거는 한 통의 전화가 그다지 부담스러운 일도 아니잖습니까. 더 공식적으로 하려면 협조문을 담당 부서에 전달하는 방법도 있습니다. 그러면 진행 상황을 뺀질뺀질한 담당자가 아니라 그 팀의 부서장에게 문의할 수 있으니 업무가 좀 더 매끄러워집니다.

두 번째 지원군을 소개합니다:
공통의 상사

큰 프로젝트는 여러 부서가 협업하는 경우가 많습니다. 이 경우 총괄 부서는 몸이 달아 있지만, 협업 부서는 '돼도 그만, 안 돼도 그만'이라는 심드렁한 태도를 보이는 경우가 대부분입니다. 괜히 남의 부서 좋은 일만 해준다는 불만이 있거든요. 그래서 총괄 부서가 협조를 간곡히 부탁하고 업무를 채근하더라도 삐딱한 태도를 보이며 미적거립니다.

가련한 담당자가 선택할 수 있는 효율적 방안이 있습니다. 바로 이 상황을 정리할 사령관을 모셔 오는 겁니다. 사령관은 이 프로젝트의 성공에 관심이 많고, 여러 부서를 아우르는 공통의 상사를 의미합니다. 예를 들어 같은 본부의 팀들이 모인 프로젝트라면 본부장, 여러 본부에 걸쳐 이해관계자가 흩어져 있다면 총괄 부사장 같은 사람입니다. 가서 이렇게 부탁하는 겁니다.

"부사장님, 이 프로젝트는 여러 팀이 협업을 해야 성공할 수 있습니다. 하지만 아시다시피 이렇게 팀이 여럿으로 나뉘어 있을 때 카리스마 있는 구심점이 없다면 흐지부지되기 쉽습니다. **총괄 부서는 저희지만 부사장님께서 일주일에 한 번 정도 점검 지휘를 해주시면 큰 힘이 되겠습니다.** 이 프로젝트는 올해 저희 조직에도 중요한 프로젝트이니까요."

거절하는 리더는 많지 않습니다. 큰 프로젝트의 성과는 곧 자신의 실적인 만큼 성공하기를 누구보다 바라고 있거든요. 게다가 실무 부서에서 자신의 능력과 영향력을 인정하고 도와달라는데, "그런 건 너희가 알아서 해"라고 매정하게 말하겠습니까? 구심점이 없을 때 부서가 협력이 잘 안 된다는 사실을 잘 알고 있기도 하고요.

사령관이 섭외되면 프로젝트의 모양새는 '총괄 부서 프로젝트에 다른 팀이 협조'하는 형태가 아니라 '사령관이 총괄하는 프로젝트에 부서별로 각자 역할을 맡은' 모습이 됩니다. 당연히 업무 협조가 원활하게 진행됩니다. 게다가 협력하는 각 팀도 자기의 기여를 상사가 확실히 인지하고 있으니, 실속 없이 남의 부서 업무에 들러리를 선다는 억울함을 훨씬 덜 느낍니다.

세 번째 지원군을 소개합니다:
규정과 원칙

클라이언트가 계약한 조건을 넘어서는 무리한 요구를 할 때가 있습니다. 좋은 비즈니스 관계를 위해서라면 어느 정도 융통성을 보이는 게 좋지만, 억지를 부리는 것까지 받아줄 필요는 없습니다.

혼자 힘으로 거절하기가 버겁다면 차분하게 세 번째 지원군을 내세우면 됩니다. 바로 규정과 원칙입니다. 이 지원군과 함께하면 '안 하는 게' 아니라 '못 하는 게' 됩니다.

"저는 해드리고 싶어요. 하지만 저희 규정에 따르면 지금 말씀하신 사항은 할 수가 없습니다. 저희 대표님이 이 문제에서는 무척 엄격하시거든요. 제가 권한이 없네요. 죄송합니다."

회사 동료가 친분에 기대어 규정에 어긋난 편의를 주장할 때도 이 지원군을 데려오시면 됩니다.

"저야 해드리고 싶죠. 그런데 규정에 어긋나는 일이라 제가 몰래 해드려도 결국 감사팀에 걸릴 거예요. 저는 징계를 받고요."

"나야 해주고 싶지만, 원칙상 안 돼. 옆 부서 부장님에게도 안 된다고 했는데, 장 대리만 해줬다가는 내가 어떻게 되겠어?"

"상대방의 협조가 어려울 때는
혼자 해결하려고
끙끙거리지 마세요.

직장에서 직급은
자기 몫만큼의 고민을
하라고 만든 겁니다.

혼자 싸우기 벅찰 때는
지원군을 현명하게 끌어들이세요.

그게 상사든 업무 규정이든 말이죠."

직장인
괴롭힘을
불허합시다

평범한 악의의 경계

누구든 가해자가 될 수 있습니다,
자그마한 권력이라도 있다면

제가 일하던 직장은 학창 시절에 모범생이었던, 순둥이 기질의 사람들만 모여 있는 곳이었습니다. 그러다 보니 누군가에게 괴롭힘을 당해본 기억이 없습니다. 지금 와서 생각해보니 '일의 양이 유난히 많았던 게 괴롭힘당한 건가?' 싶기도 하지만, 그때는 프로젝트 규모가 크고 기한이 촉박했던 것이라 어쩔 수 없었다고 생각했습니다. 일단은 피해자(?)인 제가 괴롭힘이라고 생각하지 않았으니 마음이 평온했나 봅니다(그때 좀 더 적극적으로 반항할 걸 그랬네요). 그런데 '직장인 괴롭힘'에 관해 쓰려고 하니 생각나는 에피소드가 하나 있습니다.

청와대의 갑작스러운 지시로 프로젝트를 할 때였습니다. 기한도 촉박하고 일의 양이 많아서 정신이 없었습니다. 저와 팀장은 일주일 가까이 숨 쉴 틈도 없이 일했습니다. 야근과 주말 출근이 이어졌죠. 행사에 참석자를 추가하려고 청와대와 연락하는 중이었는데, 갑자기 담당자가 짜증이 났는지 이렇게 쏘아댔습니다.

"내가 너 시다바리인 줄 알아? 시다바리인 줄 아냐고!"

순간 멍해졌습니다. 예고편도 없이 갑자기 튀어나온 무례함이었거든요. 의견이 안 맞아 티격태격하던 상황도 아니었습니다.

저는 너무 당황해서 잠시 기다렸습니다. 설마 옆에 있는 사람에게 얘기한 게 들린 거겠지, 하면서 말입니다. 그러다 상대방의 침묵을 보며 조심스럽게 물었습니다.

"지금 저에게 하신 얘기인가요?"

상대방의 짜증 섞인 반응을 보고, 가까스로 이해했습니다.

'진짜로 나한테 한 얘기구나. 갑자기 무슨 막말이지?'

나중에 전해 듣기로, 그 담당자는 거의 일주일째 집에 가지 못하던 상황이었다고 했습니다. 하지만 그걸로 막말과 무례함이 정당화될 수는 없습니다. 정작 자신을 괴롭힌 상사 앞에서는 아무 소리 못 하고 만만한 저에게 공격을 퍼부은 셈이니까요. 심지어 우리는 그 담당자의 상사 때문에 야근 중이었는데 말입니다.

힘이 있으니 상대방에게 함부로 해도 자신에게 아무런 피해가 없을 거라는 자신감에 근거한 행동이었습니다. 그 자신감이 그동안 남에게 싫은 소리 할 필요 없이 순하게 살았던 그조차 거침없이 막말을 뱉도록 부추긴 거죠.

이 에피소드의 끝은 씁쓸합니다. 지금이라면 항의하고 사과를 받았을 겁니다. 하지만 그때는 중요한 프로젝트 담당자, 그것도 청와대 담당자를 화나게 만들었다는 사실에 겁이 났습니다. 그래서 '기분을 상하게 해드렸다면 죄송하다. 제가 부족하고 생각이 짧았다. 어려운 상황인 것은 알지만 배려 부탁드린다'라는 식의 사과 문자를 정중하고 길게 작성하여 보냈습니다. 당연히 답장은 없었습니다.

그 일 이후 다시는 만나거나 연락할 일이 없었습니다. 그리고 저는 여기에 글을 적음으로써 소심한 복수를 하는 중입니다. 나중에 소설 속에서 아주 야비한 인간으로 등장시킬까 봐요.

스쳐 지나가는 인연이었음에도, 저는 그날 그 사람의 무례를 분명히 기억합니다. 일하는 동안 기자나 시민단체, 국회, 정부 담당자에게 이른바 '을'이 되어서 요청을 들어주는 일은 자주 있었는데 왜 그 기억만 이렇게 또렷한지 모르겠습니다. 아마 당시 느꼈던 당혹감과 사과를 받아야 하는 상황에서 오히려 간곡하게 사과 문자를 작성하던 모욕감이 복잡하게 섞여서 그런 듯합니다.

우리의 평범한 행동이
상대방을 괴롭힐 수 있습니다

한나 아렌트가 쓴 《예루살렘의 아이히만: 악의 평범성에 대한 보고서》에서 알 수 있듯이 악행을 저지르는 건 평범한 사람들입니다. 유대인 대학살을 주도한 사람들은 희대의 악마가 아니라 그저 피곤하고 성실한 직장인들이었습니다. 직장인 괴롭힘 역시 평범한 사람들의 악의와 무례로 일어납니다. 그때 그 담당자처럼 말입니다.

평범한 사람들이 저지르는 괴롭힘은 소소합니다. 하지만 사막에서 타는 듯한 태양보다 신발 속의 모래 알갱이가 더 큰 고통을 주는 것처럼, 소소한 무례는 많은 직장인을 괴롭게 합니다.

1. 자기가 잊어버릴지 모른다는 이유로, 퇴근 후나 주말 상관없이 카톡을 보낸다.
2. 하루의 업무가 마무리되는 6시에 팀 회의를 소집한다.
3. 총괄 부서에서 정해놓은 기한보다 항상 늦게 제출해서 상대방

을 속 타게 한다.

4. 상황을 지켜보며 결정을 가능한 한 늦게 내린다. 그러면서 상황별 대책을 준비시킨다.

5. 팀 회의에서 팀원 모두의 프로젝트를 다루느라 굳이 알 필요 없는 사람까지 시간을 낭비하게 한다.

6. 만약 상대방이 '자기 상사'라면 절대 하지 않을 농담과 지적을 후배나 거래처 담당자에게 한다.

7. 몇몇 직원끼리만 점심계나 간식계를 만들어서 다른 사람을 소외시킨다.(직장을 동아리처럼 생각하는지?)

8. 몇 년 전 경험을 내세우며 후배의 의견을 무시한다.

9. 결과물을 보며 한숨을 쉬거나 고개를 절레절레 젓는다.

10. 상대방의 얘기를 들으면서 휴대전화를 확인하거나 다른 업무를 본다.

사실 쓰자면 끝이 없을 겁니다. 서슬 퍼런 임원이라고 하더라도 경영진 회의에서는 따끔하게 혼나는 존재이고, 호통치던 총수나 정부도 글로벌 무대에서는 눈치를 봅니다. 그러니 조그마한 권력과 힘으로 상대방을 무례하게 대하는 사람을 보면, 모두 놀란 눈으로 빤히 쳐다봐 줍시다. 부끄러워지도록 말입니다.

"일터에서 괴롭힘은
악마 같은 사람의
끔찍한 소행이 아닙니다.

**평범한 사람의
악의적인 행동입니다.**

누구든 자그마한 권력이 주어졌다면
상대방을 괴롭힐 잠재력이 있습니다.

같은 동료에게, 후배에게,
그리고 거래처 담당자에게."

신뢰를 떨어뜨리는 언어 습관

신뢰를 떨어뜨리는 일의 언어는 일상에서와 크게 다르지 않습니다. 무례하거나 빈정거리는 언어, 하대하는 말, 오타투성이의 무성의한 글 등은 누구에게나 눈살을 찌푸리게 합니다. 자기가 들었을 때 기분 나쁜 말은 다른 사람에게도 마찬가지이며, 감사하고 기쁜 말은 모두가 듣기 좋아합니다.

하지만 악의 없이 실수하는 경우도 종종 있기 때문에 추가로 말해보려고 합니다.

1. 정확한 현실 대신 장밋빛 미래를 이야기한다

많은 착하고 성실한 직원이 눈앞의 클라이언트를 만족시킬 좋은 대답을 하고 싶어 합니다. 그래서 정확한 현실 대신 의욕적인 목표나 '이루어질 수도 있는' 가능성을 얘기합니다.

하지만 우리 입으로 말하는 순간 장밋빛 미래는 꼭 지켜야 할 약속으로 둔갑합니다. 지키지 않으면 비극이 되는 겁니다. 그게 가격이든 데드라인이든 말이죠. 내가 그 약속을 지키지 못했을 때, 비즈니스 파트너는 쭈뼛거리면서 자신의 상사에게 "거래처에서 말하기를 사실은 8,000만 원이 아니라 1억 원이랍니다. 잘못 보고드렸네요" 같은 정정 보고를 해야 합니다. 직장인으로선 정말, 너무도 끔찍한 일입니다.

2. 말과 행동이 다른 메시지를 보낸다

2년 장기 프로젝트를 진행할 업체를 경쟁 수주 방식으로 찾고 있다고 해보겠습니다. 그런데 B 기업 대표가 제안서를 공지 날짜보다 늦게 제출하면서 프로젝트를 데드라인에 맞춰서 해낼 수 있다고 호언장담합니다.

하지만 생각해보세요. 고작 문서 제출도 마감을 맞추지 못하는 기업이 2년 장기 프로젝트를 제때 해낼 수 있을까요? 제안서를 작성하느라 고생한 몇 주간의 시간과 오랫동안의 프로젝트 실적은 그 작은 행동 때문에 가치를 잃게 됩니다.

3. 채팅하듯이 메일을 보낸다

메일함을 열었을 때 똑같은 담당자가 연달아 3~4통을 보내 놓은 걸 확인하게 되는 일이 종종 있습니다. 메시지 하나 보내고, 생각나서 하나 더 덧붙이고, 생각나서 하나 더 얘기하는 식입니다. 흡사 채팅처럼 말이죠. 비즈니스 메일은 공식 서한이지 채팅이 아닙니다. 파트너가 글로벌 기업이라면 더더욱 신중해야 합니다.

"나는 직원들을 만날 때마다
그들의 가슴에 '나는 존중받고 싶다'라고
쓰인 목걸이를 차고 있다고 생각하고,
그들을 대한다."

– 메리 케이 애시Mary Kay Ash, 메리케이 창업자

평범한 감사로
마음을
얻을 수 있습니다

Special thanks to

고맙다는 말을 할 수 있는 건
희귀하고 빛나는 재능입니다

감사 메시지라고 하면 떠오르는 장면이 몇 있습니다. 제가 아는 CEO는 명절마다 수백 명의 사람에게 선물을 보냅니다. 그런데 문자로라도 고맙다는 인사를 받는 경우는 드물다며 씁쓸하게 웃곤 했습니다. 다들 그냥 당연한 듯 받는다는군요.

또 다른 장면은 무뚝뚝하기로 유명한 한 임원의 사무실입니다.

그분은 고가의 기념품이나 명품들을 자주 선물 받았는데 사무실 한쪽에 자리를 차지한 건 의외로 동호회 직원들이 만들어준 소박한 기념품이었습니다. 메모로 채운 액자 스타일의 롤링 페이퍼형 감사장이었죠. 팀원 중의 하나가 같은 동호회였는데 만들면서 저에게 묻더라고요.

"이렇게 드리면 좋아하실까요?"

"응? 글쎄? 뭐…, 싫어하시지야 않겠지."

"에이, 은근히 또 좋아하신다니까요."

직원의 말처럼 롤링 페이퍼 비슷한 그 액자는 은근히 존재감을 과시하며 사무실에 오랫동안 있었습니다. 보고하러 온 사람들이 볼 수 있게 말이죠. 은퇴하실 때도 가져가신 것 같습니다.

그러고 보니 저도 오랜 직장생활 동안 받은 많은 선물과 기념품은 하나도 갖고 있지 않습니다. 심지어 국무총리 표창장도 받았는데 어디 갔는지 모르겠어요. 유일하게 간직하고 있는 건 팀원들이 하나씩 살짝 전해준 감사 카드입니다.

이처럼 감사의 표시가 상대방에게 강렬한 인상과 의미를 부여하는데도 한국 특유의 문화에서 살아온 우리는 고마운 걸 고맙다고 표현하길 어려워합니다. 어색하고 쑥스럽거든요.

"김 대리, 1년 동안 열심히 해줘서 정말 고마워."

"팀장님, 이번 프로젝트를 통해 제가 많이 배울 수 있도록 해주셔
서 감사합니다."

오, 정말 쉽지 않아요. 부서원이나 상사와 이런 대화를 한다고 생
각하면 입을 열기도 전에 이미 표정이 굳어질 판입니다. 낯간지러
운 대화는 연말 회식용이죠. 게다가 1차 때는 엄두가 나지 않아서
2차의 왁자지껄한 자리에서 다들 몽롱하게 됐을 때 용기를 갖고
얘기합니다. 최악은 노래방에서 누군가는 심취해서 노래 부르고
있고, 반주와 반주 사이에 잘 들리지도 않는 상태에서 칭찬과 덕
담이 고함처럼 오가는 겁니다. 이런 칭찬과 감사는 기억도 안 날
뿐더러 진심으로 느껴지지도 않습니다.

제대로 감사를 표현하는 법을 배우는 건 아주 중요합니다. 너무
드물어서 빛나거든요. "아유, 그걸 어떻게 말로 합니까"라며 마음
은 있어도 잘 표현하지 못하는 우리 문화를 고려해서 감사(칭찬)
의 소소한 노하우를 공유하겠습니다.

감사(칭찬)는 원래
평범한 일에 하는 겁니다

감사나 칭찬을 어색해하는 이유는 특별한 날 해야 한다고 생각하기 때문입니다. 하지만 일상에서 극적이고 특별한 일이 일어나는 경우가 얼마나 됩니까. 그러다 보니 연말에 몰아서 한꺼번에 하는 기묘한 광경이 되풀이되는 거죠.

감사(칭찬)는 원래 아주 평범한 일들에 하는 겁니다. 늦은 밤 퇴근했을 때 좋아하는 반찬으로 맛있는 저녁을 차려준 어머니에게 감사해하는 거지, 링거 투혼을 하면서 화려한 궁중요리를 차려준 날에 감사해하는 게 아닙니다.

급한 보고서 작성하느라 이틀 동안 고생한 직원에게

"최 대리, 이틀 동안 보고서 때문에 고생 많았어요. 덕분에 상무님께 보고드리고 잘 끝났어요. 진짜 고마워요."

부서 점심 회식 자리를 예약한 팀 막내에게

"김 사원, 여기 맛있는데 분위기도 진짜 좋다. 일 잘하는 사람이 식당도 감각 있게 잘 골랐네."

거래처 미팅을 함께한 선배(상사)에게

"고생하셨습니다. 같이 나와주셔서 감사해요. 거래처가 워낙 깐깐해서 저 혼자면 힘들었을 거예요."

요청에 따라 경비를 빠르게 입금해준 재무팀 직원에게

"바쁠 텐데 빠르게 처리해줘서 고마워요. 우리 최 대리 아니었으면 정말 큰일 날 뻔했어. 맛있는 커피 살게요."

세상에 당연한 호의는 없습니다. 그러니 평범하지만 고마운 일에, 당연하게 느껴지는 일에 고맙다고 이야기합시다.

담백하게 스토리를 넣어
칭찬(감사)하세요

대외 업무나 영업을 하는 사람은 감사(칭찬) 메시지에 익숙합니다. 하지만 들을 때 마냥 기분이 좋은 것만은 아닙니다.

"정말 대단하신 분과 일하게 되어서 영광입니다. 역시 탁월하시더라고요. 앞으로 기대가 큽니다. 역시 최고세요. 하하하!"

고맙기는 하지만 "네, 감사합니다. 저도 잘 부탁드려요"라고 얘기하고 서둘러 대화를 마무리합니다. 글쎄요, 쑥스러운 것도 있지만 딱히 진실도 아닌 듯하거든요. 제가 뭘 했다고, 본 지 몇 시간이나 됐다고 칭찬을 쏟아내는지 모르겠습니다.

감사(칭찬)를 어려워하는 이유 중의 하나는 '감정적으로 고조'되어 얘기해야 한다고 생각하기 때문입니다. '우와!', '이야!', '역시!' 이런 태도로 말이죠. 하지만 살면서 그처럼 극적으로 감탄하는 경우가 얼마나 있겠습니까. 그것도 일로 만난 상대에게 말입니다. 그러니 일의 언어로서의 감사(칭찬)는 오히려 담담한 톤이 어울립니다.

담담하게만 얘기하면 마음이 안 담길까 걱정하실지 모르겠습니다. 하지만 감사(칭찬)에 상대방과 나의 특별한 스토리를 넣으면 얼마든지 해결할 수 있습니다.

'감사(칭찬) + 스토리 + 감사(칭찬)' 구조

4박 5일 출장을 마친 후 선배(팀장)에게

"출장 때 저와 같이 뛰어다니느라 고생 많으셨어요.(감사) 거래처가 요청한 샘플 찾으러 베트남 거리를 뛰어다닌 일은 오랫동안 기억에 남을 것 같아요. 첫 출장이라 겁이 났는데 좋은 선배와 같이 다녀서 많이 배웠어요.(스토리) 감사해요.(감사)"

디자인 굿즈 출시를 마친 직원에게

"이번에 디자인 굿즈 출시하느라 고생 많았어.(칭찬) 캐릭터 사업은 처음인데 최 과장이 스타트를 잘 끊어줘서 앞으로도 잘될 것 같아. 민 대리한테 듣자니 이것 때문에 색채학 수업까지 들었다면서?(**스토리**) 하여간 역시는 역시라니까. 고생했어!(**칭찬**)"

호들갑스럽지 않으면서도 상대방의 마음에 남습니다. 얼굴 보고 얘기하기 쑥스러우시면 문자로 대신하셔도 괜찮습니다.

어깨 툭툭, 환한 미소 대신
언어로 말해주세요

텔레비전 프로그램에 자주 나오는 장면입니다. 결혼한 지 30년 정도 된 부부가 출연했는데 아내가 분통을 터트립니다. 아무리 맛있는 요리를 해줘도 남편이 고맙다고 한 적이 한 번도 없다면서 말이죠. 남편이 이렇게 항변하더군요. "맛있게 다 먹었잖아. 그 얘기가 그 얘기지."

아닙니다. 말해주지 않으면 모릅니다. 그러니 일터에서도 감사(칭찬)할 일이 있으면 분명한 언어로 얘기해주세요. 어깨 툭툭, 환한 미소 등으로 때우면 곤란합니다.

"고마운 것은 고맙다고
미안한 것은 미안하다고
큰 소리로 말하라.

**마음속으로만 고맙다고
생각하는 것은 인사가 아니다.**
내 마음속까지 읽을 만큼
한가한 사람은 없다."

탈무드

상대방의
중요한 사람에게
칭찬 소문을 냅니다

공개 칭찬의 효과

칭찬 효과를 2배로 늘리는

방법이 있습니다

잠깐 학창 시절로 돌아가 보겠습니다. 선생님이 칭찬을 건네시는
상황을 상상해보시기 바랍니다.

1. 선생님이 교무실로 불러서 일대일로 얘기한다.

"이번에 ○○○ 했다며? 대단하네. 잘했어."

2. 선생님이 부모님께 연락해서 얘기한다.

"이번에 자녀분이 ○○○했습니다. 정말 대단한 일이에요. 이렇게 훌륭하게 자라다니 정말 자랑스러우시겠어요."

대부분 1번보다는 2번을 더 뿌듯해하고 자랑스러워합니다. 칭찬받은 사실을 여러 사람이 알 때 훨씬 더 기분이 좋은 법이니까요. 특히 자신에게 중요한 사람 귀에 들어가면 더 감동이죠. 이런 우리의 성향을 생각하면, 칭찬(감사)을 상대방이 신경 쓰는 대상에게 전달할 때 효과를 몇 배로 키울 수 있습니다.

상대방에게 중요한 대상(상사)에게 칭찬합니다

일로 만난 사이에서 가장 효과적인 감사(칭찬) 방법은 상대방의 상사에게 하는 겁니다. 업무 실적이나 고과, 사내 평판에 영향을 미치기 때문에 상대방도 훨씬 고마워합니다.

거래처의 담당자에게 고마운 마음을 표시하는 경우

스타트업 P사의 최 대표는 최근 A 공기업의 산업 시찰 프로그램에 참여해 베트남을 다녀왔습니다. 공장이나 사업장 몇 개 도는 수준이라고 생각해서 큰 기대를 하지 않았는데 기대 이상이었습니다. 담당자인 김 대리는 최 대표가 베트남의 가공식품 분야에 관심 있는 걸 알고는 바이어 담당자와 일대일 미팅도 잡아주고, 사전에 브리핑도 충실하게 해주었습니다. 최 대표는 감사의 마음을 표현하기 위해 김 대리의 상사인 임 본부장에게 전화를 겁니다.

"본부장님, 저는 P사의 최 대표입니다."

"(무슨 일이지?) 네, 안녕하십니까. 대표님."

"제가 이번 베트남 산업 시찰 프로그램에 참석했습니다."

"그러시군요. 혹시…, 무슨 문제라도?"

"문제라뇨. 아주 많이 도움이 됐습니다. 사실 이런 프로그램에 여러 번 참석해봤지만, 형식적인 시찰이 대부분이었거든요. 그런데 제가 원하는 분야의 실무자 미팅을 섭외하고, 브리핑까지 잘 해줘서 아주 알찬 비즈니스 출장이 됐습니다."

"하하, 다행이네요."

"해외 진출팀의 김 대리 그 친구가 아주 열심이더라고요. 직원들을 아주 잘 교육하셨더군요."

"어이구, 감사합니다. 아직 부족한 게 많습니다."

"그래서 감사의 마음으로 저희 제품들을 본부장님께 보내드리겠습니다. 꽤 맛있습니다. 직원들과 나눠 드시죠."

"제게요? 전 한 것도 없는데요."

"하하, 본부장님이 잘 가르치셨으니 직원들도 훌륭한 거죠. 오늘 보내니 늦어도 모레는 도착할 겁니다."

임 본부장은 김 대리를 불러 따로 칭찬을 건넬 겁니다. 연말 인사 평가 때도 기억하고요. 김 대리는 최 대표의 센스 있는 말 덕분에 칭찬을 이중으로 받는 셈입니다.

다른 부서 담당자에게 고마운 마음을 표시하는 경우

수출팀에서 일하는 우 과장은 재무팀의 민 사원에게 신세를 졌습니다. 거래처가 서류를 잘못 표기해서 중요한 대금 지급에 문제가 생길 뻔했거든요. 그때 민 사원이 아는 사람들에게 전화를 돌려서 빠르게 도와준 덕분에 아무 문제 없이 잘 처리됐습니다. 우 과장은 민 사원에게 맛있는 점심을 살 계획이지만, 고마운 마음을 더 표현하기로 합니다. 그래서 요즘 인기라는 디저트를 사 들고 재무팀을 찾아갑니다.

"안녕하십니까! 수출팀의 우 과장입니다. 여기 다 같이 드시라고 디저트 좀 사 왔습니다."
"우 과장이 여기 웬일이야? 이야, 이건 다 뭐야?"

재무팀 팀장을 비롯한 팀원들이 하던 일을 멈추고 눈이 휘둥그

레져 쳐다봅니다. 우 과장은 어깨를 으쓱하며 말을 잇습니다.

> "얼마 전에 수출 서류가 잘못되어서 대금 지급에 큰일이 날 뻔했
> 거든요. 그런데 민 사원이 아는 사람에게 전화하고, 여러모로 도
> 와줘서 간신히 살았어요. 그거 잘못됐으면 우리 팀장님이 저 몇
> 달은 갈궜을걸요? 그래서 감사 조공을 들고 왔습니다."
> "맞아. 우리 막내가 그것 때문에 고생 많았지. 그렇게 고생했는데
> 디저트 정도로 되겠어?"
> "에이, 민 사원은 따로 맛있는 거 사줘야죠. 이만 가보겠습니다.
> 맛있게 드세요."
> "그래, 땡큐. 우리는 민 사원 덕에 맛있는 것 먹네."

민 사원은 쑥스러운 미소를 짓겠지만 마음속은 뿌듯함으로 가
득할 겁니다. 사실 그렇게까지 도와줄 필요는 없었지만, 평소 우
과장과의 관계가 좋기도 하고 마침 아는 사람도 있어서 애쓴 거였
거든요. 하지만 아무리 고생해서 해줘도 대부분은 고맙다는 말조
차 제대로 안 하는데, 우 과장의 행동은 남달라 보입니다.

상대방에게 중요한 대상(부서원)에게
칭찬합니다

상대방이 리더라면 부서원들 앞에서 감사(청찬)를 전달하는 것도 좋은 방법입니다. 상대방의 사기가 올라가는 것은 물론이고, 부서 원을 이끄는 데도 도움이 되기 때문입니다. 직원들은 자신의 상사 가 조직에서 어떤 평판과 인정을 받고 있는지 관심 있게 지켜보고 있습니다.

사례: 중요한 프로젝트를 끝낸 팀장을 격려하는 경우

김 부사장은 천 팀장과 팀원들을 차 한잔하자며 불렀습니다. 개 발팀인 천 팀장의 팀은 최근 회사의 주력 사업이 될 프로그램 개 발을 마쳤습니다. 시범 서비스 결과 고객들의 반응이 매우 좋습니 다. 김 부사장은 천 팀장을 비롯한 팀원들이 쭈뼛거리며 자리에 앉자 말을 시작합니다.

> "다들 고생 많았어요. 천 팀장, 특히 너무 고생 많았어. 몸은 괜찮 은 거야?"
> "괜찮습니다. 잘 끝나서 저도 기분이 좋습니다."
> "천 팀장이 아주 좋은 팀원들을 데리고 있는 것 같아. 다들 무슨 일을 하고 있죠?"

각자의 업무를 얘기하며 에피소드형 대화가 이어집니다. 이윽 고 김 부사장이 이런 말로 자리를 마무리합니다.

"천 팀장처럼 일 잘하는 사람하고 같이 있으니 중요한 프로젝트가 많죠? 바쁘긴 하겠지만 배우는 것도 많을 테니 잘 따라줬으면 좋겠어요. 오늘은 고생한 팀원들을 위해서 작은 선물을 준비했으니 나갈 때 비서한테 하나씩 받아 가요. 맛있는 밥을 사려고 했더니 우리 비서가 요즘 직원들은 상사와 밥 먹는 거 별로 안 좋아하니까 선물로 하라더군요. 다들 고생했어요."

  김 부사장은 팀원들 앞에서 천 팀장의 체면을 제대로 세워줬습니다. 천 팀장만 따로 불러서 비싼 선물을 하나 주는 것보다 이런 칭찬이 훨씬 효과가 좋습니다. 부서원들이 '우리 팀장님은 회사에서 되게 인정받나 봐', '우리가 고생한 거 회사에서도 다들 인정하고 있나 봐'라고 생각하게 됩니다. 그 눈빛을 받으며 천 팀장은 태연한 척 어깨를 으쓱하겠지만, 입꼬리는 쓱 올라갈 겁니다. 김 부사장에 대한 고마운 마음도 커지겠죠.

"자랑할 만한 일이 생기면
우리는 슬쩍 주변을 둘러봅니다.
누가 보고 있기를 바라면서요.

상대방을 칭찬할 때는
**상대방이 가장 관심 있고 의식하는
사람들 앞에서 하세요.**

원래 좋은 일은
소문낼수록 좋습니다."

스몰토크는
스몰하게
하면 됩니다

잡담의 기술

개인적 이야기를 해야 한다는 부담감을 버리면

스몰토크가 쉬워집니다

친화력이 좋은 사람이라면 처음 만난 사람과도 스스럼없이 어울리겠지만 대부분은 친하지 않은 사람과 대화하는 걸 어색해합니다. 상대가 직장 동료나 비즈니스 파트너라면 더더욱 그렇습니다. 업무 협의는 일이니까 대화도 자연스럽게 할 수 있겠는데, 식사나 티 타임 같은 상황이 오면 당황스럽다는 분들이 많습니다. 도무지 어떤 화제를 꺼내야 할지 알 수가 없거든요. 일 이야기를 빼고 하려니 공통된 주제가 없고, 상대방의 관심사를 알지도 못하니 화제가 겉돕니다. 개인사를 꼬치꼬치 물어볼 관계도 아니니 질문을 하는 것도 조심스럽습니다.

"어디 사세요? 출근은 어떻게? 아…, 힘드시겠네요."
"여기가 첫 직장이세요?"
"요즘 많이 바쁘신가요?"
"올여름은 그럭저럭 괜찮네요. 작년에는 진짜 더웠는데."

　이런 무색무취의 대화를 우물우물 나누다가 간신히 괜찮은 주제를 찾으면 나누고, 안 그러면 '음식이 맛있네요'라거나 '사무실이 좋네요' 정도의 대화를 이어가다가 서둘러 헤어집니다.

　많이들 오해하시는데 스몰토크라고 해서 꼭 개인적인 이야기를 해야 하는 건 아닙니다. 이 오해 때문에 상대방의 호구조사를 하게 되고, 결과적으로 분위기가 더 어색해집니다. 학벌 콤플렉스가 있는 사람에게 학교 이야기를, 미혼이거나 자녀가 없는 사람에게 결혼이나 자녀 이야기를 꺼내는 일이 비일비재하거든요. 텔레비전 시청과 스마트폰 서핑 외에는 별다른 취미가 없는 사람(우리나라의 많은 직장인이 그렇듯이)에게 취미나 주말 계획을 집요하게 물어보기도 합니다.

그러면 도대체 무엇을 이야기하란 말이냐고요?

업계의 공통된 화제는
언제든 환영받는 주제입니다

일 관련 수다를 떠세요. 가장 무난하며 흥미로운 주제입니다. 예를 들어, 콘텐츠 제작 회사와 금융 회사 홍보팀 담당자의 식사 자리라고 해보겠습니다. 서로 관심 있는 게 무엇이겠습니까? 요즘 기업들의 콘텐츠 홍보 트렌드입니다. 라이벌 금융기관일 수도 있고, 외국의 사례일 수도 있고, 금융기관 못지않게 보수적인 기관일 수도 있습니다. 그 광고 보셨냐, 그 콘텐츠 반응 진짜 좋더라, 우리 회사도 이런 콘텐츠를 시도해본 적이 있는데 결과는 폭망이었다, 혹시 그 소식 들으셨냐, C 기업이 온라인 콘텐츠 전담팀에 20명을 배치한다더라, 이번에 L 기업 광고 모델이 바뀐 이유가 사실은 뭐 때문이라더라 등등의 정보성 수다입니다.

이런 주제를 이야기할 때는 사생활을 어디까지 오픈해야 하는지의 부담도 없고, 있지도 않은 취미와 관심을 억지로 쥐어짜 대답할 필요도 없습니다. 게다가 진지한 회의나 업무 시간에는 접할 수 없는 쏠쏠한 정보들을 얻게 되니 꽤 유익하기도 합니다.

다른 조직의 소속이면서 일의 관심사가 같은 사람을 만나는 건 쉽지 않은 일입니다. 술을 퍼마시며 간을 희생시키지 않아도 스몰 토크로 유쾌하고 우호적인 관계, 좋은 인연이 만들어집니다.

'반쯤 열린 질문'이면 대화가
매끄럽게 진행됩니다

"운동 좋아하세요? 건강 관리 어떻게 하시나요?"

이런 질문을 들으면 별로 할 말이 없습니다. 일단 운동을 좋아하지도 않고, 특별히 건강 관리라고 내세울 게 없기 때문입니다. 대화법에 관한 글에서 '예', '아니요'로 답하게 되는 닫힌 질문이 아니라 열린 질문을 하라고 조언하는 걸 많이 봤습니다. 하지만 가볍게 식사하거나 차 한잔 마시며 나누는 비즈니스 관계에서 활짝 열린 질문을 하면 부담스럽습니다. 묻는 사람 역시 꼭 알고 싶은 것도 아니잖습니까.

비즈니스 스몰토크에 어울리는 질문은 반쯤 열린 질문입니다. 자기 이야기를 먼저 시작한 후 상대방의 견해를 묻는 방식이죠.

- "운동 좋아하세요?" – 닫힌 질문
- "건강 관리 어떻게 하세요?" – 열린 질문

- "저는 요즘 기초 체력이 떨어져서 금방 피로해지더라고요. 그래서 요가를 시작했는데 꾸준히 하기가 쉽지 않네요. 혹시 선생님은 건강 관리 어떻게 하세요?" - 반쯤 열린 질문

상대방은 자신이 화제를 구성해야 하는 부담감이 없으므로 자연스럽게 대화를 이어나가게 됩니다. 이때 자기 자랑보다는 고민을 이야기하는 것이 상대방의 마음을 여는 데 더 도움이 됩니다. 말로든 행동으로든, 상대방을 돕는 건 누구나 좋아하니까요.

"회사에서 온라인에 콘텐츠 쓸 일이 많은데 글을 잘 못 써서 고민이에요. 강 매니저님처럼 잘 쓰려면 시간과 노력이 필요한 거겠죠? 글쓰기를 어떻게 배우셨어요?"

"제가 요즘 워낙 감수성이 메말라서 일주일에 한 번씩은 억지로라도 영화를 보려고 해요. 그런데 너무 많아서 뭘 봐야 할지 모르겠어요. 혹시 기억에 남는 영화가 있으신가요?"

스몰토크는
스몰하게 하는 겁니다

직장 동료 중에서 이런 분들이 있습니다. 사생활을 낱낱이 알아야 비로소 친해졌다고 생각하고, 개인적 고민이나 치부를 이야기하지 않으면 '너는 나에게 마음을 열지 않는다'라며 서운해하는 부류 말입니다. 그들에게 스몰토크는 이렇습니다.

'자, 나를 믿고 고민을 털어놔 봐. 나도 비밀을 이야기해줄게.'

일로 만난 사이라면 대부분 이런 대화가 편안하지 않습니다. 특히 프라이버시가 중요한 요즘 세대라면 더욱 거부감이 클 겁니다.

스몰토크는 사생활에 관한 이야기가 아닙니다. 갑자기 누군가가 와서 들어도 크게 상관없는 대화가 스몰토크입니다. 인생의 깊은 고민을 나누는 건 탕비실 커피포트 앞에서 할 게 아닙니다. 스몰토크라면 스몰하게 합시다.

"사생활을 공유해야만
친해지는 것이 아닙니다.
아기 사진을 봤다고,
연애 상담을 했다고
꼭 관계가 끈끈해지는 건 아닙니다.

일로 만난 사이라면
**사생활에 관한 질문 대신
일에 관한 수다**를 떠세요."

9장 해결의 언어

문제 상황을 매끄럽게 해결하다

"누군가의 기분을 상하게 했으면
즉시 사과하는 것이 최고의 치료법이라고
응급처치 시간에 배웠어."

– 찰리 브라운과 스누피의 이야기를 담은 만화 영화 〈피너츠〉

죄송한 것과
유감인 것은
다릅니다

정중함과 자기비하 사이

직장에서는 자주 '쏘리'한 상황이
생겨납니다

누구에게든 일하면서 겪은 흑역사가 몇 건은 있습니다. 첨부 파일을 빼고 메일을 보내는 건 애교 수준입니다. 예전 회사에서는 이런 해프닝도 있었습니다. 선배 직원이 후배에게 메일로 파일을 보내면서 이렇게 적었어요.

'○○아, 파일 보고 검토 의견 좀 줘.'

그런데 문제는 후배 직원과 CEO의 이름이 똑같았다는 겁니다. 사내 메일 시스템에서 이름을 검색하여 보낼 때 순간적으로 CEO의 이름을 클릭한 거죠. 선배는 보내고 나서 뭔가 싸한 느낌이 들었다고 합니다. 그래서 떨리는 마음으로 보낸 메일함을 확인해봤는데, 받는 사람이 역시나 CEO였어요.

선배는 비서실로 다급하게 뛰어갔죠. 다행히 비서들은 CEO 메일 비밀번호를 알고 있습니다. 덕분에 그 선배의 목숨(?)은 무사했고, 우리는 무용담을 술자리에서 재미있게 들었습니다.

어쨌든, 일하다 보면 당연히 실수도 있게 마련이라 죄송스러운 상황도 자주 일어납니다. 저는 경제사절단을 데리고 후진타오 주석을 방문하러 갔다가 참가자 한 분(그룹 부사장님이었는데!)을 주석궁에 빼놓고 나온 적도 있습니다. 경비가 워낙 삼엄해서 개인 차량은 허용되지 않고 모두 허가받은 전용 버스로만 이동해야 했거든요. 아, 그때 전화기 너머로 들리던 담당자의 황당한 목소리가 잊히지 않습니다. 그때 진짜 미안했습니다.

미안한 건 미안하다고 말해야 합니다. 이건 논쟁의 여지가 없죠. 하지만 일하는 공간에서는 잘못 사용하면 올무가 되기도 합니다. "그래, 범인은 바로 너구나!"가 되어 억울하게도 책임과 질타의 포화를 당할 수 있기 때문입니다.

죽을죄도 아닌데

지나치게 비굴해지지 맙시다

신입이나 마음이 착하신(또는 연약하신) 분들에게서 많이 보이는 모습입니다. 대단히 큰 문제도 아닌데, 무척 당황하며 비굴하게 몸을 낮추시는 분들이 있어요. 예를 들면 이런 식입니다.

"김 대리, 버스 안에 물이 없는데?"

"아…. 팀장님, 제가 깜빡 잊었나 봐요. 정말 너무 죄송합니다. 어제는 꼭 챙기려고 생각했었는데 그만…. 체크리스트에도 적어놨는데…. 죄송합니다. 어떻게 하죠?"

"정신을 어디다 두고 다니는 거야? 그러게 내가 미리미리 사놓으라고 했잖아! 꼼꼼하지 못하고 매번 덜렁거리니 이런 일이 생기지! 다른 건 제대로 챙긴 거야?"

글쎄요. 사막 투어를 가는 것도 아닌데 버스에 물이 없다고 당장 큰일이 생기나요? 근처 편의점에서 급한 대로 몇 개를 살 수 있고, 나머지는 휴게소에 들를 때 충분히 사면 되지 않습니까.

하지만 김 대리가 큰 사고라도 난 것처럼 반응하고 대단한 잘못을 한 것처럼 저자세로 굴었기 때문에 상대방은 더 맘껏 질책하게 됩니다. 속으로도 '저 친구는 걸핏하면 죄송하대? 에이, 못쓰겠어'

라고 생각합니다. 일 못하는 실수투성이 직원이라는 낙인이 찍히는 겁니다.

잘못된 업무 습관은 물론 고쳐야 합니다. 체크리스트를 가지고도 꼼꼼히 처리하지 못해서 비슷한 실수를 반복한다면 업무 습관을 점검하고 고치는 게 맞습니다. 하지만 일을 잘하는 사람도 여러 프로젝트를 하다 보면 실수가 나오기 마련입니다. 오히려 프로젝트가 많다 보니 실수의 양도 다른 사람보다 많기 쉽습니다. 비율로 보자면 낮겠지만 말입니다.

중대한 실수가 아니라면 김 대리처럼 죄인이 되어 쪼그라들 필요가 없습니다. 김 대리의 언어에는 두 가지 단점이 있습니다. 첫째, 너무 저자세로 자책하면서 상대방에게 '큰 실수를 한 직원'이라는 이미지를 주었습니다. 둘째, 해결 방안을 생각해내지 못하고 오히려 팀장에게 짐을 떠넘겼습니다('어떻게 하죠?').

오늘도 많은 실수를 하신 분들, 앞으로는 '쏘리'한 상황이 생길 때 이런 식으로 말씀해주시면 됩니다.

빠른 인정(자기 비하는 하지 말 것!) + 해결 방안 제시

"김 대리, 버스 안에 물이 없는데?"
"아이고, 제가 놓쳤네요. 알려주셔서 감사해요.**(빠른 인정)** 저 앞에 편의점 있으니 제가 ○○○ 보내서 얼른 사 오라고 할게요.**(해결 1)**

다른 비품들도 빠진 것 없나 지금 전반적으로 다시 점검해볼게
요.(해결 2)"

돌발 상황에 너무 죄책감을
느끼지 마세요

일하다 보면 아무리 꼼꼼하게 준비해도 상황이 어그러지는 일이
자주 있습니다. 해외 출장이나 행사를 준비해본 사람이라면 모두
공감하실 겁니다. 비행기가 연착되기도 하고, 현지 주재원의 추천
을 받은 레스토랑 음식이 끔찍한 맛일 때도 있습니다. 또는 파트
너사에서 부사장이 나오기로 했는데 갑자기 급한 일이 생겼다며
실무자급이 나와 부장의 혈압을 올립니다. 행사의 중요한 연사가
길이 막혀서 늦는다며 다급하게 전화를 하기도 하고요.

여러 조직이 협업하는 프로젝트도 마찬가지입니다. 전혀 예상
하지 못한 곳에서 돌발 사태가 발생해 전체 일정이 지연됩니다.
예를 들면 원활히 진행되는 프로젝트였는데 정부 인허가 담당자
가 중요한 순간에 상을 당해 일주일가량 지연되는 일도 있습니다.
이건 담당자가 어떻게 할 수 없는 일입니다. 프로젝트가 크고 복
잡할수록 온갖 곳에서 새로운 이슈가 터집니다.

담당자는 예측하지 못한 일이 터질 때마다 종종거리고 초조해

하며 속이 타들어 갑니다. 상사가 몰아세우며 재촉하기까지 하면 스트레스로 머리가 빠질 지경이 됩니다. 정말 최선을 다해 열심히 일하는데 혼날 거리만 늘어난다면 직장생활에 회의가 들고, 마음이 어지러울 겁니다. '왜 내가 하는 일은 늘 꼬이기만 하지? 난 왜 이렇게 실수투성이지?' 하면서요.

변수가 생기는 건 유감이지만, 담당자 잘못은 아닙니다. 돌발 상황은 일어나는 게 정상입니다. 계획한 대로 100% 물 흐르듯이 진행되는 상황이 오히려 이상한 겁니다. 만약 어떤 프로젝트에 조금의 문제도 안 생겼다면 그냥 운이 좋아서였을 뿐입니다. 그러니 우리의 마음도 그 정도가 좋습니다. 문제가 생기면 관계자에게 빠르게 전달하고 같이 해결 방안을 찾으면 됩니다. 그뿐입니다. 풀죽은 목소리로 잘못을 고백하듯이 얘기하실 필요 없습니다.

우리가 하는 일은 회사의 운명을 바꿀 정도로 엄청난 게 아닙니다(그런 걸 우리에게 맡겼을 리가!). 혹시 이번에 좀 못했더라도 다음에 잘하면 됩니다. 어깨를 펴세요. 이번의 실수는 회사를 망칠 정도가 아니며 원래 돌발 변수란 수시로 일어나는 거라니까요. '후유' 하고 한숨을 내쉬고 어깨를 한번 으쓱한 후, 도와줄 사람들과 해결책을 찾으러 나가면 됩니다.

"일하다 보면
쏘리한 상황은
종종 생겨납니다.

그런데 죄송한 것과
유감인 건 엄연히 다릅니다.

출장지에서 상사가 좋아할 만한
식당을 예약했는데 맛이 없는 건
유감인 거지 죄송한 게 아니에요.

**그저 유감인 일에
너무 움츠러들고
죄인처럼 사과하지 마세요.**"

사과는
조건부가 아니라
100%로 하는 겁니다

반쪽 사과의 역풍

진짜 문제가 생겼을 때는 100% 사과해야 합니다. 많은 사람들이
정말로 잘못한 상황에서 반쪽짜리 사과를 하는 바람에 일을 악화
시킵니다. 반쪽짜리 사과는 상대방의 화에 불을 지필 뿐이므로 안
하느니만 못합니다. 상황을 더 악화시키는 나쁜 사과에는 세 가지
유형이 있습니다.

첫 번째 유형:
'나만의 잘못은 아니잖아요'

상대방에게도 잘못의 원인이 일부 있음을 은연중에 표현합니다. 100% 잘못이라고 하기에는 조금 억울한 측면이 있기도 해서 조금이라도 사과의 무게를 줄여보려는 노력입니다. 하지만 이런 대화를 시도한 순간 분위기는 빠르게 싸늘해집니다.

사례: 호텔 예약을 잘못한 여행사 직원

P 그룹의 최 부장은 스페인에 출장 왔습니다. 그런데 호텔에 도착했더니 최 부장 이름으로 예약된 방이 없는 겁니다. 당황한 최 부장은 예약을 맡긴 여행사에 전화를 걸었습니다.

"아니, 제가 스페인 ○○ 호텔에 와 있는데, 제 이름으로 예약된 방이 없어요. 어떻게 된 거예요!"
"그럴 리가요. 확인해보겠습니다. 스페인 ○○ 호텔이라고 하셨나요? 아…, 이게 어쩐 일이지? 스페인이 아니라 포르투갈로 되어 있는데요?"
"도대체 무슨 말이에요? 항공도 스페인 마드리드 도착으로 예약했고, 차량도 여기서 렌트했잖아요. 다 그쪽 여행사에 의뢰한 거고 제가 똑똑히 스페인 ○○ 호텔이라고 얘기했는데!"

"정말 너무 죄송합니다. 저희가 그런 실수를 할 리가 없는데…. 이런 경우가 없었는데, 죄송합니다. **어, 확인해보니 저희가 호텔 바우처를 보내드렸었네요. 거기에 포르투갈로 되어 있긴 해요. 사전에 확인 안 하셨나요?(책임 전가)**"

"지금 그 얘기를 왜 하는 거예요? 호텔, 차량, 식사까지 출장 일정을 죄다 맡은 여행사가 숙소만 멍청하게 딴 나라에 예약한 걸 꼼꼼하게 안 챙긴 내 탓이라 말하고 싶은 거예요?"

저런, 이건 아니죠. 여행사 직원은 변명을 해서 조금이라도 책임을 나누고 싶은 마음이 굴뚝같겠지만 그러면 안 됩니다. 사과할 때는 100%로 하는 겁니다. 물론 억울한 마음이 들 수도 있습니다. 문제가 생겼을 때 100% 자기 잘못인 경우보다는 상대방 잘못이 하다못해 3%라도 있을 때가 대부분이니까요. 하지만 그걸 언급하는 순간 비극이 시작됩니다.

두 번째 유형:
'당신이 더 신경 쓰지 그랬어요'

죄질이 더 나쁜 경우입니다. 사과해야 하는 상황에서 오히려 상대방 탓을 하는 겁니다.

타 부서의 업무 요청을 깜빡한 상황

"선배님, 이번 주까지 주시기로 한 시안이 아직 안 왔어요."

"무슨 시안? 아…, 그거! 미안, 완전히 잊어버리고 있었네. **월요일에 메일이라도 한번 주지 그랬어.**"

→ 변명의 의도: '그렇게 중요한 일정이면 리마인드 메일 보냈어야지. 그럼 안 잊어버렸을 거 아냐. 내가 요즘 얼마나 바쁜데.'

행사 대행사가 참석자 모집에 실패한 상황

"이번 저희 행사에 참석자가 왜 이렇게 없었나요? 300명은 문제없다고 하셔서 내부에도 그렇게 보고드렸는데, 실제로는 몇십 명 수준이라 제가 너무 부끄러웠습니다."

"죄송합니다. **아무래도 요즘 젊은 청년들에게는 관심이 없는 주제라 참석률이 낮았던 것 같습니다. 시간대도 그렇고요.**"

→ 변명의 의도: '그쪽 기관에서 주제나 시간대를 이상하게 잡으니까 참석자가 저조하죠. 우리 탓이 아니라고요.'

미안한 마음을 표하기는커녕 오히려 상대방 탓이라며 비난하고 있습니다. 적반하장도 이런 적반하장이 없군요.

세 번째 유형:
'내가 분명 미안하다고 했잖아'

사과는 주는 것이 아니라 받는 것이라는 말이 있습니다. 그런데 사과를 했으니 비용을 지급했다는 당당한 태도로 나오는 사람들이 있습니다.

> "그때 한 말은 미안해. 악의로 한 건 아니야."
> "…."
> "미안하다니까? 내가 진짜 맛있는 거 살게."
> "그래. 네 말은 알았어."
> "이해해줘서 고마워. 야, 그런데 표정이 왜 이렇게 꿍해? 빨리 기분 풀어라. 내가 민망하잖아."

사과 한마디로는 상대방이 준 상처를 회복할 수 없을 때가 많습니다. 10%도 회복되지 않는 때도 있죠. 상처를 받은 사람은 아직 90%가 남았는데, 상처를 준 사람은 '이미 사과도 했고 다 끝난 얘기'라는 태도를 보일 때가 있습니다. 심지어 자기는 기껏 인정하고 사과하는 성의를 보였는데 상대방이 예전 같은 태도로 돌아가지 않는다며 이상하고 예민한 사람이라고 비난합니다. "더 뭘 어쩌란 말이야?"라고 투덜거리면서 말입니다.

하지만 생각해보세요. 말 한마디로 때울 수 있는 상처는 많지 않습니다. 만약 멀쩡히 주차되어 있던 내 차를 다른 차가 박았다고 해봅시다. 상대방은 당연히 나에게 사과할 겁니다. 자, 이제 그 사람이 반성하는 마음으로 사과했으니 그냥 떠나도 되는 겁니까? 아닙니다. 수리비를 내야 하고, 수리 기간에 차를 못 쓰는 불편함도 보상해야죠.

사과도 마찬가지입니다. 미안하고 안타까운 마음을 전하는 건 1단계일 뿐입니다. 그리고 나서는 망가진 차를 보상하듯 상대방의 손해를 보상해줘야 합니다. 정서적이든 물질적이든 말이에요. 보상도 없이 공짜로 모든 걸 포용하라고 요구하는 건 이기적입니다. 사과를 받아주는 건 그 사람의 권리이지, 정성스러운 사과의 대가로 지급해야 하는 의무가 아닙니다.

순도 100% 사과를 하는
세 가지 단계가 있습니다

100% 사과는 어떻게 하는 걸까요? 상황과 상대마다 다르겠습니다만, 일터에서 자주 일어나는 상황이라면 다음의 세 단계를 추천합니다.

1단계: 잘못이나 책임을 빠르게 인정합니다

"이건 저희 잘못입니다. 뭐라 말씀드리기조차 부끄럽네요."

"100% 저희 실수입니다."

"어떻게 된 건지는 나중에 파악하더라도, 이건 저희가 책임을 지고 처리하겠습니다."

상대방은 사과받을 상황이 벌어진 것도 피곤한데, 혹시라도 내가 발뺌할까 봐 신경을 곤두세우고 있습니다. 그러니 미적대는 태도를 보이는 건 좋지 않습니다. 잘못을 빠르게 인정해야 합니다. 혹시 다른 회사 책임이 더 크더라도 클라이언트와 대면하는 사람이 나라면 책임감 있는 태도를 보이는 게 현명합니다. 다른 회사와는 나중에 시시비비를 가리면 되니까요.

2단계: 상대방의 손해와 마음 상한 것에 사과합니다

"저희 측의 부족함으로 어려움을 끼쳐 죄송합니다."

"○○○님이 저희를 믿으셨던 만큼 더 당황하고 난처하셨을 겁니다. 진심으로 사과드립니다."

상대방의 마음은 이미 상한 상태인데, '그래. 책임지고 보상해줄게, 됐지?'라는 태도는 곤란합니다. 상대방의 피해에 진심으로 미안한 마음을 표현해야 합니다. 어쨌든 나 때문에 안 해도 될 마음 고생을 하는 거잖습니까.

3단계: 상대방의 손해를 줄일 방법을 찾습니다

> "저희가 어떻게 해드리면 좋을까요?"
> "○○○님의 문제를 이렇게 해결하려고 하는데 어떻게 생각하시는지 의견 부탁드립니다."

상대방의 손해를 보상하기 위해 최대한 노력하는 모습을 보이는 게 중요합니다. 이 과정이 없으면 말로만 때우고 발뺌하는 모양이 됩니다. 호텔 방을 잘못 예약했다면 빈방을 빠르게 찾아줘야 하고, 시안을 깜빡했다면 가장 빠르게 전달할 날짜를 상의해야 합니다. 약속과 달리 행사 참석자가 적었다면 보상이나 차후 대책을 상의해야 합니다.

상대방의 짐을 나눠서 지는 것도
좋은 방법입니다

내가 잘못하면 상대방은 두 개의 짐을 지게 됩니다. 일차적으로는 업무에 차질이 생기고, 이차적으로는 자신의 상사에게 혼납니다. 그래서 저는 상대방에게 진짜 미안한 일이 생길 때는 그의 상사에게 직접 사과합니다. 상대방의 짐을 조금이라도 나눠서 지려는 마음 때문입니다.

사례: 홍보팀 요청을 깜빡한 디자인팀 최 과장

디자인팀의 최 과장은 홍보팀의 민 대리 전화를 받고서야 요청한 시안을 깜빡했다는 걸 깨달았습니다.

> "선배님, 이번 주까지 주시기로 한 시안이 아직 안 왔어요."
>
> "무슨 시안? 아…, 그거! 미안, 완전히 잊어버리고 있었네. 정말 미안해."
>
> "네?!! 그걸 잊어버리시면 어떻게 해요. 지금 팀장님이 계속 재촉하고 계신단 말이에요."
>
> "그러게 말이야. 내가 미쳤나 봐. 잠깐만, 거기로 갈게."
>
> (잠시 후)
>
> "팀장님, 디자인 팀의 최 과장입니다."
>
> "그래, 오랜만이에요. 무슨 일?"
>
> "민 대리가 하는 프로젝트 시안 있잖아요. 제가 오늘까지 준다고 했는데 완전히 잊어버리고 있었습니다. **(나쁜 소식을 직접 전달)** 민

대리가 여러 번 신신당부했는데 어떻게 이렇게 됐는지 모르겠네요. 정말 죄송합니다.**(담당자가 아니라 자신의 잘못)**"

"아니 젊은 사람이 벌써 그러면 어떻게 해? 우리 민 대리가 그 프로젝트 때문에 요즘 얼마나 신경 쓰는데."

"죄송합니다. 분명 적어놨다고 생각했는데 왜 그랬는지 모르겠네요. 지금부터라도 빠르게 작업 시작하겠습니다. 민 대리, 진짜 미안. 내가 진짜 아끼는 간식도 통째로 가져왔어. 한번 봐주라."

디자인팀의 최 과장은 민 대리에게 사과했을 뿐 아니라 나쁜 소식을 상대방의 상사에게 직접 전했습니다. 만약 민 대리가 상사에게 보고했다면 어땠을까요? 팀장은 '어떻게 전달했길래 그러냐', '중간에 진행 상황을 점검했어야지' 등의 잔소리를 했을 겁니다. 하지만 최 과장이 직접 와서 사과하고 민 대리 잘못이 아니라는 점을 강조하니까 팀장은 최 과장만 타박하고 끝냈습니다. 민 대리가 얼마나 고생하는지 아느냐고 편을 들면서요.

이렇게 사과를 제대로 하는 사람이라면 치밀어오르던 미운 마음도 슬쩍 풀어집니다. 민 대리는 못 이기는 척 간식을 받으며 피식 웃고 넘어가겠지요.

뭐, 어쩌겠어요. 저렇게 미안하다는데.

"'미안해. 그런데 네가 조금만 더
신경 썼으면 괜찮았을 텐데.'

이런 반쪽 사과는 오히려
상대방의 화를 부추깁니다.

사과는 **조건부가 아니라
100%**로 하는 겁니다.

많은 사람이 반쪽짜리 사과를 하고는
상대방이 옹졸하다며 비난합니다."

RULE
36

상대방의
자백을 받으려고
실랑이하지 마세요

마음 vs. 행동

기분이 상하는 이유는 행동 자체보다는
해석 때문입니다

인사도 하지 않고 쌀쌀맞게 구는 최 대리나 회의 석상에서 사사건
건 반대 의견을 내놓는 송 과장을 보면 마음이 불편합니다. 그들
의 행동 자체도 거슬리긴 하지만, 마음의 갈등이 본격적으로 시작
되는 건 행동에 해석을 덧붙이면서부터입니다.

'최 대리는 출근할 때 다른 사람에게는 환하게 웃으며 인사하면서 왜 나만 본체만체하지?'

'송 과장은 저번 회의 때도 내 의견에 반대하더니, 오늘도 그게 아니라며 반박하기 바쁘네. 도대체 왜 저러는 거야?'

처음에는 오해겠거니 생각하지만, 시간이 지날수록 확신이 굳어집니다. 증거들이 더해지거든요. 최 대리는 음식 메뉴 고를 때도 왠지 내 의견을 무시하는 것 같습니다. 송 과장은 회의 때뿐만이 아니라 공동 프로젝트 때도 비협조적입니다. 한번 의식하고 나니 최 대리나 송 과장의 행동을 매번 유심히 보게 되고, 증거들이 늘어납니다. 결국, 의심이 확신으로 바뀝니다.

갈등 상황에서 상대방의 자백을
받아내려고 하지 마세요

더는 안 되겠다는 마음으로 갈등 해결을 위해 상대방을 조용히 불러냅니다. 처음에는 좋은 마음으로 이야기를 시작합니다. '최근 이런저런 일들로 기분이 상했다. 물론 오해일 수도 있겠지만 여러 번 반복되는 걸 보니 오해가 아닌 것 같다. 혹시 내가 서운하게 한 게 있으면 말해줬으면 좋겠다' 등등 말입니다.

가장 아름다운 시나리오는 상대방이 '부끄럽지만 이러저러한 이유로 그랬던 것 같다. 미안하다'라고 사과하는 겁니다. 그러면 나도 태평양처럼 넓은 마음으로 상대방을 용서하고 대화를 훈훈하게 마무리합니다. 반성하는 상대방을 넓은 마음으로 포용하는 나의 모습은 생각만 해도 완벽한 그림이죠. 하지만 안타깝게도 대부분은 이 시나리오처럼 진행되지 않습니다.

"무슨 말씀이에요? 제가 언제요?"

상대방은 세상 황당한 얘기를 들었다는 반응이거든요.

"최 대리님, 아침마다 저만 무시하고 인사 안 하잖아요."
"네? 어제도 인사했잖아요? 그리고 무시는 무슨 무시예요?"

"송 과장님, 회의에서 제 얘기만 자꾸 반대하시잖아요. 자꾸 저를 견제하시는 것 같은데 말이죠."
"무슨 말이에요? 누가 누구를 견제해요? 원래 회의 때는 이런저런 의견들이 오가는 거잖아요. 다 찬성해요, 그럼?"

말하는 사람만 예민하고 이상한 사람이 됐습니다. 황당해하는 상대방의 뻔뻔한 얼굴을 보자니 화가 더 치밀어오릅니다. 분명히 좋은 마음으로 다 이해하고 풀려고, 용서하려고 얘기를 시작했는데 상대방이 죄(?)를 순순히 자백하지 않습니다. 그래서 큰마음 먹고 갈등을 풀려고 만든 자리가 엉망진창으로 끝납니다. 상대방은 나를 세상 찜찜한 표정으로 쳐다보고요.

이건 애초부터 해피엔딩일 수가 없는 스토리입니다. 일단 나의 의심은 오해일 가능성이 큽니다. 상대방은 그 정도로 나에게 큰 관심이 있지도, 치밀한 계획에 따라 행동을 하지도 않기 때문입니다. 설사 내 의심이 맞더라도 마찬가지입니다. 상대방이 솔직하게 얘기할 리가 없잖습니까.

> "맞아요. 평소에 저는 ○○님을 무시했어요. 못생기고 무능하신 것 같아서요. 인사하기도 싫더라고요. 정말 죄송합니다."

> "맞아요. 저는 ○○님이 똑똑한 게 질투가 나서 자꾸 견제하고 싶었어요. 혹시라도 저보다 잘나갈까 봐서요. 죄송합니다."

이렇게 고백할 리가 있나요? 가능성이 없는 이야기죠. 그러니 상대방의 마음에 관해선 논쟁하지 않는 게 상책입니다.

보이지 않는 마음을 논쟁하지 말고
행동에 초점을 맞춥니다

갈등을 풀려면 상대방의 행동만 얘기해야 합니다. 행동은 팩트지만 마음 해석은 너무나 주관적이기 때문입니다. 보이지 않는 마음을 가지고 "솔직히 이런 뜻이었지?"라며 실랑이하지 마시고, 서운했던 나의 마음과 바뀌었으면 하는 상대방의 행동만 담담하게 얘기해주세요.

> "최 대리님, 아침에 인사할 때 저만 빼고 하시는 것 같아 서운했어요.**(나의 감정)** 제가 오해한 거죠? 저는 아침에 최 대리님 얼굴 보면 기분 좋으니까 저한테도 인사해주세요.**(행동 요청)**"

> "송 과장님, 회의 때 제 얘기에 자주 반대하시니까 서운했어요. 저는 은근히 쫄보라서 아이디어 초기에 반대 의견을 들으면 너무 위축되거든요.**(나의 감정)** 앞으로는 가능한 한 아이디어를 보태주시는 방향으로 의견을 주셨으면 좋겠어요.**(행동 요청)**"

우리가 정확히 알 수 있는 건 상대방의 행동뿐입니다. 그리고 바꿀 수 있는 것도 상대방의 행동뿐입니다.

"상대방에게 서운한 행동이 있으면
바꾸고 싶은 행동만
담담하게 얘기하시면 됩니다.

우리가 볼 수 있는 건 행동뿐입니다.
바꿀 수 있는 것도 행동뿐이고요.

그러니 **보이지 않는 마음을 가지고
실랑이하지 마세요**."

Part Ⅳ

단순하게, 이끌다

"사람이 달라진 시대에 리더는 어떻게 말해야 할까?"

"직원들은 타고난 상사 관찰자다.
상사들이 말하고 행동하는 모든 것에서
그들의 진짜 관심사, 목표, 우선 사항,
그리고 가치관이 무엇인지가 간접적으로 드러난다.
그리고 이는 놀랄 만큼 빠르게 조직에 전파된다."

– 이저도어 샤프 Isadore Sharp, 포시즌스 호텔 앤드 리조트 창립자

밀레니얼 세대의
중요한 키워드

밀레니얼 세대는 전에 없던
신인류가 아닙니다

밀레니얼 세대에 관한 논의가 조직마다 뜨겁습니다. 골치 아픈 신인류를 만난 것처럼 호들갑이지만, 밀레니얼 세대를 이해하는 건 의외로 어렵지 않습니다. 단순한 규칙을 기억하시면 되니까요.

기성세대가 싫어했던 걸 그들도 싫어하고,

원했던 걸 그들도 원할 뿐입니다.

전례 없던 새로운 취향이 생겨난 게 아닙니다. 상사 본인은 노력하지 않으면서 부서원에게만 책임을 닦달하는 태도, 사소한 실수 가지고 개인의 역량을 공격하는 막말, 고생은 제일 많이 했는데 성과는 승진을 앞둔 선배에게 몽땅 돌아가는 상황 등은 누구나 싫어합니다. 어느 세대든지 말입니다. 방향을 명쾌하게 알려주며 지시하는 상사, 일하고 노력한 만큼 공정하게 대우하고 인격적으로 대하는 상사는 누구나 원합니다. 어느 세대든지 말입니다.

유일한 차이라면 기성세대는 '어쩔 수 없는 일, 개인적 소망' 정도로 받아들였다면, 밀레니얼 세대는 '조직의 당연한 책무'로 받아들인다는 것입니다. 이런 성향은 일하는 태도에서도 나타납니다.

밀레니얼 세대가 특히 중요하게 생각하는 가치는 '공정'과 '존중'입니다. 어느 세대보다 공정함에 민감할 뿐 아니라, 공정하지 않다고 느낄 때 가장 심하게 반발합니다. 또한 사회에 나오기 전까지 가장 가까운 가족이나 학교에서 존중받는 환경이었기 때문에 누군가가 함부로 대하는 상황을 참지 못합니다.

밀레니얼 세대가 생각하는 가치:
공정과 존중

기성세대는 오디션 심사위원 같은 리더를 보면서 성장했습니다. 오디션 프로그램의 참가자들은 퍼포먼스를 마친 후 두근거리는 심정으로 심사위원의 입을 바라봅니다. 그러면 심사위원은 다소 거만한 표정으로 스타성이 있다 또는 매력이 있다, 기초가 부족하다 또는 개성이 너무 없다 등의 평가를 늘어놓습니다. 참가자들은 심사위원의 말 한마디에 울고 웃고요.

오랫동안 회사의 업무도 비슷한 방식이었습니다. 먼저, 부서 직원이 조마조마한 마음으로 기획서를 내밉니다. 오디션 참가자처럼 리더의 눈치를 살피면서 말입니다. 리더는 기획서를 획획 넘기면서 건조한 목소리로 평가를 합니다.

"무슨 소리인지 모르겠는데? 좀 더 디테일하게 써봐."
"하… 느낌이 영 안 오네."
"내용 괜찮네. 결론만 좀 더 보완해서 가져와."

직원은 리더의 말 한마디에 울상이 됐다가 활짝 폈다가 합니다. 만약 결과물이 미흡하다면 고생은 직원의 몫입니다. 야근이나 주말 근무 등으로 본인의 미숙함을 메꿔야 하니까요. 리더는 크게 아쉬울 게 없습니다. 잘해 오면 좋은 거고, 못해 오면 부서 직원이 좀 더 고생하는 것뿐입니다. 이런 시스템에서는 리더가 꼼꼼하게 진두지휘할 필요가 없습니다.

하지만 이제는 어림 없습니다. 요즘 세대에게 중요한 키워드가 '공정'이라고 말씀드렸지 않습니까. 밀레니얼 세대 관점에서 '프로젝트를 시킨 사람이 제대로 말해주지 않는 것, 월급을 가장 많이 받고 리더라는 직책도 가진 사람이 프로젝트 방향을 지휘하지 않는 것'은 불공정한 일입니다.

> '그렇게 중요한 프로젝트라면 여기서 월급과 경험이 가장 많은 리더가 방향을 정하고 구체적으로 알려줘야지. 왜 자꾸 나한테 어떻게 할 거냐고 묻는 거지?'

몇 번은 리더의 채근에 응해줄지 몰라도, 인내심에 한계가 다다르면(대부분 금방 다다릅니다) 오히려 되묻습니다.

> "그래서 어떻게 하라는 말씀이세요? 구체적으로 말씀해주세요. 그대로 해 올 테니까요."

예전처럼 실무자가 생각해 온 A, B, C 중에서 고르려고 했던 리더는 크게 당황합니다. "내가 아니라 네가 찾아야지"라고 말하려니 명색이 리더인데 뭔가 이상한 것 같습니다. 그러니 에둘러서 모호하게 방향을 이야기하지만, 상대방은 무슨 소리인지 정확히 모르겠다며 꿈쩍도 하지 않습니다. 이런 과정 탓에 프로젝트가 지연되거나 망한다면 직원은 리더 때문이라고 생각합니다. 따라서 리더의 죄(?)를 자신의 야근과 주말 근무로 갚아줄 생각은 조금도 없습니다. 리더는 또다시 당황합니다.

밀레니얼 세대의 특징은 동료와의 협업에서도 분명히 나타납니다. 그들에게 업무나 성과 배분이 공정하게 이뤄지는가는 민감한 문제입니다. 두 명이 비슷하게 일했는데, 총괄이라는 이유로 상대방이 성과를 독식하는 건 불공정한 일입니다. 상대방의 월급이 자신보다 1.5배나 많은데도 일의 양이 비슷하거나 적다면 참을 수 없는 상황입니다. 불공정하기 때문입니다.

공정 못지않게 '존중'도 밀레니얼 세대에게 민감한 키워드입니다. 기존에는 사람을 고용하면 시간과 의지까지 구매했다고 생각하는 경향이 있었습니다. 그래서 일단 고용에 합의했다면 불합리한 프로젝트, 동의할 수 없는 업무 프로세스, 야단치고 꾸짖는 코칭 방식 등도 참을 것을 암묵적으로 강요하곤 했습니다. 하지만 밀레니얼 세대는 상대방이 자신의 시간과 경력, 인격을 '존중'하지 않는다고 여기면 반발합니다. 더 나아가 리더의 자질에 치명적인 문제가 있다고 생각합니다. 그래서 항의를 하거나, 조직 내에서 문제를 공론화하거나, 미련 없이 떠납니다.

Part Ⅳ는 리더, 특히 중간 리더들을 위해서 썼습니다. 제가 보아온 리더 대부분은 직원들의 오해와 달리 직원에게 가능한 한 잘해주고 싶어 했습니다. 아마 지금도 그럴 것입니다. 직원을 함부로 대하기는커녕 경영진과 밀레니얼 세대 사이에 껴서 '너의 워라밸을 위해 나의 워라밸을 희생'하는 짠내 나는 리더가 많습니다.

하지만 여전히 많은 리더가 상대방에게 혼란을 일으키는 말과 행동을 자연스레 하고 있습니다. 초식동물인 사슴에게 자기가 아끼는 고기를 주는 사자처럼, 의도는 좋을지 몰라도 결과가 나쁜 일을 반복하는 겁니다. 여기서는 대표적인 상황 다섯 가지를 골라봤습니다. 혼돈 속에 있는 많은 리더에게 도움이 되면 좋겠습니다.

10장 리더의 언어

부서원을 존중하고 합리적으로 대화하다

"리더의 성공은
그 사람이 뭘 하느냐가 아니라
그가 이끄는 팀이
어떤 성과를 내느냐에 달려 있다."

— 잭 웰치Jack Welch, GE 전 회장

넷플릭스처럼
직원을 어른으로
대해주세요

넷플릭스의 '자유와 책임의 문화'

DVD 대여 업체에서
글로벌 공룡이 된 넷플릭스

누군가가 자신의 삶을 '넷플릭스를 알기 전과 후'로 나누는 걸 봤습니다. 그때는 피식 웃었는데 미드 〈크리미널 마인드〉 시리즈를 모두 보고 난 지금은 그 심정을 알 것 같습니다. 무척 바쁘고 고된 하루를 보낸 후, 좋아하는 미드를 아껴서 한 편씩 보는 건 꽤 즐거운 일이더라고요.

넷플릭스의 2020년 1월 실적 발표는 많은 CEO를 배 아프게 했습니다. 4분기 매출이 30.6%, 영업이익이 8.4% 증가하면서 2019년 매출 200억 달러(약 23조 3,000억 원), 영업이익 26억 달러(약 3조 290억 원)를 기록했거든요. 물론 아마존과 디즈니의 추격이 위협적이고, 시장 포화라는 도전 과제로 최근 들어 상당히 고전하고는 있지만 넷플릭스는 여전히 업계 최고의 자리에 있습니다.

잘나가는 기업을 보면 누구나 성공 비결을 궁금해합니다. 당연히 넷플릭스의 성공 전략에 대해서도 여러 분석이 나왔습니다. 하지만 기업 전략에는 워낙 여러 변수가 맞물려 돌아가기에 특정 기업의 성공 전략을 무작정 따라 하는 건 어리석은 일입니다. 그대로 따라 해도 실패하는 비즈니스가 수두룩하니까요. 다만 넷플릭스의 초기 사업 모델이 반쯤은 우연과 외부 요인이 복합적으로 어우러진 결과라고 해도, 초반의 성공을 넘어서 지금까지 꾸준히 성장하는 비결은 충분히 살펴볼 만합니다.

넷플릭스는 인재를 대하는 방식이
남다릅니다

넷플릭스 같은 콘텐츠 기업은 생산 인프라를 기반으로 한 제조업과 달리 사람, 즉 직원의 역량에 의지합니다. 기업의 성장과 생존을 위해서는 뛰어난 인재를 끌어오고 유지하는 것이 필수입니다. 그런데 넷플릭스는 실리콘밸리의 다른 기업들을 배 아프게 할 정도로 최고의 인재들을 끌어당기는 힘을 갖고 있습니다. 최고 수준의 대우를 해주는 대기업, 미래 잠재력이 높은 콘텐츠 기업이라는 매력도 있지만 직원을 대하는 태도가 남다르기 때문입니다.

넷플릭스는 2009년 '자유와 책임의 문화: 넷플릭스 컬처 데크'라는 문서를 사내 게시판에 올렸습니다. 넷플릭스 인재들을 어떻게 대우하고, 어떤 사람들이 최고의 실적을 내며 일할 수 있는지를 알 수 있는 징표입니다. 넷플릭스처럼 급속히 성장하는 실리콘밸리 기업들은 자신들의 문화를 명확히 정의하거나 공유하기가 쉽지 않습니다. 그래서 이 문서는 공개되자마자 많은 실리콘밸리 기업에 영감을 주는 지침서가 됐습니다.

주요 항목은 이렇습니다.

Seven Aspects of our Culture:
넷플릭스 문화의 일곱 가지 측면

- Values are what we Value: 우리가 실제로 가치 있게 여기는 것이 진짜 가치이다.
- High Performance: 높은 성과
- Freedom & Responsibility: 자유와 책임

- Context, not Control: 통제보다는 일의 맥락을 전달
- Highly Aligned, Loosely Coupled: 긴밀하게 연결되었지만, 느슨하게 구성된 조직 구성
- Pay Top of Market: 동종 업계 최고 임금
- Promotions & Development: 승진과 성장 기회

출처: 넷플릭스의 '자유와 책임의 문화(Freedom & Responsibility Culture)' 문서

최고의 자유와 보상을 해주겠다, 탁월함만 유지해준다면

단순하기 짝이 없는(엉성해 보이기까지 하는) 문서 전반에 흐르는 기조는 이렇습니다.

"우리는 탁월함을 추구한다.
우리 문화의 목적은 우리 스스로 탁월함을 이루는 것이다."

그러면서 인재를 유치하기 위해 많은 복지를 경쟁적으로 어필하는 실리콘밸리의 유행에 선을 긋습니다.

"훌륭한 일터는 훌륭한 동료가 있는 곳이다."

전적으로 동의합니다. 같이 일하는 팀장에게 배울 건 하나도 없고 동료들은 발목을 잡는 무능한 사람들뿐이라면, 일하는 시간과 공간이 지긋지긋해집니다. 구내식당이 5성급 호텔 수준이라도, 온갖 편의시설을 공짜로 이용할 수 있어도 위안이 되지 않을 겁니다. 저도 돌이켜보면 회사에서 가장 좋았던 순간들은 어렵다고 소문난 프로젝트를 탁월한 멤버들과 힘을 합쳐 성취하던 때였습니다.

넷플릭스의 태도는 스티브 잡스의 철학과도 일맥상통합니다. 잡스는 "사람들은 뛰어난 인재들은 남들과 함께 일하는 걸 싫어할 거라고 말한다. 하지만 나는 A급 선수들은 A급 선수들과 함께 일하는 걸 좋아한다는 사실을 깨달았다. 그들은 단지 C급 선수들과 일하는 걸 싫어할 뿐이다"라고 단언한 바 있습니다.

넷플릭스가 직원에게 말하는 메시지는 분명합니다.

"우리는 너희를 관리^{control}하지 않을 거야. 어른으로서 최고로 대우하고 자유를 존중할 테니 우리의 가치와 기대를 따라와 줘."

넷플릭스가 직원을 어른으로 대하면서 기대치를 최고로 높이는 이유는 단순합니다. 최고의 팀이 회사 성장에 핵심 경쟁력이기 때문입니다. 넷플릭스는 절차적인 일은 아무리 잘해도 평균 대비 2배 정도의 성과를 올릴 뿐이지만, 창의적이고 독창적인 일은 평균보다 10배의 성과를 낼 수 있다고 설명합니다. 그러니 최고로 창의적인 팀은 그 가치가 엄청나다고 확신하는 거죠.

우리도 직원을 어른으로 대우하는지
생각해봅시다

넷플릭스는 직원을 어른으로 대우합니다. 실무자를 '인폼드 캡틴 informed captain(가장 잘 알고 있는 수장)'이라고 부르며 재량을 일임합니다. 동시에 그에 따른 탁월함과 무거운 책임도 요구하죠. 담당자는 '어떻게 하면 이 프로젝트가 성공할까'를 집요하게 고민할 뿐 (잘못되면 본인 책임이니까), '상사의 의중이 무엇일까'를 고민하며 시간을 보내지 않습니다.

우리는 어떤가요?

요즘 90년대생에 대한 한탄이 여기저기서 들립니다. 일에 무성의하고, 일찍 퇴근해서 자기 생활만 즐기고 싶어 한다면서요. 글쎄요, 저는 그렇게 생각하지 않습니다. 무책임하고 무성의한 세대라면 스타트업에 그토록 열정을 쏟아붓고, 스펙을 위해서 기성세대는 엄두도 못 낼 성실함을 보일 리 없잖습니까.

우리는 밀레니얼 직원을 어른으로 보기보다는 미성숙한 수습생처럼 여기는 경향이 있습니다. 제대로 된 권한과 가이드를 주지 않는 등 아이처럼 대접하면서 아이처럼 군다고 비난하면 안 되죠.

보고서를 써도 어차피 팀장이 다 뜯어고치고 자기가 원하는 대로 다 바꾼다면 누가 의욕적으로 쓰겠습니까. 머릿속에 원하는 게 정해져 있으면 미리 말해주든지요. 알아서 쓰라고 해놓고, 결국 가져가면 데드라인이 가까이 올 때까지 전면 수정과 깨작깨작 수정을 반복합니다. 그러니 미적대며 가장 늦게 주는 게 현명하고 효율적입니다. 시킨 것 외에는 쓸데없이 나서서 할 필요도 없고 말입니다.

직원이 의욕적으로 프로젝트를 기획할 때도 비극이 벌어집니다. 온갖 업무가 제안자에게 떨어지기에 당사자의 삶은 피폐해지지만, 성과는 팀장이나 선배가 대표로 가져갑니다. 직원은 아직 책임자가 아니라는 이유로 말입니다. 이런 경험이 세 번만 반복되면 아무리 의욕적이고 창의적인 직원도 무기력해집니다.

업무 배분도 마찬가지입니다. 90년대생은 자신이 하는 일의 의미와 성장을 중시하는 세대입니다. 예전처럼 막내니까 허드렛일만 시킨다고 생각해서는 무기력하기 짝이 없는 모습을 보게 될 가능성이 큽니다.

"아니 그럼 막내가 복사해야지, 너무 고귀하게 자라서 허드렛
일은 싫다고? 그러면, 부장인 내가 하리?"

제 말은 막내라는 이유로 당연한 듯 보조만 맡기는 게 아니라

그 직급과 경험에서 할 수 있는 소규모 프로젝트를 찾아 맡기라는 겁니다. 어른이니까요.

대통령이 오는 1만 명 규모의 국제 행사에서도 복사 담당 직원은 무기력하고 지루합니다. 하지만 소규모라 하더라도 자기가 기획해서 전적으로 책임을 갖는 프로젝트 PM이 되면, 비품을 사러 뛰어다니더라도 눈이 반짝거리기 마련입니다.

"직원을 아이로 대하는 리더는
일상이 피곤합니다.
베이비시터처럼 매사에 챙겨야 하니까요.

리더는 고단한데 직원은 점점 어려집니다.
자기 스스로 판단하거나 책임을 지지도 않고,
시킨 것 이외의 일을 하기도 싫어하거든요.

눈을 비비고 다시 봐주세요.
그들은 어른입니다.
어른처럼 대하면 어른처럼 행동할 겁니다.
자유와 권한,
그리고 책임을 주세요."

'돌아가면서
한마디씩 해봐'는
안 됩니다

제대로 하는 브레인스토밍

회의만 하면 왜 다들
꿀 먹은 벙어리야?

박 팀장은 사장실을 나오면서 한숨을 쉽니다. 경영진은 주 52시간 제 도입에 맞춰 일하는 문화를 바꿀 제도들을 만들어내라고 닦달입니다. 다음 회의까지 대답을 찾아야 하는 박 팀장은 막막한 마음에 일곱 명의 팀원을 회의실로 소집합니다.

"(상황 설명) 그래서 효율적이고 단순하게 일할 제도를 만들어야 해. 다들 무슨 좋은 의견 없어?"

"…."

"평소 생각한 거 있을 거 아니야. 불편하다든지, 쓸데없는 일이라고 생각한다든지."

"…."

"그럼 송 대리부터 한 명씩 돌아가면서 얘기해봐. 뭐든지 괜찮다니까? 그냥 브레인스토밍이니까 말이야."

송 대리부터 시작해서 한 명씩 중얼중얼 얘기를 시작합니다. '야근을 줄이자', '보고서 양을 3페이지 이하로 하자', '저녁 회식 대신 점심 회식으로 바꾸자' 등의 의견이 나옵니다. 하나같이 별로입니다. 너무 평범하고 진부하죠. 누가 좀 좋은 아이디어를 확 꺼내줬으면 좋겠는데 다들 회의 시간이 끝나기만을 바랄 뿐 점점 의욕을 잃고 있습니다. 박 팀장의 속 타는 마음은 알지도 못하고 말입니다. 박 팀장은 내일까지 아이디어를 생각해보고 다시 이야기하자며 회의를 마칩니다.

짐작하시겠지만 직원들 마음속은 이렇습니다.

'한창 일하다가 끌려와서 이게 무슨 짓이람. 게다가 회의를 또 한다고? 내일까지 해야 하는 중요한 일이 얼마나 많은데! 이런 식

으로 자기는 아무 생각 없이 우리만 불러서 쪼아대는 게 바로 효율적이고 단순한 업무를 가로막는 거라고!'

서로 불만만 가득 차 있는 상태로 끝났습니다. 당연히 좋은 아이디어는 나오지도 못했고요. 아마 내일도 안 나올 겁니다.

빈 종이 브레인스토밍 vs.
틀 안에서의 브레인스토밍

브레인스토밍의 인기가 예전만 못합니다. 한때는 창의적이고 열린 태도로 문제를 해결하는 방식이라며 찬사를 받았지만, 점차 의문을 느끼는 사람들이 늘어나고 있습니다. 저도 동의합니다. 완전히 빈 종이에서 창의적인 아이디어를 낸다는 건 고난도의 일이기 때문입니다. 능수능란하게 할 수 있는 사람은 1,000명 중에서 한 명도 안 되는데, 우리의 팀원이 그런 인재일 가능성은 크지 않습니다(그런 인재라면 우리 밑에서 일하고 있지 않겠죠).

'체계적 발명 사고Systematic Inventive Thinking'라는 개념이 있습니다. 런던 비즈니스 스쿨, 와튼 비즈니스 스쿨 등에서 가르치고 있는 유명한 혁신 기법입니다. 무작정 브레인스토밍을 하려다가 좌절하고, 창의력이 마치 특출한 '영감'이라도 되는 것인 양 생각해 어려워하는 사람들의 생각을 바꿔준 이론입니다. 이 이론의 전파자인 드루 보이드와 제이컵 골든버그는 《틀 안에서 생각하기》를 통해서 사람은 제한된 '틀'이 주어질 때 더 창의적이고 좋은 의견을 낼 수 있다고 주장합니다.

많은 기획과 창의적 아이디어를 이끌어야 하는 리더라면 '빈 종이에서 브레인스토밍하기' 대신 '틀 안에서 브레인스토밍하기'를 사용하시길 추천합니다. 오히려 더 폭발적인 아이디어가 나오니까요. 다음 두 개 중 어떤 걸 더 쉽게, 더 많이 쓸 수 있을지 생각해보면 이해가 될 겁니다.

> ① 3분 동안 식물 이름을 써보시오.
> ② 3분 동안 식물 이름을 '나무, 꽃, 채소' 3개 항목으로 나눠서 써보시오.

두 번째를 훨씬 수월하게 합니다. 식물 중에서 해조류, 허브 같은 건 빠지고 오히려 범위를 제한했는데 말이죠.

이는 우리 뇌의 특성과 관련되어 있습니다. '식물'이라는 단어를 들었을 때 활성화되는 영역이 워낙 많다 보니 오히려 머뭇거리게 됩니다. 그래서 단계를 하나 내려주면 훨씬 정돈되고 편안하게 느낍니다. 글쓰기 연습을 할 때도 마찬가지입니다. '어렸을 때 추억을 써보세요'라고 말하면 무엇을 써야 할지 몰라 머뭇거리지만,

'중학교 시절 도시락과 관련한 추억을 써보세요'라고 범위를 줄여주면 훨씬 쉽게 좋은 콘텐츠를 만들어낼 수 있습니다.

리더가 펜을 들고
앞에서 지휘해야 하는 시대입니다

요즘 리더가 된 분들께는 애석한 소식입니다만, 예전처럼 자리에 가만히 앉아서 정보를 모을 수가 없게 됐습니다. 아이디어 회의에서 리더가 사용하는 대표적인 언어는 이랬습니다.

> "돌아가면서 좋은 아이디어 발표해봐."
> "그 아이디어는 별로인 것 같은데."
> "그건 좀 괜찮네. 좀 더 자세히 찾아서 자료로 만들어봐."

흡사 아이디어 오디션의 심사위원 같죠. 부서원은 별 볼 일 없는 의견을 내면 구박을 받고, 좋은 아이디어를 내면 일이 쓸데없이 늘어나는 딜레마에 빠집니다. 그래서 어느 정도 연차가 되면 '욕먹을 정도는 아니지만 채택될 정도는 아닌 맹송맹송한 아이디어'를 내는 법을 배우게 됩니다. 결국 좋은 아이디어를 찾을 수도, 성과를 낼 수도 없게 되죠. 게다가 부서원들은 왜 우리 리더는 아무 생각이 없냐며 불만이 가득합니다.

　이제 리더는 아이디어 회의에서 진행자가 되어 이끄는 법을 배우셔야 합니다.

"말이야 쉽죠. 어떻게요?"

　박 팀장의 과제인 '효율적이고 단순하게 일하는 문화 만들기'를 예로 한번 해볼까요? 과제에 따라 방식은 다르겠지만 리더가 이끄는 방식에 관해 작은 힌트가 되리라 믿습니다.

목표 지점(꿈, 악당)에 관해 공감대를 형성한다

"지금 '효율적이고 단순하게 일하는 문화'를 위한 아이디어를 찾아야 하잖아. 먼저 이게 무슨 소리인지부터 고민해보자고. '효율적이고 단순하게'의 반대말이 뭐지?"

"비효율적이고 복잡한 거죠."

"그렇지! (화이트보드에 두 가지를 크게 쓴다) 그러면 먼저 '효율적/단순함'부터 해보자고. 우리가 원하는 방식이 어떤 거지?"

"음…. 정시 퇴근?(웃음)"

"맞아." (화이트보드에 적는다.) "또 다른 의견은?"

"저는 명확하고 분명한 업무 지시요. 제대로 전달을 안 해줘서 똑같은 일을 몇 번이나 반복하는 때도 있거든요."

"정말 좋은 의견이야." (화이트보드에 적는다.)

(한참 진행 후)

"그러면 이제는 '비효율적/복잡함'을 생각해볼까?"

──────── 어떤 이미지 또는 의미가 떠오르는가? ────────

효율적/단순함	비효율적/복잡함
#정시 퇴근 #한 장 보고서	#야근 #무조건 문서화
#명확한 업무 지시	#일단 해와 봐
#충분한 업무 설명	#보고 시간 대기
#R&R 명확	#3차까지 이어지는 회식 #느린 피드백

대개는 악당, 그러니까 '비효율적/복잡함'에 더 많은 의견이 쏟아집니다. 방법을 찾아내라는 게 아니라 이미지나 의미를 떠올리라는 거니까 부서원도 훨씬 편한 마음으로 대답하죠. 여기서 중요한 점은 계속 공감하면서 지지해줘야 한다는 겁니다. 그리고 초반에 침묵이 흐른다면 리더부터 먼저 의견을 내야 합니다. 이 단계는 모두가 문제의 개념을 공유하는 것이기 때문에 중요합니다.

문제를 여러 각도로 보도록 프레임을 제시한다

미씨^{MECE, Mutually Exclusive Collectively Exhaustive}(상호배제와 전체포괄)에 맞춰서 쪼갠 후 분야별로 토론을 해보는 단계입니다. 나누는 방식은 어떤 걸 선택해도 상관없지만, 기존에 흔하지 않은 방식으로 나눌수록 더 좋은 아이디어가 나옵니다. 여기서는 '변하는 것'과 '변하지 않는 것'을 프레임으로 골라보겠습니다.

> "우리 업무 중에서 '100년이 지나면 변할 것과 변하지 않을 것'이 무엇일까?"
>
> "…?"
>
> "예를 들면 이런 거야. 정해진 시간에 정해진 장소로 출퇴근하는 지금 방식이 100년 후에도 여전할까?"
>
> "아니죠. 벌써 유연근무제를 채택하거나 근무 장소를 자율화한 기업들이 늘어나고 있잖아요."
>
> "하지만 변하지 않는 건 있지. '정해진 계약 시간에 일한다'라는 건 변하지 않을 거야. 이런 게 또 뭐가 있을까?"
>
> "…."
>
> "보고는 어때? 직급별로 보고하는 지금 방식 말이야."
>
> "100년 후에는 당연히 달라지겠죠."
>
> "하지만 여전히 남아 있는 건?"
>
> "업무 관계자끼리 소통?"

"그렇지! 그런 식으로 찾아보자고."

처음이라 어려워하던 부서원도 리더가 이런 식으로 이끌어주면 아이디어를 냅니다.

—————— 100년이 지나면 변할 것과 변하지 않을 것 ——————

변할 것	변하지 않을 것
#정해진 시간에 정해진 장소로 출퇴근 #밤늦게까지 이어지는 회식 #커뮤니케이션 방식: 대면 보고 #성과 측정의 방식 #보고서 스타일과 분량	#계약한 시간에 근무 #팀워크의 중요성 #업무 관계자 간 원활한 소통 필요 #성과를 내야 한다는 것 #텍스트 기반 커뮤니케이션의 니즈

개념화 이후 중요하고 시급한 세 개를 고른다

이제 토론을 통해 개념화를 할 수 있게 됐습니다. 개념화란 특정 용어를 사용할 때 무엇을 의미하는지 정확하게 구체화하는 과정을 의미합니다. 박 팀장과 팀원들은 '효율적이고 단순한 근무 환경 조성'을 '성과와 관련 없는 낭비 시간을 찾아 없애는 것'이라고 개념화했습니다.

효율적이고 단순하게 일하는 문화를 만들려면?

→ 성과와 관련 없는 3대 시간 낭비를 찾아 없애자

가장 공략해볼 만한 세 가지 분야를 찾으면 됩니다. 회의에서 반복적으로 나오거나 크게 공감하는 항목들이 후보가 됩니다. 의견이 갈리면 투표에 부쳐도 됩니다. 그 결과 세 개의 과제가 나왔습니다.

- 과도한 문서 중심의 커뮤니케이션
- 불명확한 업무 지시
- 획일적 근무 시간 및 장소 지정제

효율적이고 단순한 조직 문화 만들기
= 성과와 관련 없는 3대 시간 낭비를 찾아 없애자

프로젝트를 듣고, 하고, 보고하는 3단계별 제안사항

불명확한 업무 지시	획일적 근무 시간 및 장소	문서 중심의 커뮤니케이션
듣는 단계	하는 단계	보고하는 단계

이제 틀을 만들겠습니다. 경영진의 '왜 이 세 개를 골랐지?'라는 질문에 답하기 위해 아우르는 개념을 만듭니다. 시간 순서로 '프로젝트를 듣고, 하고, 보고하는 3단계 과정'이라고 이름 붙였습니다.

이렇게 틀이 정해지면 팀원들이 나눠서 아이디어나 벤치마킹 사례를 조사하기가 훨씬 쉬워집니다. "좋은 아이디어 좀 내 봐"라고 무작정 닦달한 다음에 막막한 상태에서 하나씩 찾아오던 자료보다 콘텐츠의 수준도 압도적으로 높습니다.

다음번 아이디어 회의에 이 방식을 적용하시고, 결과가 어땠는지 저에게도 메일로 공유 좀 해주시기 바랍니다.

"'돌아가면서 한마디씩 해봐!'

이제 리더가 그렇게 회의를 이끌던
시대는 지나갔습니다.

**리더가 펜을 들고
앞에서 지휘해주세요.**

빈 종이에서
브레인스토밍하는 것보다
일정한 틀을 정해주었을 때
더 멋진 아이디어가 나옵니다."

리더의 몸짓과
말이 다르면
곤란합니다

Non-Verbal Language의 중요성

메라비언의 법칙

미국 UCLA 교수인 앨버트 메라비언^{Albert Mehrabian}이 1971년에《침묵의 메시지^{Silent Message}》를 출간했을 때 사람들은 깜짝 놀랐습니다. 말하는 사람의 호감도를 판단할 때 말의 내용이 차지하는 비중이 7%에 불과하다는 충격적인 얘기를 했기 때문입니다. 그는 말하는 사람의 자세나 복장, 제스처 같은 시각 이미지가 55%, 목소리 톤이나 음색인 청각 이미지가 38%를 차지한다고 했습니다.

이를 '메라비언의 법칙'이라고 부릅니다.

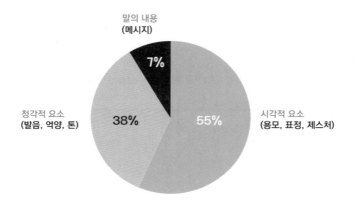

상식을 뒤엎는 이 당황스러운 결과는 커뮤니케이션 이론에서 오
랫동안 중요하게 다뤄졌습니다. 하지만 조금만 깊게 생각해보면
내용의 영향력이 7%밖에 안 된다는 게 이상하다는 걸 알 수 있습
니다. 나중에 메라비언 교수도 이 연구가 잘못 해석되고 있다고 지
적했습니다. 말의 내용보다 시각, 청각적 요소가 더 중요하다는 의
미가 아니랍니다. 아무리 좋은 메시지라도 시각 또는 청각 이미지
가 반대의 얘기를 하고 있다면 왜곡될 수 있다는 뜻이었다는군요.

오! 그런 경우라면 꽤 있습니다. 똑같은 말을 해도 아예 다르게 해석되는 경우 말입니다. 예를 들어, 팀장이 다음의 세 가지 행동과 함께 '잘하고 있어'라는 말을 했다고 생각해보겠습니다.

① 환하게 웃는 얼굴로 내 어깨를 두드리며 다정하게 말한다. "잘하고 있어!"
② 휴대전화로 문자를 작성하면서 나를 흘깃 쳐다본 후 심드렁한 목소리로 말한다. "그래그래, 잘하고 있어."
③ 얼굴을 찌푸린 채 짜증 섞인 목소리로 크게 얘기한다. "자알~ 하고 있어. 응?"

서로 완전히 다른 뜻인 것을 알 수 있죠.

많은 리더가 말과 행동이 반대인
메시지를 보냅니다

요즘 조직은 소통을 무척이나 강조합니다. 리더가 주기적으로 부서원과 소통한 실적을 제출해야 하는 곳도 있을 정도입니다. 그러다 보니 소통이 리더들의 신종 스트레스가 되고 있다는 소식입니다. 요즘은 예전처럼 저녁에 술 한잔하자고 할 수도 없으니(대부분 싫어합니다!) 리더들은 부서원을 조용한 회의실로 부릅니다. 맨송 맨송한 정신으로 소통이란 걸 해본 적이 없는 리더는 어떻게 얘기를 꺼내야 할지 어색해하다가 큼큼, 목을 가다듬고 말을 꺼냅니다.

"그래, 요즘 매우 바쁘지? 회사나 우리 부서, 특히 나한테 건의할 내용이 있으면 말해줬으면 좋겠어. 솔직하게 말이야."

직원들은 심드렁한 표정으로 '특별히 드릴 말씀이 없다. 별문제 없다'라고 얘기합니다. 그리고 어서 끝나기만을 바라는 표정입니다. 어색한 시간이 끝나면, 리더들은 상대방이 원하지도 않는데 어떻게 소통을 하라는 거냐며 경영진과 인사부를 원망합니다.

왜 직원들이 리더에게 속마음을 얘기하지 않을까요? 그건 리더들의 말과 비언어 메시지가 정확히 반대의 신호를 보내고 있기 때문입니다. 이런 오류는 대체로 세 가지 형태로 나타납니다.

① 들을 생각이 없다는 메시지를 반복해서 보낸다.
② 상대방의 오해를 푸는 자리로 바꾼다.
③ 건의 사항을 듣기만 한다. 듣기만.

들을 생각이 없다는 메시지를 반복해서 보냅니다
얘기를 들으면서도 휴대전화 메시지 알람이 울리면 얼른 확인하고, "아, 잠깐!"이라고 멈춘 후 답장을 합니다. 중간에 전화를 하기도 하고요. 통화가 끝나면, 이렇게 얘기합니다. "미안. 무슨 얘기하고 있었지?"

또는 얘기를 들으며 고개만 간간이 끄덕일 뿐 어떤 공감의 반응도 보이지 않습니다. 메모할 생각이 없는 건 물론이고요. 이런 상사에게 진지하게 건의할 직원은 없습니다.

상대방의 오해를 푸는 자리로 바꿉니다

좀 더 심각한 경우입니다. 직원이 건의하면 오히려 기다렸다는 듯이 자기 얘기를 시작합니다. '그렇게 생각하면 안 된다, 내 사정은 사실 이렇다. 회사 입장은 이렇다'라는 식으로 자기 해명만 실컷 하는 겁니다. 대화 이후 리더는 속이 후련합니다. 안 그래도 하고 싶은 말이 많았는데 기회가 마땅치 않아 참았던 걸 드디어 실컷 했으니까요. '힘든 리더의 입장을 이제 이해하겠지'라고 생각하며 소통이 잘됐다고 생각합니다. 하지만 천만의 말씀입니다.

건의 사항을 듣기만 합니다. 듣기만

직원도 건의한 모든 게 반영되리라고 생각하진 않습니다. 그런데 한 시간 넘게 열변을 토한 내용이 결국 아무 소용 없는 일이라는 걸 깨닫는 건 씁쓸한 경험입니다. 피드백이 전혀 없거든요.

'상대방의 얘기를 들어주기만 해도 큰 도움이 된다.'

상담학의 조언을 일터에 이상하게 적용하면 안 됩니다. 리더와의 간담회는 속 시원히 얘기하는 것 자체로 후련해지고 위로받는 상담 시간이 아닙니다. 그런데 듣기만 하고 아무런 조치를 하지 않는 리더가 많습니다. 후배 하소연을 '들어준다'는 자체로 역할을 다했다고 생각하는 걸까요? 이런 리더 밑에 있는 직원이라면 다음 번부터는 건의 따위에 시간과 에너지를 낭비하지 않을 겁니다.

"사소한 말투, 행동의 영향력은
생각보다 강력합니다.

우리가 전달하는 언어적 메시지와
비언어적 메시지가
반대를 얘기할 때
상대방은 그중 하나만 고르거든요.

그리고 그 선택은 대부분
우리가 원하지 않는 방향입니다."

마음은
궁금하지 않으니
겉으로 잘해주세요

아끼는 직원과 욕의 상관관계

정말 아끼는 직원에게
상처받았습니다

직장 후배에게 상처받았다며 하소연하시는 분들이 있습니다.

> "제가 정말 아끼는 직원이자 후배였거든요. 많이 의지했어요. 직
> 장에서 만났지만, 평생 갈 우정이라고도 생각했어요. 그런데 그
> 후배가 조금씩 저를 피하는 거예요. 나중에 들어보니 저를 부담

스러워했다고 하더라고요. 정말 너무너무 서운합니다."

"그러셨군요. 혹시 예전에 어떻게 대하셨나요?"

"고민이나 어려움도 자주 얘기하고요, 다른 팀원들 간에 문제가 생기면 제일 먼저 그 친구와 상의하기도 했어요."

"그 친구에게 일도 많이 맡겼겠네요?"

"네. 워낙 괜찮은 친구였죠."

들으면 들을수록 이분의 후배는 자신의 상사이자 선배를 좋아할 이유가 하나도 없어 보이네요. 일도 많이 시키고, 걸핏하면 자신의 문제를 가지고 와서 하소연한다잖습니까. 자신의 온갖 문제를 떠넘긴 행동이 마음을 보여주고 신뢰한 표시라니, 그런 마음이라면 저라도 받기 부담스러워 정중하게 사양할 것 같군요.

아끼던 직원이 어느 순간부터
일에 의욕이 없어진 이유

1. 작년보다 업무량이 10% 늘었다. 월급이 비슷한 다른 팀원들과 비슷한 수준이다.
2. 작년보다 업무량이 10% 줄었지만, 월급이 비슷한 다른 팀원들에 비해서는 2배로 일한다.

둘 중 어느 것이 더 싫으신가요? 저는 무조건 2번입니다. 물론 합리적인 선택은 아닙니다. 이성적으로 판단하자면 당연히 2번을 좋아해야 합니다. 어쨌거나 업무량이 줄었잖아요. 하지만 대니얼 카너먼을 비롯한 많은 행동경제학자가 충고하는 것처럼 인간은 그다지 합리적이지 않습니다. 대부분 2번을 억울하다고 여기고, 불쾌해하고, 싫어합니다.

경영 전문가들이 공통으로 조언하는 내용이 있습니다. A급 팀에 자신만만하게 C급 직원을 데리고 오지 말라고 말입니다. 능력 있는 리더는 연이은 성공에 도취한 나머지 골칫덩이 C급 직원을 변화시키겠다는 의욕을 보이지만, 결말은 C급 직원의 수준이 올라가는 게 아니라 A급 직원들의 분위기가 분열되고 맙니다. '쟤는 저렇게 노는데 왜 내가 쟤 역할까지 대신 해줘야 하지?'라는 억울함이 조직에 퍼지면서 사기가 떨어지기 때문입니다.

열심히 일하는 직원들이 조직에서 점점 사라진다면 잠시 생각해 보시기 바랍니다. 혹시 일을 열심히 한 직원에게 주는 보상이 '많은 업무 + 늘어난 질타 + 인색한 칭찬'의 쓰라 콤보가 아닌지요?

A급 직원은 중요하거나 까다로운 프로젝트를 우선해서 맡는 경우가 많습니다. 일의 양도 많죠. 그런데 이상한 일이 벌어집니다. 일을 많이 하고 고생하는 직원이라면 당연히 칭찬과 보상을 많이 받아야 정상인데, 오히려 욕을 먹는 비율이 높은 경우가 많습니다.

프로젝트 양 자체가 많으니 욕먹을 일도 늘어나는 겁니다. 프로젝트당 평균 두세 번 욕먹을 일이 생긴다면 '프로젝트 수 × 욕 2~3회'의 결과가 나옵니다. 게다가 A급 직원이 하는 일은 회사 실적에 중요한 프로젝트가 많아 리더들도 훨씬 예민하고 까칠하게 굽니다.

칭찬이라도 많이 받느냐면 그렇지가 않습니다. 리더는 특정 직원만 너무 칭찬하면 편애한다는 소리를 들을까 봐 다른 부서원과 어느 정도 형평성을 맞추려는 경향이 있습니다.

──────────── 직원 유형별 업무량과 피드백 비교 ────────────

	유능한 A	평범한 B	무능한 C
업무량	100	70	40
욕	30	15	5
칭찬	10	8	6
업무량 + 욕 − 칭찬	120	77	39

그러다 보니 표처럼 이상한 구조가 됩니다. 업무량을 기준으로 '유능한 A' 직원은 100, '평범한 B' 직원은 70, '무능한 C' 직원은 40을 나눠 갖습니다. 이미 불공평하죠. 그런데 욕은 A 직원이 압도적으로 많이 먹습니다. 무능한 C 직원은 실수해도 피해가 소소

한 쉬운 프로젝트만 하니까 오히려 욕먹을 일이 없습니다. 이런 식으로 계산해서 합산하면 A의 총비용은 120, B는 77, C는 39가 됩니다.

그러면 유능한 A 직원은 똑똑한 머리로 생각합니다. 부서나 조직을 바꿀까 말까. 리더에 대한 로열티는 이미 사라지고 없습니다. 능력대로 정당한 대우를 해주는 조직이나 리더를 찾아 떠납니다. 만약 부서나 조직을 옮길 수 없다면 행동을 수정할 겁니다. 조직이 상대 평가라면 B의 업무량인 70보다 약간 높은 75~80을 유지하는 게 가장 합리적입니다. 그러니 원래보다 20%가량 생산성을 낮출 겁니다.

공포 본능에 저항하고,
칭찬(격려) 보상을 주세요

우리는 가장 아끼는 직원을 가장 가혹하게 대하는 경향이 있습니다. 그러면서 이렇게 말해요. "내가 너 진짜 아끼는 거 알지?"

아뇨, 모릅니다. 뭘 보고 알 수 있겠어요? 다른 팀원은 한가하게 웹서핑하고 있는 동안 자기만 입에 단내 나게 뛰어다니고 있으니 말입니다. 고생고생해서 잘한 아흔아홉 개는 당연한 듯 생각하고 부족한 한 개를 가지고 쥐잡듯이 하니, 정나미가 떨어질 뿐입니다.

한스 로슬링은 《팩트풀니스》에서 우리가 세상을 왜곡해서 보고 행동하는 이유 중 하나가 '공포 본능Fear Instinct'이라고 말합니다. 우리는 좋은 소식은 작고 당연하게, 나쁜 소식은 민감하고 크게 받아들이는 경향이 있습니다. 그래서 많은 리더가 실제로 직원들에게 이렇게 반응합니다.

당연한 일	잘못한 일
A 문제를 계획대로 일정 내에 해결한 것	그런데 C 문제는 아직 해결 안 된 거야?
퇴근 후 30분씩 초과 근무한 것	이번 달에 벌써 두 번째 지각이잖아. 요즘 정신을 어디에 두고 있는 거야?
해외 유력 투자자의 국내 일정 준비 중 78가지를 계획대로 만족스럽게 진행한 것	이동 일정을 퇴근 시간에 맞춰서 잡으면 어떻게 해! 투자자께서 두 시간이나 차 안에 갇혀 계셨잖아!

잘한 일은 당연하고, 못한 일은 질타해야 할 문제가 됩니다. 그러다 보니 가장 오랫동안 함께하고 싶은 아끼는 직원인데도 실제로는 가장 괴롭히고 욕을 많이 하는 아이러니가 펼쳐집니다. 황금알을 낳는 거위의 배를 가르는 격입니다.

아끼는 직원이라면 가장 많이 칭찬해주세요. 유능한 직원에게 가장 많은 보상을 주세요. 아주 기본적이고 당연한 얘기인데, 이상하게도 일터에서는 거꾸로 가는 모습이 더 많습니다. 그래서 가장 마음을 주며 아낀 직원이 뒤도 돌아보지 않고 떠나가는 겁니다.

"이상하게도,
가장 아끼는 직원에게
가장 가혹하게 대합니다.

일을 가장 많이 시키면서
칭찬과 보상은 인색합니다.

이런 조직문화라면
그 직원은 둘 중 하나를
선택할 겁니다.

떠나거나 일을 덜 하거나."

마음(태도)이 아니라 행동(일)을 지적합니다

기본적 귀인 오류 주의보

요즘 친구들 때문에

고군분투하는 리더들에게

"진짜 제 상식을 훌쩍 뛰어넘더라고요. 이게 세대 차이인지, 아니면 그 직원의 문제인지 모르겠어요."

이렇게 호소하는 리더들이 많아졌습니다. 직원의 행동을 쿨하게 이해해야 하는 건지 아니면 지적해서 고쳐야 하는 건지 혼란스러워합니다.

"오늘 출근 못 한다는 얘기를 아침에 문자로 날려요. 일방적인 통보죠. 최소한 전화를 걸어 양해를 구해야 하는 것 아닌가요? 게다가 어찌나 당당한지, 미안해하는 기색도 별로 없어요."

저는 "요즘은 전화 통화를 무서워해서 먼저 할 말을 적어놓은 다음 용기를 내어 전화 건대요"라고 말하며 웃었습니다.

그런데 문자로 결근을 알리면 왜 기분이 나쁠까요? 많은 기성세대의 머릿속에 다음과 같은 인식이 있어서 그렇습니다.

- 전화 = 성의 있고 예의 바른 방식
- 문자 = 전화를 해야 하지만 상황상 양해가 될 때 대체할 수 있는 의사소통 수단. 편리하나 성의는 부족

이런 인식 속에 '문자 + 휴가 통보' 콤보를 겪으니 멘탈이 흔들거리는 겁니다. 사회생활의 기본 에티켓을 어디서부터 가르쳐야 할지 막막합니다. 직원을 불러서 따끔하게 혼을 내야 할까요? 글쎄요. 일단 진정하시고 잠시 앉아보세요. 좋은 생각이 아닙니다. 왜냐하면, 요즘의 상식과 에티켓은 오히려 반대이기 때문입니다.

- 전화 = 상대방의 상황과 상관없이 일방적으로 거는 것이라 결례가 될 수 있음.
- 문자 = 가장 보편적인 의사소통 수단

오히려 전화를 결례라고 생각합니다. 아침 7시에 잠에서 깼는데 몸이 너무 안 좋아서 연차를 내야겠다는 생각이 들었다고 해봅시다. 요즘 세대는 그 시간에 전화하는 걸 더 무례하다고 생각합니다. 상대방이 한창 씻는 중일 수도 있고 운전 중일 수도 있잖아요. 물론 통화 자체를 부담스러워하는 마음이 제일 큽니다만, 어쨌든 이런저런 이유로 차라리 길게 성의 있는 문자 메시지를 남기는 쪽을 선택합니다. 상대방이 읽고 나서 통화를 원한다고 하면 그때 전화하면 되니까요.

그리고 '휴가'에 대한 태도도 다릅니다.

- 기성세대: 부서장에게 허락을 받아서 쉬는 것
- 요즘 세대: 월급처럼 당연한 권리. 계약에 의한 것이니 누군가의 허락을 받을 필요 없음. 다만 리더가 업무에 참고할 수 있도록 미리 말해주는 게 좋다고는 생각함.

아파서 결근하는 당일 통보를 미안해할 일이라고 생각하지 않습니다. 굳이 따지자면 '유감' 정도의 마음이랄까요? 그러니 리더가 이 상황에서 화를 내면 어떨까요? 상대방은 기세에 눌려 '죄송합니다'라고 말할지 모르지만, 이해할 수 없는 대우를 받았기 때문에 속으로는 불만이 가득할 겁니다.

"그러면 리더는 무조건 참고 이해하라는 얘기인가요?"

아뇨. 그건 아닙니다. 원하지 않는 행동은 담백하게 얘기하시면 됩니다. 다만 무엇이 정답인지 정해져 있는 것도 아닌데, 자신은 맞고 상대방은 틀렸다는 식으로 비난해선 안 된다는 겁니다.

태도를 공격하지 말고 원하는 행동을
담담하게 얘기합니다

《생각의 지도》에서 리처드 니스벳 교수는 기본적 귀인 오류 Fundamental Attribution Error 라는 개념을 소개했습니다. 그에 따르면, 사람은 '내 문제는 상황 탓, 남의 문제는 그 사람 탓'이라고 생각하는 경향이 있답니다. 예를 들어 저녁 약속에 지각하는 경우를 생각해보세요. 내가 늦을 때는 '차가 막혀서', '하필 퇴근 시간이면 꽉 막히는 장소에 약속을 잡아서' 등의 상황 탓을 합니다. 하지만 상대방이 늦는다면 '시간 개념이 없어서', '항상 늦는 친구라서'라는 식으로 성격이나 성향 탓을 합니다.

직장에서도 이런 경향은 자주 볼 수 있습니다. 우리 팀이 프로젝트를 데드라인 안에 못 끝낸 경우라면 '부서장이 말도 안 되는 데드라인을 잡아서', '다른 부서가 데이터를 늦게 줘서'라고 생각합니다. 하지만 다른 팀이 그랬다면 '시간 경영을 제대로 못 해서', '일 처리가 서투른 사람들이라서'라고 생각합니다. 행동 자체

뿐 아니라 보이지 않는 마음속이나 태도까지 연결해서 비난하죠. 하지만 이런 커뮤니케이션은 역효과만 가져올 뿐입니다.

사례 1: 보고서 오타가 잦은 직원

> "민 과장, 아니 왜 이렇게 매번 오타가 나는 거야? 회사 일을 그렇게 대충대충 하면 어떻게 해?"

보고서 오타가 자주 난다.
→ 리더의 해석: 회사 일을 대충대충 하는 사람

전형적인 기본적 귀인 오류입니다. 보고서 오타라는 행동을 가지고 사람의 태도를 공격한 겁니다. 이런 취급을 받은 민 과장은 불쾌한 마음에 '상황', 즉 상사를 탓할 겁니다.

'제대로 시간을 주면 오타 안 나지. 무조건 빨리 달라고 뒤에 서서 재촉하는데 오타를 확인할 시간이 있나? 대충이라니, 누가 대충한다는 거야? 진짜 대충하는 모습 보여줘?'

업무 지적을 하지 말고 눈치만 보라는 게 아닙니다. 원하는 행동이 있으면 행동만 그냥 담백하게 얘기하면 된다는 겁니다.

"박 과장, 보고서에 오타가 자주 보여.**(행동 지적)** 이렇게 오타가 있는 상태로 보고드리면 나도 상무님에게 크게 혼나거든.**(행동의 문제 설명)** 오타를 좀 줄일 방법이 없을까?"

"저도 체크는 늘 하는데, 오늘처럼 빨리 달라고 재촉하시면 확인할 시간이 부족해요."

보고서 오타가 자주 난다.

→ 직원의 해석: 상사가 검토할 시간도 없이 재촉하기 때문

"그래? 그런 경우에는 '급하게 작성한 것이라 오타가 있을 수 있다'고 미리 말해주겠어? 나도 상무님께 보고드릴 때 그런 상태라고 양해를 구할게. 그리고 평소에는 모니터로만 보면 오타가 잘 안 보이니 최종 제출 전에 출력해서 한 번 더 점검해주면 좋겠어.**(태도가 아닌 행동에 대한 해결책 모색)**"

사례 2: 점심시간 후 늦게 들어오는 직원

"변 대리, 점심시간에 왜 자꾸 늦게 들어오는 거야? 어떻게든 일하는 시간을 줄이고 싶은가 보지? 업무 규정 위반이야 그거."

점심시간 후 사무실로 늦게 복귀한다.

→ 리더의 해석: 일하는 시간을 줄이고 싶어서 안달하는 사람

질타를 들은 변 대리의 생각이 어떨지는 다들 상상이 가실 겁니다. '그러면 퇴근 시간은 왜 마음대로 늘리는데? 걸핏하면 6시에 회의하자고 하고. 그것도 업무 규정 위반이라고! 자기는 담배 피우느라 걸핏하면 나가면서.'

자, 원하는 게 있으면 그냥 담백하게 얘기합시다. 괜히 상대방의 태도를 공격할 필요는 없습니다.

"민 대리, 점심시간 끝나고 늦게 들어오는 편인데 무슨 특별한 이유라도 있는 거야?(행동 지적) 민 대리도 알다시피 우리 회사 규정은 1시까지 들어오는 거잖아. 지금 혼을 내는 건 아니니까 솔직히 말해봐. 시간이 부족한가?"
"팀장님도 아시다시피 제가 해외 업무 맡게 되면서 영어 공부를 해야 하잖아요. 그래서 점심시간에 하는 학원에 다니기 시작했는데, 아무래도 시간이 부족해요."

점심시간 후 사무실로 늦게 복귀한다.
→ 직원의 해석: 회사 업무에 필요한 역량을 개발하느라 점심시간을 쓰고 있기 때문

"그래? 그러면 1시까지 들어오는 건 무리라는 건가?"

"네. 김밥이나 샌드위치로 식사를 해도 좀 벅차거든요."

"그러면…, 이건 어때? 민 대리는 점심시간을 12시에서 1시 30분 까지로 하고, 대신 30분 일찍 출근하거나 30분 늦게 퇴근하는 거지.**(태도가 아닌 행동에 대한 해결책 모색)**"

"그것도 방법이겠네요. 제가 좀 더 고민해보고 내일 말씀드려도 될까요?"

"그래요. 내일 얘기합시다."

야단친다고 로열티와 책임감이 생기는 건 아닙니다. 지금껏 길러준 부모님 말씀도 안 듣는 우리가 상사의 말을 가슴 깊이 새길 리 있나요? 그러니 거슬렸던 행동, 그 하나만 가지고 이야기하시길 바랍니다. 명령이 아니라 협상의 태도로 말입니다. 행동 너머까지 질책하거나 무조건 자신의 기준을 내미는 것은 월권입니다.

"내 행동의 원인은 상황에서 찾고
상대방 행동의 원인은
성격이나 성향에서 찾습니다.
이걸 기본적 귀인 오류라고 부르죠.

우리는 다른 사람의 잘못을 보면
'그 사람은 ○○한 사람이니까'
라고 쉽게 생각합니다.

하지만 대부분은 맞지 않고,
상대방은 억울해합니다.

보이지 않는 태도로 실랑이하지 마시고
보이는 행동만 지적하세요.
우리가 바꿀 수 있는 건 그것뿐입니다."

소통 노이로제에 걸린 리더들에게

밀레니얼 세대를 비롯한 젊은 직원들은 상사와 시시콜콜한 이야기를 하기 싫어한다고 합니다. 하지만 직원들에게 불만 사항을 조사하면 '소통 부족'이 빠지지 않고 나옵니다. 이러다 보니 리더들은 도대체 어디에 장단을 맞춰야 하느냐며 혼란스러워합니다.

밀레니얼 세대라고 해서 모두 같은 생각과 성향을 지닌 건 아니므로 일괄적인 답은 없습니다만, 현장에서 고군분투하는 리더를 위하여 몇 가지 공통 사항을 정리했습니다.

1. 사생활 공유가 소통은 아닙니다

깊은 비밀을 공유해야 비로소 끈끈한 동료 관계가 되는 건 아닙니다. 상대방의 결혼, 애인, 출산, 자녀, 몸무게, 배우자

소득 등은 묻지 않는 게 원칙입니다. 물론 안부 차원의 인사는 괜찮습니다. 임신 초기인 동료에게 도와줄 일을 물어보거나, 이번에 학교 들어가는 자녀의 근황을 묻는 정도를 가지고 거부감을 표시하는 사람은 별로 없습니다.

2. 조언은 유료입니다

사생활을 이야기하기 싫어하는 이유는 후속 과정이 스트레스이기 때문입니다. 핼쑥한 임신부를 앞에 두고 지금이 오히려 편할 때라는 둥, 한창 바쁠 때 임신했으니 다른 동료들에게 미안해하라는 둥 조언 아닌 조언을 합니다. 아이가 초등학교에 입학하는 동료에게는 사립학교가 더 좋다는 둥, 그 지역은 학군이 안 좋으니 빨리 이사하라는 둥 오지랖을 떱니다. 토요일에 뭐 했냐고 물어보길래 여자친구와 데이트했다고 하니 어떤 여자인지, 결혼 생각은 있는지, 모아놓은 돈은 있는지 물어봅니다.

조언은 유료입니다. 사생활에 충고하고 싶으면 적어도 꽃등심 사 먹을 돈이라도 내놓고 시작하시기 바랍니다.

3. 일에 관한 소통이라면 언제든지 환영합니다

사생활에 관해서는 온갖 오지랖과 충고를 펼치던 상사가 일에 관해서는 과묵한 선비가 되는 경우가 많습니다. "그건 네가 결정할 일"이라거나 "좀 더 고민하면 답이 나오지 않을까?"라는 식의 무색무취한 조언을 합니다.

직원들은 업무 역량 향상이나 커리어에 관심이 많습니다. 이 분야가 유망한 건지, 지금의 방식이 맞는 건지, 무엇을 전문화하는 것이 현명할지, 제대로 일하는 중인지, 부서를 옮기는 게 좋을지, 저 동료와는 전혀 맞지 않는데 해결할 방법이 있는지 등의 고민이 가득합니다.

그나마 가장 정확한 답을 줄 수 있는 사람은 리더입니다. 하지만 고민을 털어놓으면 입을 꾹 닫고 고개를 끄덕이며 경청의 도를 펼치다가 원론적인 답변을 내놓을 뿐입니다. 아까 사생활을 충고할 때 열정적이던 사람은 어디 갔는지 모르겠습니다.

> "진료는 의사에게, 약은 약사에게
>
> 사생활 상담은 지인에게, 업무 상담은 상사에게."

4. 소통 노이로제에 걸릴 필요는 없습니다

중간 리더들은 대개 후배나 부서원이 이야기하는 것을 들어주고, 공감하고, 받아줘야 한다는 강박감을 느끼는 듯합니다. 경영진은 경영진이라서, 밀레니얼 세대는 밀레니얼 세대라서 맞춰줘야 한다면 중간 리더는 무슨 희생양입니까. 실제로 '너의 워라밸을 위해서 나의 워라밸을 포기'하고, 양쪽의 불만 쓰레기통이 되어서 스트레스를 받는 리더가 많습니다.

함께 일하기 좋은, 이야기가 잘 통하는 동료나 선배가 되는 건 좋습니다. 하지만 거기에 과도한 에너지를 쏟을 필요는 없습니다. 일방적인 건 없어요. 높은 직급이 권력이 아니듯이, 낮은 직급 역시 권리를 의미하지 않는답니다.

언어가
장벽이 아니라

가장 멋진
도구가 되기를

"인생은 이런저런 점에서 야구랑 닮았네. 우리 모두 플레이할 포
지션을 가지고 있어. 잔뜩 얻어맞고, 에러도 잔뜩 내지."

– 만화 영화 〈피너츠〉

초등학교 6학년 때입니다. 조용하고 존재감이 희미하던 저는 갑
자기 무슨 바람이 불었는지 졸업 전에 회장을 해보고 싶은 마음이
들었습니다. 아침에 엄마에게 야심 차게 포부를 밝힌 후 걱정스러
운 눈빛을 받으며 등교했더랍니다.

회장 후보에 오른 후(그때는 회장 후보 추천에 친한 친구 이름을 써주

는 게 예의였기 때문에 후보가 반 정원의 3분의 1은 됐습니다), 미리 준비
한 연설을 했습니다. 그러고는 연설문 하나로 회장에 뽑혔고, 그
날 오후 회장들을 모아 전교 회장을 뽑는 선거에서 같은 연설로
또다시 뽑혔습니다. 집에 돌아가서 엄마에게 얘기하니 세상 황당
한 표정을 지으셨습니다. 친구도 별로 없는 제가 당연히 떨어질
거라 생각하고 위로의 말을 준비해두셨거든요.

　전교 회장이 되고 나니 이런저런 주제로 전교생 앞에서 연설하
는 일이 종종 있었는데, 이상하게 하나도 떨리지 않았습니다. 그
냥 머릿속으로 생각하고 스토리 흐름을 잊어버리지 않게 키워드
만 쪽지에 적었습니다. 첫 연설 날 선생님이 미리 원고를 보자고
하셨다가 외계어처럼, 낙서처럼 적어놓은 메모를 뚫어지게 보시
고는 묘한 표정으로 돌려주시던 생각이 납니다. 어차피 연설 직전
이라 어떻게 할 수도 없었거든요. 하지만 첫 번째 연설 이후 원고
를 미리 보자고 하는 사람은 없어졌습니다.

　같은 맥락으로 프레젠테이션을 할 때도 무척 좋은 평을 받았습
니다. 저는 아마 혼자서 스토리 구조를 짜고, 좋은 근거와 사례를
가지고, 좋은 발음과 발성으로 다수를 향해 얘기하는 분야에 특화
되어 있었던 것 같습니다.

하지만 다른 분야의 언어는 상대적으로 서툴렀습니다. 상대방이 어떤 의도로 얘기하는 건지, 어떻게 하면 재치 있고 빠르게 반응해서 얘기할 수 있는지 알 수 없었어요. 직장 선배에게 열심히 설명하다가 "말을 너무 길게 해서 듣고 있으면 힘들어"라는 핀잔을 받기도 했고, 자그마한 실책을 가지고 펄펄 뛰는 CEO의 송곳 같은 말(뒤끝은 없다며 면책특권을 내미는)에 온통 당황하며 상처받기도 했습니다. 그리고 만만하게 보이면 안 된다는 생각에 파트너 기업 담당자에게 쌀쌀맞게 대하기도 하고, 원하는 게 있으면서도 둘러 말하느라 온통 엉망인 성적표를 받기도 했습니다.

만화 〈피너츠〉의 대사처럼 잔뜩 얻어맞고,
잔뜩 에러를 낸 거죠.

이 책은 저와 같이 잔뜩 얻어맞고, 잔뜩 에러를 내고 있는 분들을 위한 것입니다. 선천적인 입담과 말 센스를 지니지 못한 사람이 어떻게 일의 언어만큼은 익숙하게 사용할 수 있는지에 관한 기록입니다. 《일 잘하는 사람은 단순하게 합니다》를 읽고 보내온 독자님들의 다정한 메일과 댓글에 대한 긴 답장이라고 생각하셔도 좋겠습니다.

2020년에 인류는 작은 바이러스 하나 때문에 평범한 일상이 무너졌습니다. 영화를 보러 가고, 맛집을 찾아가고, 지인들을 만나는 일상 말입니다. 하지만 곰곰이 생각해보면 대부분의 일상은 그대로였음을 깨닫습니다. 필요한 물품은(마스크 빼고) 손가락 주문 하나로 집까지 배달되었고, 인터넷은 여전히 빠르게 연결되었으며, 거리의 쓰레기는 날마다 치워졌습니다. 매일 아침 샤워기에서 나오는 물은 따뜻하고 깨끗했으며, 출판사에서는 여전히 멋진 실력으로 제 책을 만들어주었습니다. 제 일상의 무사함은 이렇게 다른 사람들의 시간과 노력 덕분에 가능했습니다.

이토록 평범하지만 빛나게 일하는 사람들의 시간과 재능이 '언어' 때문에 바래지지 않기를 바랍니다. 그래서 제가 생각하는 가장 쓸모 있는, 중요한 도구들을 담았습니다. 그중에 몇 개라도 손에 익도록 자주 쓰신다면 더 바랄 게 없겠습니다.

다시 오지 않을 한정판의 시간을,
책을 읽는 동안 저와 공유해주셔서 고맙습니다.

언어가 장벽이 아니라 가장 멋진 도구가 되기를.
악당을 물리치고 원하는 걸 얻으시기를.

Special Thanks to

억센 경상도 억양으로 다정하게 말할 줄 아는 아버지 박경옥에게

어린 시절 윤동주와 릴케의 시를 가만가만 낭독해주던 어머니 김유자에게

최고의 친구이자 연인으로서 나의 삶을 빛내주는 남편 이영규에게

이 책을 바칩니다.

일 잘하는 사람은
단순하게 말합니다

초판 1쇄 발행 · 2020년 5월 18일
초판 17쇄 발행 · 2023년 6월 5일

지은이 · 박소연
발행인 · 이종원
발행처 · (주)도서출판 길벗
브랜드 · 더퀘스트
주소 · 서울시 마포구 월드컵로 10길 56(서교동)
대표전화 · 02)332-0931 | **팩스** · 02)322-0586
출판사 등록일 · 1990년 12월 24일
홈페이지 · www.gilbut.co.kr | **이메일** · gilbut@gilbut.co.kr

기획 및 편집 · 김세원(gim@gilbut.co.kr), 유예진, 송은경, 정아영, 오수영 | **제작** · 이준호, 손일순, 이진혁
마케팅 · 정경원, 김진영, 최명주, 김도현 | **영업관리** · 김명자 | **독자지원** · 윤정아, 최희창

본문디자인 · aleph design | **교정교열** · 공순례
CTP 출력 및 인쇄 · 북토리 | **제본** · 신정문화사

ISBN 979-11-6521-138-7 03320
(길벗 도서번호 090244)

정가 18,000원

독자의 1초까지 아껴주는 길벗출판사

(주)도서출판 길벗 | IT교육서, IT단행본, 경제경영서, 어학&실용서, 인문교양서, 자녀교육서 www.gilbut.co.kr
길벗스쿨 | 국어학습, 수학학습, 어린이교양, 주니어 어학학습, 학습단행본 www.gilbutschool.co.kr

이 도서의 국립중앙도서관 출판예정도서목록(CIP)은 서지정보유통지원시스템 홈페이지(http://seoji.nl.go.kr)와 국가자료공동목록시
스템(http://www.nl.go.kr/kolisnet)에서 이용하실 수 있습니다. (CIP제어번호: CIP2020016041)